Henryk M. Broder

Erbarmen mit den Deutschen

Hoffmann und Campe

Die Deutsche Bibliothek — CIP-Einheitsaufnahme

Broder, Henryk M.:
Erbarmen mit den Deutschen: Henryk M. Broder.
— 1. Aufl. — Hamburg: Hoffmann und Campe, 1993
ISBN 3-455-08478-8

Copyright © 1993 by Hoffmann und Campe Verlag, Hamburg
Schutzumschlaggestaltung: Lo Breier
Gesetzt aus der Garamond-Antiqua
Satz: Satz + Repro Kollektiv GmbH, Hamburg
Druck- und Bindearbeiten: Franz Spiegel Buch GmbH, Ulm
Printed in Germany

Inhalt

Warum denn sachlich,
wenn es auch persönlich geht.

Anton Kuh

Erbarmen!

Auf diesen Moment hatten die Deutschen fast fünfzig Jahre sehnsüchtig gewartet. Die Linken und die Liberalen, die dank der Gnade der späten Geburt um die Gelegenheit gekommen waren, Widerstand gegen die Nazis zu leisten, ebenso wie die Bürgerlichen und die Konservativen, die nicht noch einmal vor einem totalitären Gegner kneifen wollten. Diesmal sollte alles besser laufen: Man würde die Schuldigen bestrafen, die Opfer rehabilitieren, die Mitläufer entlarven und die Widerständler belohnen. Das Ende der zweiten deutschen Diktatur sollte die Bewährungsprobe für die deutsche Nachkriegsdemokratie werden, die bis dahin unter Schönwetter-Bedingungen funktioniert hatte.

Fest entschlossen, die Fehler, die man nach 1945 gemacht hatte, nicht zu wiederholen, traten die Deutschen im Jahre 1989 den Weg in die nationale Einheit an. Drei Jahre später scheint festzustehen: Nicht der Wille zur Macht, sondern der Wille zum Flop treibt die Deutschen an. Eine Art von Wiederholungszwang bestimmt ihr politisches Handeln, als wollten sie sich und der Welt beweisen, daß sie bei der Bewältigung des Dritten Reichs nicht zufällig, sondern willentlich gescheitert sind und deswegen nun, bei der Bewältigung der DDR, ebenso planvoll scheitern müssen. Wer einmal vom Seil fällt, der ist nur ausgerutscht. Wer immer wieder abstürzt, erklärt den freien Fall zur Methode und die Zappelbewegungen nach der Landung im Netz zum krönenden Abschluß der Vorführung. Die Linken und die Liberalen nehmen das Wort »Diktatur« nur mehr ungern in den Mund und halten der DDR noch immer zugute, daß sie der erste antifaschistische Staat auf deutschem Boden war. Die Bürgerlichen und die Konservativen, die sich so gerne mit Dissidenten und Bürgerrechtlern aus der DDR schmückten, wollen die nationale Versöhnung vorantreiben. Dabei bleiben mehr als nur gute Vorsätze auf der Strecke. Die Opfer der zweiten deutschen Diktatur gelten immer mehr als lästige Querulanten, die sich aus ihrer Vergangenheit nicht lösen können; die Mitläufer werden als Brüder und Schwestern im Geiste aufgenommen, sobald sie das Wort »Asylbetrüger« korrekt buchstabieren können; auch die Angehörigen der alten Nomenklatura bekommen, bis auf ein paar symbolische Sündenböcke, eine Chance und dürfen sich über die Notwendigkeit einer »differenzierten Betrachtung und Behandlung« der DDR-Geschichte verbreiten. Und dennoch will nicht zusammenwachsen, was vierzig Jahre lang eigene Wege gegangen ist. Die Ostdeutschen fühlen sich kolonialisiert und über den Tisch gezogen, die Westdeutschen ausgenutzt und um die Früchte ihres Wohlstands gebracht. Mehr als ein Drittel der Westberliner möchte die Mauer wiederhaben, und im Osten lebt eine Nostalgie nach jenen Tagen auf, da jeder Arbeit hatte und ein einziger Beate-Uhse-Katalog für eine ganze Betriebskampfgruppe reichen mußte.

Es ist, als würde man einen Super-Acht-Film auf Cinemascope-Format aufblasen wollen oder einen Trabi-Motor in einen Porsche einbauen oder einen Ozeandampfer im Müggelsee schwimmen lassen. Es knirscht und kracht überall im vereinten Deutschland. Der naive Glaube, man müßte den Osten nur mit Schoko-Riegeln, Videotheken und Eduscho-Stuben vollpacken, um ihn zu pazifizieren, im Westen würde sich nichts ändern, der Konsumismus bliebe die treibende Kraft, hat sich als gefährliche Selbsttäuschung erwiesen. Die Begeisterung für das Multikulturelle ist der Angst vor der multikriminellen Gesellschaft gewichen. Deutschland ist das einzige Land der zivilisierten Welt, in dem regelmäßig, das

heißt an fast jedem Wochenende, zeitgleich mit den Bundes-
liga-Spielen, Pogrome durchgeführt werden. Die Wahrschein-
lichkeit für einen auffälligen Ausländer, also keinen Holländer,
Briten oder Amerikaner, umgebracht zu werden, ist erheblich
größer als für einen Inländer, auf offener Straße bei einem
Überfall ums Leben zu kommen. Und dennoch, gegen alle Sta-
tistik, entgegen Erfahrung und Augenschein, glauben sich die
Deutschen von den Ausländern bedroht! Immer mehr Deutsche fühlen sich als Fremde im eigenen Land.

Gerade 1,1 Prozent Ausländer leben in den neuen Bundesländern, dennoch meinen viele ehemalige DDR-Bürger, es
seien zehnmal soviel. Münchener Abiturienten gaben bei einer
Befragung an, 30 bis 40 Prozent der Einwohner der Bundesrepublik wären Asylbewerber. So hat der Berliner CDU-Politi-
ker Heinrich Lummer gewiß mit reinem Herzen und aus tiefer
Überzeugung gesprochen, als er in einer Talk-Show den pro-
grammatischen Satz sagte: »Die Deutschen haben einen Anspruch auf Schutz vor Ausländern«, ohne dafür von den Medien gescholten und von seiner Partei in die Verbannung nach
Finsterwalde geschickt zu werden.

Es ist in der Tat schrecklich, was die Ausländer den Deutschen antun. »Deutschland zahlt den Preis« titelte die »Wirt-
schaftswoche« eine Geschichte über »Ausländerfeindlichkeit«
und warnte, selbst ein Boykott deutscher Exportprodukte
wäre »nicht mehr ausgeschlossen«. Und nach dem Anschlag
von Solingen, bei dem fünf türkische Frauen verbrannten,
brachte das Magazin »Focus« eine Geschichte über den »Mitläufer, der Deutschland anzündete«. So betrachtet, sind die
Deutschen die Opfer der Ausländer, auch wenn es auf den ersten Blick umgekehrt scheint.

Nun sind die meisten Deutschen keine Rassisten, und sie
zünden auch keine Häuser an, und sei es nur aus dem Grunde,
daß Sachbeschädigung oft härter bestraft wird als Körperver-
letzung. Auch ist an der regelmäßig wiederholten Feststellung,

bei den Mordbrennern handle es sich um eine »winzige Minderheit«, etwas dran, wenngleich der oberste Hamburger Verfassungsschützer Ernst Uhrlau darauf hinweist, daß rechte Gewalt, im Gegensatz zum linken Terror, »aus der Mitte der Gesellschaft« kommt und deswegen kein Randphänomen darstellt. Deswegen legt die anständige Mehrheit Wert darauf, sich von Zeit zu Zeit von der durchgeknallten Minderheit zu distanzieren. Sie tut es, indem sie Lichterketten organisiert, welche die schlichte Selbstverständlichkeit zum Bekenntnis erheben, daß man Menschen, die einem etwas unsympathisch sind, trotzdem nicht einfach umbringen darf. Das Blöde ist nur, daß, während die einen Kerzen anzünden, die anderen von Ausländern bewohnte Heime abfackeln. Worauf die ersten dann wieder »Trauer, Schmerz und Wut« empfinden und sich furchtbar schämen. Was die anderen nicht davon abhält, gleich wieder loszuziehen und sich neue Opfer zu suchen.

»Kaum hat der Bundespräsident seine Rede beendet, brennt das nächste Haus«, wundert sich Herbert Kremp in der »Welt« und stellt bei dieser Gelegenheit das Problem auf den Kopf, nur um zu zeigen, wo die Grenzen der Integration für die Türken liegen: »Ein Deutscher wird verhältnismäßig leicht Amerikaner, Engländer zu werden ist schon viel schwieriger, Türke oder Chinese zu werden so gut wie ausgeschlossen.« Ein anderer Vordenker des neuen Deutschland, Günter Gaus, propagiert das »Menschenrecht auf Anpassung«; der Regisseur und Provokateur Christof Schlingensieff sagt: »Der Mensch will sich unterordnen, das muß er, um glücklich zu sein.« Und der Altanarchist Fritz Teufel sieht das Heil im Radfahren: »Weniger Autofahrer würde auch heißen: weniger Neofaschisten.«

Immer wenn die Deutschen mit sich selber nicht klarkommen, müssen andere dafür büßen. Nur — können die Deutschen überhaupt mit sich selber klarkommen? Welches Volk in dieser Lage könnte das? Zwei Diktaturen im Laufe von drei Generationen zu verarbeiten, würde auch eine Nation überfordern, die nach innen sicherer und nach außen gelassener agiert, als die Deutschen es vermögen. Mal sind sie die Musterschüler und mal die Oberschurken. Und wenn sie nicht damit beschäftigt sind, anderen Ratschläge zu erteilen, treiben sie Seelenforschung am eigenen Leibe. Was sind wir? Wozu sind wir da? Warum mögen uns die anderen nicht? Was machen wir nur falsch? — Kann man mit einem Volk, das dermaßen mit sich selber ringt und damit alle ringsum nervt, etwas anderes empfinden als Erbarmen?

Deutsche unter sich

Würde man einem Besucher von einem anderen Planeten zeigen wollen, was Deutschland heute ist, in welchem Zustand sich das Land im ersten Drittel der neunziger Jahre des 20. Jahrhunderts befindet, dann müßte man den Gast an die Hand nehmen und ihn in das »Haus am Checkpoint Charlie« in Berlin führen. Es ist ein privates Museum, in dem die Geschichte der Berliner Mauer dokumentiert wird und allerlei kuriose Exponate gezeigt werden, u. a. ein Mini-Cooper und ein Hänge-Gleiter, mit denen DDR-Bürgern die Flucht über die deutsch-deutsche Grenze geglückt ist.

Im Haus am Checkpoint Charlie finden in unregelmäßigen Abständen deutsch-deutsche Begegnungen einer ganz besonderen Art statt, sogenannte »Täter-Opfer-Gespräche«, bei denen ehemalige Mitarbeiter der »Staatssicherheit« (Stasi) mit ihren ehemaligen »Kunden« zusammenkommen, ehemaligen Gegnern des Systems also, die von der »Stasi« beobachtet, bespitzelt und, wenn nötig, bis an den existentiellen Abgrund getrieben wurden. Es ist ein gespenstisches Ritual von hohem Unterhaltungswert. Die Täter und deren Opfer sitzen an einem großen Tisch und erzählen sich, wie es »damals« war, als der »inoffizielle Mitarbeiter« X im Auftrag seines Führungsoffiziers Y seinen Freund Z bespitzelte, wovon Z natürlich nichts wußte, auch wenn er eine Ahnung hatte, daß er von der »Stasi« überwacht wurde.

Man muß sich diese Gespräche als eine Art gruppendynamische und gruppentherapeutische Veranstaltung vorstellen. Auf der Bühne sitzen sechs, sieben enttarnte Ex-Stasi-Mitarbeiter, sowohl hauptamtliche wie informelle, und »bekennen« sich. Die einen mehr, die anderen weniger deutlich. Einige reden frei, sind kaum zu bremsen, anderen muß man jeden Satz mühsam abtrotzen. Im Saal sitzen siebzig, achtzig Zuhörer, viele haben mit der Stasi in irgendeiner Form zu tun gehabt und wollen jetzt wissen, warum sie überwacht wurden und was sich die Stasi-Leute bei ihrer Tätigkeit eigentlich gedacht haben. Ab und zu dreht einer durch.

»Es ist schon wieder keiner gewesen!« schreit plötzlich ein Mann aus dem Saal. »Wer von euch hat mich in den Bau gebracht, ich hab drei Jahre gesessen, weil ich gesagt habe, mit der DDR geht's bergab, wem hab ich das zu verdanken?!« Die Stasi-Leute auf der Bühne schauen ungerührt drein. Keiner von ihnen fühlt sich angesprochen.

Trotz gelegentlicher Ausbrüche von Stasi-Geschädigten handelt es sich bei den »Täter-Opfer-Gesprächen« um eine durchaus gesellige Form des Beisammenseins. Neben dem großen Tisch, an dem die Ex-Stasi sitzen, hat man einen kleinen Tisch aufgebaut. Darauf stehen zwei große Platten mit belegten Brötchen, eine Käsetorte und eine große Thermoskanne mit Kaffee. Alle paar Minuten stapft ein Zuhörer aus dem Publikum nach vorne, holt sich ein Brötchen oder eine Tasse Kaffee und ein Stück Kuchen und kehrt wieder an seinen Platz zurück. Ungefähr genauso gemütlich muß es früher zugegangen sein, wenn die IM mit den Objekten ihrer geheimdienstlichen Neugierde oder ihren Führungsoffizieren plauderten. Und doch erfährt man hochinteressante Dinge.

Da ist ein Ex-Pfarrer dabei, der als IM angeheuert wurde. Er war ein Oppositioneller und ein Systemgegner, und als solcher wurde er eines Tages von einem Stasi-Offizier angesprochen. »Wenn Sie die Verhältnisse in der DDR verändern wollen, warum dann nicht in freundlicher Zusammenarbeit mit uns, gegen uns läuft doch nichts.« Das leuchtete ihm ein.

Da ist ein Hauptamtlicher, der kurz vor der Wende den

Dienst quittierte und der nun die »friedliche Revolution« lobt. »Das hat es noch in keinem Land gegeben, daß bei einer Revolution keine Fensterscheibe zu Bruch gegangen ist.«

Es sind keine Schurken, die da zusammensitzen, keine finsteren Gestalten von dämonischer Ausstrahlung, sondern lauter Menschen wie du und ich: Der eine hat Übergewicht, der andere hat einen Bart wie Captain Popeye, ein dritter täte gut daran, sich mal die Haare zu waschen. Würde man ein Stück über die »Banalität des Bösen« inszenieren, müßte man es mit diesen Figuren besetzen.

Werner Fischer, ein verdienter Bürgerrechtler der Ex-DDR, moderiert die Sitzung. Er will allen gerecht werden. »Es gab nicht den IM schlechthin und nicht den hehren Oppositionellen, hinter jeder Person verbirgt sich eine eigene Biographie«, sagt er in seinem Eröffnungs-Statement, man solle sich »in Gelassenheit« dem Thema widmen und von der »Hysterie wegkommen«. Dann werden die Teilnehmer der Runde vorgestellt. Da sitzt ein bekannter Dissident, der als junger FDJ-Sekretär selbst eine kurze Zeit für die Stasi tätig war und sich dazu bekannt hat, bevor er geoutet wurde; da sind drei »inoffizielle Mitarbeiter«, die in oppositionellen Gruppen aktiv waren, unter ihnen ein Jugendpfarrer aus Jena; da ist ein »hauptamtlicher« Stasi-Mann, der systematisch »Zersetzungsarbeit« betrieb; da ist ein DDR-Schriftsteller, der von der Stasi terrorisiert, festgenommen und gefoltert wurde. Ginge es nach den Regeln des Naturrechts, müßten die einen auf die anderen mit Fäusten losgehen; da aber nur deutsche Geschichte »aufgearbeitet« werden soll, bitten die Opfer die Täter um eine Aussprache. Wobei nicht immer klar ist, wieweit die Täter selbst Opfer waren und umgekehrt — ein deutsches Dilemma.

Lothar P. zum Beispiel, ein Mann von undefinierbarem Alter in einem unauffällig grauen Anzug, wurde mit achtzehn von der Stasi angeworben. Da hatte er gerade das Abitur gemacht, und das Angebot, für die Stasi zu arbeiten, kam ihm ganz gelegen, »aus Abenteuerlust, um irgendwie aus dieser langweiligen DDR rauszukommen«. Er erzählt seine Geschichte wirr, mit Zeitsprüngen, die schwer nachzuvollziehen sind. Klar wird: Irgendwann wurde er von der Stasi wieder fallengelassen und 1985 aufs neue angeworben, um die Initiative »Frieden und Menschenrechte« zu bespitzeln. »Das war der Fehler meines Lebens«, sagt Lothar P., der in der DDR Philosophie studieren durfte und in der Akademie der Wissenschaften mit »Planungsarbeiten« beschäftigt war. Die Stasi, so sieht er es heute, war »eine kriminelle Vereinigung, wie die NSDAP und die RAF«. Nach der öffentlichen Runde, in einem Interview mit einer Journalistin, sagt Lothar P. noch andere Sätze: Es ginge nicht an, daß man die Ex-Stasis auf ewig aus der Gesellschaft ausschließt, man dürfe sie nicht zu »Sozialfällen« werden lassen. Das wäre auch nicht im Sinne der Steuerzahler. Darüber, was er heute beruflich macht, mag Lothar P. nichts Genaues sagen. Er habe »Aussicht auf eine selbständige Tätigkeit«.

Neben Lothar P. sitzt Wolfgang Templin, einer der prominenten Dissidenten der DDR. Lothar P. und Templin waren mal miteinander befreundet, weswegen P. beim Sprechen zu Templin hinüberschaut und ihn gelegentlich »Wölfchen« nennt. Templin schaut geradeaus und ignoriert die Anbiederung. P. war auf Templin angesetzt, er sollte der Staatssicherheit darüber berichten, welche Wirkung deren »Zersetzungsmaßnahmen« auf den Bürgerrechtler erzielten. Da gab es mal eine Aktion, die sich über drei Monate, von Januar bis April 1986, hinzog. Jeden Tag kamen zehn, zwanzig Leute bei den Templins an, um Sachen anzuliefern, die diese »bestellt« hatten: Möbel, Elektrogeräte, Zierfische, einmal war es eine Lieferung von Präservativen, die für eine Armee-Einheit gereicht hätte. Handwerker kamen von weit her angefahren, um Templins Haus zu reparieren. Was sich wie eine Komödie anhört, war der reine Terror. Die Aktion hörte auf, nachdem Lothar P.

der Stasi berichtet hatte, Templin würde die Sache durchstehen, aber seine Frau und seine Kinder könnten daran zerbrechen. Lothar P. hält sich einiges zugute, daß die Stasi-Kampagne gegen Templin aufgrund seiner Berichte abgebrochen wurde. Er scheint ein Wort des Dankes von Templin zu erwarten. Aber der ist nicht dankbar. Der Bericht, sagt er, hätte die Stasi gerade dazu ermuntern können, weiterzumachen, bis er, um seine Familie zu schonen, kapituliert hätte.

Lothar P. hat für seine Arbeit kleine Prämien erhalten — mal fünfzig, mal hundert Mark. Aber Geld war für ihn nicht wichtig. Er habe in der letzten Zeit intensiv darüber nachgedacht, warum er mitgemacht hätte. »Wenn man kein Überzeugungstäter ist, dann ist die Voraussetzung fürs Mitmachen, daß man sich keine Gedanken macht, was machen die mit den Berichten?« Wie aber kann man sich keine Gedanken machen, wenn man Freunde ausspioniert und sie an den Staat verrät? »Die Voraussetzung, unter der wir alle gelebt haben, war die, daß die DDR bestehen bleibt. Und da kam es darauf an, daß irgendwer der politischen Führung die Wahrheit sagt, was die Leute so denken. Und das konnte nur die Stasi sein. Also mußte die Stasi informiert werden. Sonst konnte man doch mit keinem reden, was wirklich los war.«

Zwei Plätze weiter sitzt Konstantin S., ein ehemaliger Jugendpfarrer aus Jena. Konstantin hat es inzwischen zu einer gewissen Berühmtheit als IM gebracht. Es ist sogar ein Film über ihn gedreht worden, in dem er bereitwillig Szenen aus seinem Leben als Stasi-Spitzel nachspielt. Er war in der »Jungen Gemeinde« in Jena aktiv, einer evangelischen Gruppe, die sich in Opposition zum System übte. Und alles, was innerhalb der Gruppe passierte, bekam die Stasi umgehend auf den Tisch — über Konstantin S., der nun sagt: »Ich bin zornig über mich selbst!«, und der sich fragt: »Wie hast du das damals erlebt?« Man sei in der Gruppe zusammen gewesen, habe miteinander geredet und getrunken, und während alle anderen anschließend nach Haus und schlafen gingen, »mußte ich mich noch hinsetzen und einen Bericht schreiben«. Konstantin S. funktionierte, ohne Bedenken, ohne schlechtes Gewissen, ohne an die Folgen zu denken: »Jeder IM hat ein bißchen was gemacht, keiner hat was Richtiges gemacht, so konnte sich jeder sagen: Die können mit meinen Informationen nicht viel anfangen.«

Zwischen den beiden IMs Lothar P. und Konstantin S. sitzt ein hauptberuflicher Ex-Stasi-Mann namens Schachtschneider, ein richtiger Geheimdienst-Profi. Er hat eine Reihe von IMs »geführt«. Seine Aufgabe war es, dafür zu sorgen, daß Ärzte, die die DDR verlassen wollten, ihre Pläne aufgaben und in der Republik blieben. Welcher Methoden er sich dabei bediente, darüber will Schachtschneider lieber nicht sprechen. »Es gab eine Palette von Maßnahmen, das Ministerium für Staatssicherheit war bereit, sehr weit zu gehen ...«

Jemand aus dem Publikum will wissen, ob Schachtschneider sich mal mit Gestapo-Methoden *beschäftigt* hat. Er versteht die Frage offenbar falsch und sagt: »Das war nicht das tägliche Handwerkszeug. Offene terroristische Methoden wie während des Faschismus waren in der DDR nicht machbar.« Als daraufhin eine Frau aus dem Saal ruft: »Stimmt nicht, so ist es nicht gewesen!«, greift der Moderator ein. Es ginge nicht um Haß, nicht um Rache, man müsse alles im Detail offenlegen, »nur dann ist Aussöhnung möglich«.

Das Ministerium für Staatssicherheit sei »schuldig« gewesen, fährt Schachtschneider fort, für den einzelnen wäre es schwierig gewesen, seinen Anteil am Ganzen zu erkennen. »Erklär doch *deine* Position!« ruft jemand aus dem Saal, worauf Schachtschneider sagt: » Ich hatte darauf zu achten, daß Mediziner die DDR nicht verlassen.« — »Haben Sie Leute zersetzt?« ruft jemand dazwischen. Da wird Schachtschneider ein wenig konkreter: »Ich habe Leute davon abgehalten, die DDR zu verlassen — mit allen Mitteln.« — »Was haben Sie gemacht?« will der Zwischenrufer wissen. Da greift IM Lothar P.

ein und ruft zurück: »Es ist bekannt, was gemacht wurde!«
Der Zwischenrufer stellt keine weiteren Fragen.

So zurückhaltend die Stasi-Leute bei der Darstellung ihrer Aktivitäten sind, so sehr tragen sie — ungewollt — zum Verständnis eines totalitären Systems bei. Schachtschneider schafft es, die Wirklichkeit in der DDR in einem einzigen Satz zusammenzufassen: »Bei jedem DDR-Bürger war die Angst vor der Stasi da; viele haben versucht, der Gefahr aus dem Weg zu gehen, indem sie an der Macht teilnehmen wollten.«

Die Stasi war nicht nur ein Terrorapparat, sie war auch ein Beteiligungsmodell, das vielen die Möglichkeit gegeben hat, einen kleinen Anteil an der staatlichen Allmacht zu erhaschen. Jeder kleine IM konnte sich so als ein Teil des großen Ganzen begreifen, war wichtig und geschützt zugleich. Für Thomas G., der nie etwas mit der FDJ zu tun hatte, mit langen Haaren durch die DDR lief und sich als »Außenseiter« empfand, war die Stasi »eine Art Elternersatz, da gab es Leute, die kümmerten sich um andere«. Zu seinem Führungsoffizier hatte er »ein persönliches Verhältnis«, und außerdem kam es ihm darauf an, »durch realistische Berichte was zu verändern ...«

Irgendwann im Laufe der Gesprächsrunde sagt der Schriftsteller Siegmar Faust, er sei erstaunt, daß es »keinen großen Unterschied zwischen den IMs und den Überwachten« gäbe. In der Tat, auch die anwesenden IMs verstehen sich als Oppositionelle, die das System von innen her wenn schon nicht zersetzen, so doch wenigstens verändern wollten. Und die hauptamtlichen Stasi-Leute wie Schachtschneider möchten nicht als die Schurken gelten, die sie waren. Sie geben zu, daß sie Böses taten — wenn auch im festen Glauben an das Gute.

»Wir haben es mit einer Vergangenheitsbewältigung zu tun, die uns allen bevorsteht«, sagt zum Ende der Runde der Gastgeber und entläßt die Besucher der Veranstaltung mit dem Gefühl nach Hause, daß die relevanten Dinge noch nicht auf den Tisch gekommen sind.

Eine schöne Revolution

*L*angsam, aber unaufhaltsam steigt aus dem Abgrund, in den die DDR versunken ist, eine Ahnung auf: Vielleicht war die Stasi nicht das, wofür sie im Westen gehalten wurde, nicht der Gewaltapparat, der das Volk terrorisierte, sondern eine Art VEB »Soziales Netz«, das flächendeckend das Land umspannte, das die Gestrauchelten auffing, sie resozialisierte und auch wie ein Trampolin funktionierte, das heißt, diejenigen, die es verdienten, in höhere Positionen beförderte.

»Es ist eines der grotesken Irrtümer der westdeutschen Intelligenzija, daß sie die Wirkung des Mielkeschen Apparates jahrzehntelang ignorierte«, schreibt Carl Corino, ein westdeutscher Kenner der Verhältnisse in der »Zone«. Er meint damit »die Durchdringung des ganzen Alltags in der DDR«.

Und Rolf Schneider, der von »drüben« kommt, sagt: »Diese Institution, im Besitze aller Informationen über gewesenes und künftiges Geschehen im Land, ausgestattet mit der modernsten Technik und einer Armee von hochbezahlten Hilfskräften, versagte just bei der Gelegenheit, die zu verhindern oder abzuwenden sie einzig geschaffen war ... Die epochale Komik ist unüberbietbar, aber keiner will sie wahrhaben ...«

Rolf Schneider merkt nicht, daß er aus seiner richtigen Analyse die falschen Schlüsse zieht. Warum soll die Stasi, im Besitze aller Informationen über gewesenes und künftiges Geschehen im Land, ausgestattet mit der modernsten Technik und einer Armee von hochbezahlten Hilfskräften, versagt haben? Das Gegenteil war der Fall, die Stasi hat ihr Werk mit der sogenannten Wende vollendet, die »friedliche Revolution« war ihr Opus magnum, sie hat sich das Beste für das Ende aufgehoben.

Das klingt ziemlich absurd, wie eine Perry-Rhodan-Geschichte auf sächsisch. Geht man aber an die Sache ohne eine vorgefaßte Meinung ran und setzt die bekannten Tatsachen miteinander in Beziehung, nimmt die Vermutung eine handfeste Form an. Wenn es zutrifft, was uns Markus Wolf und Alexander Schalck-Golodkowski erzählen, hat die Stasi schon eine ganze Weile um den bevorstehenden Zusammenbruch der DDR gewußt, war sie doch, wie Rolf Schneider es sagt, im Besitz *aller* Informationen über gewesenes und künftiges Geschehen im Lande. Stasi-Leuten war es klar, daß sie irgendwas unternehmen müssen, um wenn schon nicht ihre Privilegien, so doch wenigstens ihr materielles Überleben zu sichern, auf einem möglichst hohen Niveau, also nicht in einem westdeutschen Aufnahmelager für DDR-Umsiedler. Eine einfache Auflösung des maroden Staatsapparates über eine Konkursanmeldung war nicht machbar, ebensowenig eine direkte Übergabe an die Bundesrepublik. Also mußte eine Volksbewegung geschaffen werden, welche sowohl die Politiker in der DDR wie in der BRD unter Handlungszwang setzte. Die Liquidation der DDR sollte völlig legal und ausschließlich mit »friedlichen Mitteln« durchgeführt werden.

Es mutet wie ein Kalauer der Geschichte an, daß die ersten freien Wahlen zur Volkskammer veranstaltet wurden, um eine gesetzgebende Körperschaft zu kreieren, die nur eine Aufgabe hatte: sich selbst abzuschaffen. So etwas hat es in der Geschichte parlamentarischer Demokratien noch nicht gegeben, es sind schon etliche Staaten untergegangen, aber keiner so ordentlich wie die DDR. Ebenso einmalig ist es, daß an der Spitze der revolutionären Bewegung Mitarbeiter des Sicherheitsapparates agierten, dessen eigentliche Aufgabe darin lag, revolutionäre Veränderungen zu verhindern: de Maizière bei der

CDU, Ibrahim Böhme bei der SPD, Wolfgang Schnur beim Demokratischen Aufbruch, nur um die prominentesten zu nennen. Ist es denn denkbar, daß sie auf eigene Faust handelten, gegen den Großen Bruder, der sie verpflichtet hatte und ihre Schritte lenkte?

Wenn die Stasi alles wußte, über alles im voraus informiert war, wenn nichts im Lande gegen sie möglich war, dann führte sie auch bei der Wende Regie. Was natürlich nicht heißen soll, daß jeder Demonstrant im Auftrag der Stasi unterwegs war. Das war auch nicht nötig. Es reichte, daß er entsprechend instrumentalisiert wurde.

Inzwischen weiß man, in welchem Ausmaß die Stasi die Kirchen, die alternative Kulturszene und die Friedensbewegung infiltriert hatte. Wenn es Mielkes Jungs gelungen war, einen Agenten in das Bett von Vera Wollenberger (»Donald«) zu schaffen, soll es dann ein Zufall gewesen sein, daß ausgerechnet der ehemalige Stasi-General Wolf versuchte, sich an die Spitze der »friedlichen Revolution« zu setzen? Am 4. November 1989, als sich eine Million Menschen auf dem Alexanderplatz versammelt hatten, da ging er gerade mit seinem Rauhhaardakkel »Nikita« in der Stadt spazieren, und als er am Alex vorbeikam und die vielen Menschen sah, da dachte er sich: »Wenn ich schon mal hier bin, dann kann ich auch was sagen.« Und war es denn ein Zufall, daß, wo immer eine aufgebrachte Menge Anstalten machte, eine Stasi-Filiale zu stürmen, umgehend Sprecher der »Bewegung« zur Stelle waren, um Ruhe und Ordnung wiederherzustellen? Und hat es irgendwo Racheakte gegen enttarnte Stasi-Chargen gegeben? Im Gegenteil, als die Wochenzeitung »die andere« über mehrere Folgen hinweg Namenslisten von hauptamtlichen Stasi-Mitarbeitern veröffentlichte, da bebte die halbe Ex-DDR vor Empörung ob dieser »Denunziation«. Und ist irgend jemand bei dieser »Revolution« zu Schaden gekommen? Es sind nicht einmal Fensterscheiben zu Bruch gegangen.

Die existentiellen Überlebenschancen der Stasi-Mitarbeiter waren um so besser, je höher ihr Dienstgrad war. Ganze Abteilungen sind geschlossen in die freie Wirtschaft abgetaucht. Markus Wolf könnte, hätte er nicht ein Verfahren am Hals, seine Übernahme in den öffentlichen Dienst der Bundesrepublik beantragen. Dabei könnte er sich auf eine historische Parallele berufen. Auch die NS-Beamten sind übernommen bzw. unter Anrechnung ihrer Bezüge vorzeitig pensioniert worden. Ein Berliner Verwaltungsgericht hat entschieden, daß eine frühere Stasi-Tätigkeit einer Beschäftigung im öffentlichen Dienst der Bundesrepublik grundsätzlich nicht im Wege steht.

Wem die Vorstellung schwerfällt, daß die »friedliche Revolution« eine Stasi-Inszenierung war, mit deren Hilfe Stasi-Leute sich selbst absichern wollten, dem fehlt es nicht nur an politischer Imagination, der ist bei James Bond und Dr. No stehengeblieben. Ein moderner Geheimdienst denkt an sich selber — bis zuletzt. Er pflegt eine »corporate identity« und ist bereit, das System, dem er dient, seinen eigenen Interessen zu opfern. Niemand wußte es besser als die Stasi, daß die DDR nicht zu halten war. Und niemand war besser imstande, Art und Zeitpunkt des Hinscheidens zu bestimmen.

Was bleibt? Die friedliche Revolution der DDR war eine von oben geförderte sozialpolitische Maßnahme. Durchgeführt wurde sie von einem Typus von Revolutionär, über den sich schon Erich Mühsam in seinem Lied vom »Revoluzzer« lustig gemacht hat. Der war von Beruf Lampenputzer und in höchsten Sorgen, eine seiner Laternen könnte bei der Revolution Schaden erleiden.

Das ist das Schöne an deutschen Revolutionen: Man weiß im voraus, wie sie ausgehen.

Donald, Donald!

*S*hit happens«, sagen die Amerikaner, wann immer etwas schiefgeht, ob einer auf dem Highway die falsche Abfahrt erwischt, sich mit Ketchup bekleckert oder am hellichten Tag überfallen wird. »Shit happens«, muß sich auch die Bürgerrechtlerin und Abgeordnete Vera Wollenberger gesagt haben, als ihr klar wurde, daß ihr Mann Knud, Deckname Donald, ein Stasi-Agent war, der im Umgang mit seiner Frau nicht nur seine ehelichen, sondern auch seine beruflichen Pflichten erfüllte. Sensible Gemüter, die das eheliche Zusammensein für einen sakrosankten Freiraum halten, mögen nun geschockt sein und für die Getäuschte Mitleid empfinden. Uns freilich, die wir Politiker nicht für vergeistigte Materie, sondern für Angehörige eines öffentlichen Gewerbes halten, von dem wir Dienstleistungen erwarten, beschäftigt eine ganz praktische Frage: Wie kann man — bzw. frau — tagaus, tagein neben derselben Person aufwachen und nicht merken, um wen es sich handelt? Welche Rückschlüsse läßt ein solches Verhalten auf die Intelligenz und den Instinkt der/des Betreffenden zu?

Wir erinnern uns noch gut an Statements von Frau Wollenberger, mit denen sie ihre sachliche Kompetenz auch in schwierigsten Fragen vorführte, ob es sich nun um die Verhältnisse im Nahen Osten, die Friedensbewegung in Deutschland oder die Sozialpolitik der Bonner Regierung handelte. Wir erinnern uns gut an gewichtige Sätze, mit denen sich Frau Wollenberger in eine Reihe mit solchen Gestalten wie Jeanne d'Arc, Florence Nightingale und Mutter Teresa stellte, als sie nämlich behauptete, sie würde Politik nicht des Broterwerbs halber, sondern aus ideellen Gründen betreiben, und als sie, den Tränen nahe, über die »Vernichtungskritik« klagte, die ihr zuteil würde, womit sie die öffentlichen Einwände gegen ihre öffentlichen Erklärungen als versuchten Totschlag qualifizierte. Frau Wollenberger, diesen Eindruck mußten wir gewinnen, ist eine besonders sensible Person, ausgestattet mit vielen Antennen, die auf Unrecht empfindlich reagieren, vor allem auf das, welches ihr angetan wird. Nur bei ihrem eigenen Mann versagte das Frühwarnsystem. Liebe, das wußte schon Roy Black, macht eben blind und taub.

Und nun, da sie mit der schrecklichen Wahrheit konfrontiert wurde, fragt sie sich nicht etwa »Wer bin ich?« oder »Wie konnte mir das passieren?«, nein, sie beklagt sich zum einen darüber, daß ihr nicht genug Zeit gegeben wurde, ihren Mann eigenhändig zu einem Geständnis zu bewegen, obwohl sie, nimmt man es genau, dazu viele Jahre Gelegenheit hatte, zum anderen stellt sie die kryptische Frage: »Welche Wahrheit, welche Gerechtigkeit soll das sein, an der Unschuldige zerbrechen?« — womit sie nicht etwa die Denunziationsopfer ihres Mannes meint, sondern sich selbst.

Die Wahrheit ist nicht nur immer konkret, sie ist meistens auch grausam, vor allem, wenn man unvorbereitet von ihr erwischt wird. Daß Hitler nicht nur Autobahnen, sondern auch Gaskammern bauen ließ, das wollten viele nach dem Krieg nicht wahrhaben. Gewiß, gewiß, der Vergleich hinkt ein wenig, was seine quantitative Dimension angeht, aber was die Qualität der Ausreden fürs Wegsehen und Weghören angeht, trifft er zu. Die spezielle deutsche Kontinuität tritt nicht in den glattrasierten Schädeln der Skins zutage, nicht in den ausländerfeindlichen Parolen an den Hauswänden, sondern dort, wo das unheilbar gesunde Gewissen sich ungeniert und ungefiltert artikuliert. »Ich weiß nichts von Donald«, sagt Frau Wollenberger über ihren Mann, »aber Knud war ein hinreißender Vater, der seine Kinder über alles liebte.«

Das klingt doch bekannt. Sprach es nicht so ähnlich aus den Frauen vieler NS-Funktionäre, die von den Umtrieben ihrer Männer keine Ahnung hatten, und als sie sich schließlich auf ihr Nicht-Wissen nicht mehr berufen konnten, die familiären Tugenden der Unter- und Oberscharführer anpriesen?

So nehmen wir es erleichtert zur Kenntnis, daß sich die Welt im Kreise dreht und der Dreck von gestern heute wieder über dem Horizont auftaucht. Nur die Decknamen ändern sich. Kein anständiger Spitzel hätte sich früher den Titel »Donald« verpassen lassen. Seien wir also auf das Schlimmste gefaßt: hinreißende Väter, die ihre Kinder über alles lieben und anderer Kinder Eltern ans staatliche Messer liefern. Der nächste enttarnte Supervater könnte Goofy heißen.

Deutsche Nostalgie

*M*eine erste Begegnung der heimlichen Art mit der DDR hatte ich, als ich 16 oder 17 Jahre alt war. Ich schrieb für die Schülerzeitung an meinem Gymnasium einen Artikel, in dem ich mich über die damals geltende Sprachregelung lustig machte, von »sogenannter DDR« bzw. »DDR« bzw. SBZ zu sprechen, wenn die Deutsche Demokratische Republik gemeint war. Die Empörung, die über diesen Frevel daraufhin im Lehrerkollegium ausbrach, endete nur deswegen nicht tragisch, weil es ziemlich ungut ausgesehen hätte, den einzigen jüdischen Schüler wegen einer politischen Meinungsäußerung von der Schule zu weisen. Jeder andere Mitschüler wäre gemaßregelt worden.

Bald darauf bekam ich eine Vorladung vom 14. Kommissariat der politischen Polizei. Die hatte nicht, wie ich vorschnell annahm, etwas mit meinem Artikel zu tun, sondern eine ganz andere, wenn auch verwandte Ursache: Ich hatte in der DDR ein paar Broschüren bestellt, die offenbar zwischen der Zonengrenze und dem Kölner Hauptpostamt abgefangen wurden und den Verdacht einer strafbaren Handlung gegen mich begründeten.

So wurde ich für eine kurze Zeit zu einem DDR-Fan. Ich sprach nur noch von der Deutschen Demokratischen Republik, ohne »sogenannte« davor und Anführungszeichen drumherum, und zugleich von der »sogenannten BRD«, wo man zu einem Verhör bei der Polizei geladen wurde, wenn man sich über das andere Deutschland informieren wollte. Hätte mich zu dieser Zeit ein Mitarbeiter des Ministeriums für

Staatssicherheit angesprochen, wäre ich ohne zu zögern ein IM geworden. Und ich hätte alle Geheimnisse, die ich wußte, bereitwillig nach drüben verraten, angefangen vom Stundenplan der Obersekunda am Hansa-Gymnasium bis zu den Öffnungszeiten der Bibliothek im Amerika-Haus.

Allerdings, meine Begeisterung für den ersten deutschen Arbeiter- und Bauernstaat hörte nach dem ersten Lokaltermin abrupt auf. Ein Besuch in Ost-Berlin, den ich bald nach dem Abitur unternahm, machte der Schwärmerei ein Ende. Die widerlichen Schikanen bei der Ein- und Ausreise, die gnadenlose Unfreundlichkeit der Polizisten, Kellner und Busfahrer, sobald sie einen als Westler identifiziert hatten, die allgegenwärtigen Propaganda-Parolen, die eine Wirklichkeit suggerierten, die es nicht gab, hatten eine ernüchternde Wirkung. Das »Neue Deutschland« mit seiner klebrigen Rhetorik und das Fernsehen der DDR mit seinem komischen Personenkult besorgten den Rest. So mies das System in der Bundesrepublik auch war, mit all der »repressiven Toleranz«, dem »Konsumterror« und dem »falschen Bewußtsein« seiner Protagonisten — das hier konnte keine Alternative sein.

Die DDR war ein fernes, exotisches Land, das mich nicht interessierte, dessen Politik mich nicht anging. Bei Autofahrten nach Berlin achtete ich darauf, die Höchstgeschwindigkeit von 100 Stundenkilometern nicht zu überschreiten. Sobald ich den Kontrollpunkt erreicht hatte, atmete ich auf und gab Gas. Erst als die Entspannungspolitik Wirkung zeigte, rückte die SED-Republik wieder in mein Blickfeld. Zuerst wurde Willy Brandt wie ein Volksheld in Erfurt umjubelt, später Erich Honecker wie ein Staatsgast in Bonn empfangen. Ich schaute mir die deutsch-deutsche Annäherung im Fernsehen an und dachte: Eigentlich bist du für diese Ereignisse mitverantwortlich. Hättest du damals nicht DDR ohne Anführungszeichen geschrieben, und hätten ein paar andere die gültigen Spielregeln nicht ebenso verletzt, wären die jetzt nicht so weit, würde Honecker nicht mit allen protokollarischen Ehren die De-facto-Anerkennung seiner DDR durch den Klassenfeind zelebrieren können. Jeder Dammbruch, dachte ich, fängt mit winzigen Haarrissen an.

Ich wäre mit meinem kleinen Beitrag zur Geschichte zufrieden gewesen, wenn die DDR nicht plötzlich angefangen hätte, sich um Kontakte zu bemühen, denen sie bis dato nicht penibel genug aus dem Weg gehen konnte. Im Juni 1986 wurde auf Vermittlung der Friedrich-Naumann-Stiftung eine Gruppe israelischer Autoren zu einem Besuch beim Schriftstellerverband der DDR eingeladen. Da ich gerade in Berlin zu tun hatte, kam ich einfach mit. An der Grenze gab es einige Komplikationen, da einige Israelis den falschen Übergang genommen hatten, andere konnten das Haus des Schriftstellerverbandes nicht finden und kamen deswegen zu spät. Wir wurden von einer Mitarbeiterin in Empfang genommen, die schon ziemlich nervös war, weil der Zeitplan durcheinanderzugeraten drohte. Um die Situation ein wenig zu entspannen, machte ich einen harmlosen Scherz: »Heute gab es ein gesamtdeutsches Chaos«, worauf sie mich strafend anschaute und fragte: »Wollen Sie mich provozieren?«

Nach der Begrüßung durch Hermann Kant, den Präsidenten des DDR-Schriftstellerverbandes, wurden die Gäste aus Israel aufgefordert, Fragen zu stellen. Es lag eine klamme Verlegenheit im Raum, wie bei einem »blind date«, dessen Teilnehmer nicht wissen, worüber sie miteinander reden sollen. Jetzt müßte man, dachte ich, nach den Bürgerrechten in der DDR fragen, nach den Schriftstellern, die aus der DDR rausgeekelt wurden, und nach denjenigen, die nicht veröffentlichen dürfen. Wir Ausländer konnten uns Ungehörigkeiten erlauben, die einem DDR-Bürger versagt waren. Aber niemand traute sich, das »gemütliche Beisammensein« (Kant) mit frechen Fragen zu stören. Nach einer quälend langen Schweigepause meldete sich schließlich Joshua Sobol (»Ghetto«) zu

Wort. »Welchen Anteil haben zeitgenössische Stücke am Repertoire der DDR-Bühnen? Wie groß ist der Anteil der Klassiker?« Als nächster stand A.B. Yehoshua (»Der Liebhaber«) auf und berichtete von seinen gemischten Gefühlen beim Besuch der ehemaligen Hauptstadt des Deutschen Reiches. Sowohl Sobol wie Yehoshua gehören in Israel zu den Mutigen im Lande, sie genieren sich nicht, auf den Tisch zu schlagen und genau die Fragen zu stellen, die andere nicht hören wollen. In Ost-Berlin führten sie sich plötzlich wie Musterschüler auf, die den Klassenlehrer nicht reizen wollten. Und mehr als das: Nachdem der Knesset-Abgeordnete Mordechai Virshubsky, Cordelia Edvardson und ich doch noch ein paar belanglose Fragen zum Verhältnis DDR-Israel gestellt hatten, stand Joshua Sobol auf und entschuldigte sich für den dadurch provozierten Mißklang: Er bedaure, daß die Diskussion politisch werde, man solle sich doch besser nur über Kultur unterhalten.

Weitere Mißtöne konnten im Vorfeld unterbunden werden. Als der Lyriker Asher Reich wissen wollte, warum nur ein paar Funktionäre des Schriftstellerverbandes anwesend wären und nicht die uns versprochenen Dichter wie Christa Wolf, Stefan Heym, ob die vielleicht im Gefängnis säßen, rettete der Dolmetscher die Situation. Ob denn die Dichter »noch unterwegs« wären, übersetzte er, eine Frage, mit der die DDR-Gastgeber nichts anfangen konnten. So tauschte man Gemeinplätze und Höflichkeiten aus, die der historischen Bedeutung des Moments, dem ersten Treffen israelischer und DDR-Autoren, angemessen waren.

Ich habe an dieses seltsame Treffen in Berlin, Hauptstadt der DDR, noch oft denken müssen. Was war denn los, daß wir es nicht wagten, unsere Meinung zu sagen, und Hermann Kant das Feld überließen? Warum knickten kluge und wortgewandte Autoren wie Sobol und Yehoshua von sich aus ein, ohne daß die geringste Not dazu bestand? Warum habe ich Hermann Kant nicht den antizionistischen Dreck vorgehalten, der zu dieser Zeit in der DDR über Israel verbreitet wurde? Waren wir alle von seinem autoritären Charme benommen? Wollten wir uns nicht wie Störenfriede aufführen? Fest steht, wir haben damals jene verraten, die wirklich im Gefängnis saßen, und das waren nicht wenige.

Bald darauf lernte ich in Israel ein paar Juden aus der DDR kennen, die an einer Tagung des Jüdischen Weltkongresses teilnahmen. Für die israelischen Medien war dies eine Sensation, die Delegierten aus der DDR wurden wie Exoten bestaunt und herumgereicht. Auf einmal wurde den Israelis bewußt, daß es außer der Bundesrepublik noch einen zweiten deutschen Staat gab. Eine Teilnehmerin der DDR-Delegation lud mich zu einem Vortrag in die Ostberliner jüdische Gemeinde ein. Ich sollte mich melden, wenn ich das nächste Mal in Berlin zu tun hätte. Das fand ich irgendwie schick und ziemlich exotisch. Ein Problem war nur, daß Veranstaltungen dieser Art von der jüdischen Gemeinde zwei Monate im voraus beim Sekretariat für Kirchenfragen angemeldet werden mußten. So wurde mein Auftritt, als ich in Berlin eintraf, kurzerhand in eine private Wohnung verlegt. Bei den rund 30 Anwesenden handelte es sich vor allem um Journalisten, Regisseure, Lektoren, Angehörige der DDR-Kulturelite, keine Regime-Gegner, aber durchweg Menschen mit einer kritischen Grundeinstellung zum System. Es war kein geheimes Treffen, keine konspirative Versammlung, und dennoch schwebte der Hauch des Illegalen im Raum. Ich weiß nicht mehr, worüber ich gesprochen habe und wonach ich gefragt wurde, ich weiß nur noch, daß ich das Ganze ziemlich aufregend fand und in einer aufgekratzten, fast überdrehten Stimmung am späten Abend wieder nach West-Berlin zurückfuhr. Erst nach der üblichen Kontrolle am Checkpoint Charlie, nachdem die Grenzwächter im Handschuhfach und hinter den Rücksitzen meines gemieteten VW-Polo nach Republikflüchtlingen gesucht hatten, wurde mir die Absurdität des Vorgangs bewußt. Plötzlich fand ich meinen kurzen Ausflug nach Ost-Berlin, in die private Idylle einer Versammlung von Intellektuellen, weder schick noch exotisch, nicht mal aufregend, nur noch schäbig und peinlich. Das also war die Realität der vielgerühmten »Nischengesellschaft«, in der viele westdeutsche Kopfmenschen das fanden, was sie auf ihrer Seite der Mauer am meisten vermißten: menschliche Wärme, ein diffuses Gefühl von Zusammengehörigkeit, das sich auch in einem vollbesetzten Zugabteil entwickelt, wenn es lange genug nicht gelüftet wurde.

Nun ist die DDR mit all ihren »Nischen« dahin, und je länger ihr ebenso unverhoffter wie verdienter Exitus zurückliegt, um so mehr bestimmt die Parole »De mortuis nihil nisi bene« den Grundton der Erinnerungen. Immer mehr Zeitzeugen tauchen auf, die mit glänzenden Augen und großen Gesten erzählen, was für wichtige Erfahrungen sie in der DDR gemacht hätten und daß sie diese um keinen Preis missen möchten. Täglich erscheinen in durchaus ernst zu nehmenden Zeitungen Nachrufe auf die DDR, werden öffentliche Reden gehalten, in denen »differenziert« und »relativiert« vor »unzulässigen Vergleichen« gewarnt wird. Dabei werden die Opfer zur Mäßigung aufgerufen, die Täter zu Mitläufern degradiert und »die Medien« für den Dreck verantwortlich gemacht, den das alte Regime hinterlassen hat. All das hat es in diesem Land schon mal gegeben.

Dies mag ein weiterer der »unzulässigen« Vergleiche sein: Der erste Versuch, mit dem Erbe eines totalitären Regimes fertig zu werden, war von ähnlichen Windungen begleitet; nur waren es damals die »Siegerjustiz« und die »Lizenzpresse«, die von der Vox populi als die Verderber der Sitten und des Klimas angepeilt wurden. Und war es in den fünfziger und sechziger Jahren die entwurzelte nationale Rechte, die sich verzweifelt dagegen wehrte, nach dem politischen und militärischen Zusammenbruch auch die moralische Niederlage zu akzeptieren, wozu dann auch der Kampf gegen die »Sechs-Millionen-

Lüge« gehörte, so ist es heute die obdachlose Linke, der im wahrsten Sinne des Wortes das Haus über dem Kopf zusammengekracht ist und die nun in den Trümmern nach irgendwelchen vorzeigbaren und wiederverwendbaren Bruchstücken ihrer verlorenen Identität sucht. Selbst jene, die von der DDR nicht allzu viel gehalten haben, können sich nun einen nostalgischen Seufzer nicht verkneifen. Eine DDR, über die sie lästern konnten, war ihnen immer noch lieber als gar keine. Und im übrigen, tönt es derzeit von allen Seiten, dürfe der Zusammenbruch des Sozialismus nicht zu einem Triumph des Kapitalismus werden.

Ich lese, höre und staune. Offenbar ist die Zahl der guten Menschen, die eine gespaltene Existenz geführt haben, größer als angenommen. Mit dem Hintern waren sie hier, mit dem Herzen dort. Vom Logenplatz im komfortablen Interlübke-Salon konnte der Verlauf des sozialistischen Eperiments wie eine Varieté-Vorstellung verfolgt werden. Nun ist die Schau vorbei, aber statt nach Hause und in sich zu gehen, beschwert sich das Publikum über den vorzeitigen Abbruch der Vorstellung. Wie ein Groschenheft-Leser, der mit dem Roman auch den Anspruch auf ein Happy-End erworben hat, will auch die Gemeinde der DDR-Fans von ihren Illusionen nicht lassen. Wie kommt's? Warum tun sich Teile der linken Intelligenz so schwer mit dem Abschied von der DDR? Warum war die Linke in der Bundesrepublik über das Ende der DDR, von wenigen Ausnahmen abgesehen, nicht erleichtert, sondern geschockt? Was war an der DDR so sexy, so geil, so irre?

Die Gründe dafür dürften in der Grauzone zwischen politischer Psychologie und individuellem Frust liegen. Für Westler war die DDR eine Art Abenteuerspielplatz. Es war etwas Besonderes, »drüben« eine Affäre zu haben oder die dumpfen Grenzer zu überlisten, gegen alle Bestimmungen ein rororo-aktuell oder zwei Ausgaben der »taz« reinzuschmuggeln. Jenseits der Grenze sah es aus wie in einem Roman von John le

Carre, man konnte den Thrill genießen, weil man ihm nicht wirklich ausgesetzt war. Schon ein Blick über die Mauer, vom Podest am Potsdamer Platz oder an der Bernauer Straße, war mit einem inneren Schauer verbunden. Drüben lebten welche! Der Besucher mit dem Tagesvisum gruselte sich genußvoll, um anschließend in der Paris-Bar den schlechten Nachgeschmack mit einem Chablis herunterzuspülen. Die DDR war auch eine Möglichkeit, ins Ausland zu fahren, ohne Deutschland zu verlassen. Dieser Widerspruch hatte seinen sinnlichen Reiz, deswegen waren die Jobs bei der »Ständigen Vertretung« der BRD in Ost-Berlin überaus begehrt.

Der zweite Grund dürfte ein wenig subtiler sein. Die deutschen Intellektuellen haben schon immer unter einem Mangel an Anerkennung gelitten, kein Politiker seit Bismarck, der sich über sie nicht lustig gemacht hätte. So was bleibt nicht ohne Folgen fürs Gemüt. Nichts hat die deutschen Kopfarbeiter so anhaltend und so tief verletzt wie das Erhard-Wort von den »Pinschern, Uhus und Banausen«. Seitdem bemühen sie sich ebenso verzweifelt wie vergeblich, die Politiker vom Gegenteil zu überzeugen, machen bei Wahlkämpfen mit, lassen sich zu Sitzstreiks vor Kasernen nieder und drohen den Herrschenden immerzu mit Konsequenzen, zu deren Durchsetzung ihnen die Mittel fehlen.

Ganz anders dagegen war die Lage der Intellektuellen, vor allem der Schriftsteller, in der alten DDR. Egal ob sie verfolgt oder gefördert, verboten oder veröffentlicht wurden, sie wurden in jedem Fall ernst genommen. Die DDR behandelte ihre Kopfarbeiter mit dem Respekt, der ihnen im Westen versagt blieb. Verglichen mit der Bedeutung, die Hermann Kant in der DDR genoß, war der Vorsitzende des westdeutschen Schriftstellerverbandes nicht mal ein Pförtner am Eingang zum Literaturbetrieb. Kein Wunder, daß die West-Poeten neidisch zu den Kollegen im Osten rüberschauten und auf Abhilfe sannen, um den Standortnachteil auszugleichen. Ganz in die DDR zu ziehen, wäre nicht kommod gewesen, statt dessen wurden »Friedenskonferenzen« und andere Joint-venture-Projekte mit dem Schriftstellerverband der DDR organisiert, Sandkastenspiele mit geopolitischem Anspruch, die der Entspannung und der Sicherung des Friedens dienen sollten. Dies war eine Aufgabe, deren Größe dem Selbstwertgefühl der Akteure entsprach. So wurde die deutsch-deutsche Annäherung zum bevorzugten Hang-out vieler Wichtigtuer, die sich nun optimal selbst verwirklichen konnten. Ein Unterschied freilich blieb bestehen und war nicht einzuebnen: Während die ostdeutschen Schriftsteller namens und im Auftrag ihrer Regierung handelten, waren die westdeutschen auf eigene Rechnung unterwegs. Daß sie gelegentlich auf der Diplomatenspur, ohne kontrolliert zu werden, einreisen durften, war ein kleines Trostpflaster für das fehlende Regierungsmandat.

So war die Existenz der DDR, noch bevor sie von westdeutschen Gebrauchtwagenhändlern als Absatzmarkt entdeckt wurde, für die westdeutschen Schriftsteller mit politischen Ambitionen eine überaus nützliche Sache. Auf die Frage, warum er sich im Jahre 1986 in die Staats-Akademie der DDR hat wählen lassen, antwortete Walter Jens in einem »Spiegel«-Interview: »Ich habe mich als Brückenbauer verstanden, der von seinem Standpunkt nicht läßt, die Vorstellungen des anderen zu verstehen, und der sie eventuell zu widerlegen sucht.« — 1986 herrschte in der DDR tiefste Eiszeit. Aufmüpfige Bürger, die Ausreiseanträge stellten, wurden unter Vorwänden verhaftet und zu hohen Freiheitsstrafen verurteilt. Woher nahm Walter Jens die an Selbstüberschätzung grenzende Zuversicht, er würde als Brückenbauer die Verhältnisse in der DDR irgendwie beeinflussen können? Und welche Vorstellungen »der anderen« hat er verstanden und zu widerlegen versucht, ohne von seinem Standpunkt zu lassen?

So werden Legenden kreiert und Mythen in die Welt gesetzt, wo es eigentlich nur darum geht, daß der Vorsitzende der freiwilligen Feuerwehr von Hückeswagen mit den Kollegen aus Winsen a.d. Luhe einen Erfahrungsaustausch mit einem wechselseitigen Besuchsprogramm vereinbart. Zu den Mythen und Legenden gehören auch Verschwörungstheorien, wie die, die der Präsident des westdeutschen PEN-Zentrums Gert Heidenreich in einem Interview mit der »Süddeutschen Zeitung« aufgedeckt hat. Er habe den Eindruck, »hier wird auf der Stasi-Schiene versucht, mit der kritischen Literatur der Bundesrepublik nachträglich abzurechnen«. Ganz abgesehen davon, daß Abrechnungen immer nachträglich erfolgen, kann dieser Satz, wörtlich genommen, nur bedeuten, daß die kritische Literatur der Bundesrepublik ein Produkt der Stasi war. Dies kann Heidenreich aber nicht gemeint haben. Von ähnlicher innerer Konsistenz war eine Erklärung, die Heidenreich im Namen des PEN-Präsidiums abgegeben hat. Es gehe um die Chance, »mit der eigenen Vergangenheit offener, ehrlicher, kritischer, schließlich auch barmherziger umzugehen als in den Jahren nach '45 ...« — Die Leser können darüber entscheiden, ob es Heidenreich darum geht, die unbarmherzige Behandlung der Nazis nach 1945 zu beklagen oder Barmherzigkeit für die Stasis heute einzuklagen.

Solchen kryptischen Überlegungen fügt Günter Grass eine weitere hinzu; es werde in der Bundesrepublik versucht, »die nicht bewältigte Nazi-Vergangenheit auf dem Rücken der DDR-Bürger auszutragen«. Was vermutlich heißen soll, die DDR-Bürger werden jetzt dafür geprügelt, daß die BRD-Bürger mit ihrer Nazi-Vergangenheit nicht aufgeräumt haben. Oder: Die Versäumnisse von 1945 sollen nachgeholt werden. Selbst wenn es so wäre, was wäre verkehrt daran? Man könnte sagen, die Deutschen haben aus ihrer Geschichte gelernt und wollen den Kardinalfehler der Bonner Republik nicht noch einmal begehen. Wäre das nicht ein Zeichen für die politische Reife einer Nation, von der es immer wieder heißt, sie habe ihre demokratische Bewährungsprobe noch nicht bestanden?

Grass dagegen scheint der alten Artistenregel den Vorzug zu geben: Mach ich einen Fehler, mach ich gleich einen zweiten hinterher, dann sieht es nach Methode aus. Weil 1945 nicht bewältigt wurde, soll 1992 auch nicht bewältigt werden; warum sollen die Stasis schlechter behandelt werden als die Nazis?

In einer Gesellschaft, die zwischen Amnesie und Amnestie nicht unterscheiden kann, bekommt auch der hessische Ministerpräsident Hans Eichel eine Chance, öffentlich zu bezeugen, daß man aus Erfahrung auch dümmer werden kann. »Wir haben die Geschichte überhaupt nicht begriffen, wenn wir die Aufzeichnungen eines diktatorischen Regimes plötzlich als die Quelle der Wahrheit verstehen.« Setzen, Hans! Ungenügend! Und bei der nächsten Sitzung des SPD-Bezirks Buchschlag-Dreieich denken wir gemeinsam darüber nach, ob bei den Nürnberger Prozessen die Akten des Reichssicherheitshauptamtes verwendet werden durften, handelte es sich doch eindeutig um die Aufzeichnungen eines diktatorischen Regimes.

Niemand freilich geht in seiner nostalgischen Verehrung zur DDR so weit wie Günter Gaus, von 1973 bis 1981 erster Leiter der Ständigen Vertretung der BRD in der DDR, also Bonns Botschafter in Ost-Berlin. Gaus, der das Verschwinden der DDR als einen persönlichen Verlust erlitt, hat einen Begriff erfunden, der es an Originalität mit dem Glanzstück der DDR-Propaganda, dem »antifaschistischen Schutzwall«, aufnehmen kann. Er spricht von einem »totalitären Antikommunismus«, der von einer »Geistesfraktion« betrieben wird, »die sich keineswegs nur im Geistigen bewegt«. Von dieser Fraktion wendet sich Gaus angewidert ab, um sich eine schöne Erinnerung nicht vermiesen zu lassen. In der DDR konnten »privates Glück wie privates Unglück ihren Vorrang für die allermeisten Menschen ungeachtet der Stasi-Präsenz behaupten«.

Wie wahr! Es gibt Einsichten, die nicht verschwiegen werden dürfen. Und totalitäre Platitüden, die jede Katastrophe überstehen.

Eine Option auf Kollaboration

*I*m Jahre 1946 fand in Krakau ein Prozeß gegen einige »Kapos« des Ghettos Plaszow statt. Es handelte sich um Juden, die den deutschen Besatzern behilflich gewesen waren, das Lagerleben zu organisieren. Sie wurden mit zusätzlichen Lebensmittelrationen belohnt und hatten etwas bessere Überlebenschancen als die Masse der jüdischen Gefangenen. Diese »Kapos«, die bis zu ihrer Verpflichtung durch die Nazis ein ganz normales bürgerliches Dasein führten, waren, würde man heute sagen, Täter und Opfer zugleich. Um ihr Leben zu retten oder wenigstens zu verlängern, nahmen sie es in Kauf, das Leben anderer zu zerstören und zu vernichten. Rückblickend kann man ihnen mit Mitleid oder Verachtung begegnen. Die Parallelen zu den Mitarbeitern der Stasi, die nun aus dem Zwielicht ihrer »informellen Mitarbeit« ans Licht der Öffentlichkeit treten oder dahin gezerrt werden, liegen auf der Hand. Mit einer Ausnahme. Es gab unter den überlebenden Juden keine Zweifel und keine Debatten, daß diesen Schweinen zu Recht der Prozeß gemacht wurde.

Zu diesen Überlebenden gehörte auch meine Mutter, die über einen der Angeklagten sogar Positives zu erzählen wußte. Sobald er sich ausgetobt, das heißt genug Menschen gequält, gedemütigt, gelegentlich auch erschlagen hatte, war er zu einer menschlichen Regung imstande. Dann trat er einem Gefangenen ein Stück Brot ab oder übersah irgendeine kleine Unkorrektheit, die er hätte ahnden müssen. Als er nun nach dem Krieg vor Gericht stand, wandte sich seine Frau hilfesuchend an meine Mutter. Sie sollte doch bitte zu seinen Gunsten aussagen und bezeugen, daß er vielen im Lager auch geholfen hatte. An die Worte der Kapo-Frau kann sich meine Mutter noch heute erinnern: »Wer konnte ahnen, daß der Krieg so schnell vorbei sein würde? Und wer konnte ahnen, daß die Deutschen den Krieg verlieren würden?«

So ist das eben mit der Geschichte. Es kommt ganz anders, als man denkt. Das Große bleibt groß nicht und klein nicht das Kleine. Wer konnte ahnen, daß es mit der DDR so plötzlich vorbei sein würde? Und wer konnte ahnen, daß die Mächtigen im ersten deutschen Arbeiter- und Bauernstaat über Nacht entmachtet würden. Nun, zwei Jahre nach der Zeitenwende, mit der niemand gerechnet hat, ist von der anfänglichen Bereitschaft, mit der Vergangenheit aufzuräumen, es diesmal besser zu machen als nach 1945, wenig geblieben. Es wird gemogelt, geschummelt, laviert und herumgeeiert.

Daß die ehemaligen »Zonies« auf diese Weise aus dem Sumpf ihrer Geschichte zu entkommen versuchen, ist ganz natürlich. Sie haben vierzig Jahre taktiert, sich mit kleinen Notlügen und großen Chimären das Leben zurechtgelegt. Die Bürger der DDR simulierten Loyalität zu einem Staat, von dem sie mit Gewalt an der Massenflucht gehindert wurden. Kein Wunder, daß viele von ihnen ab einem bestimmten Zeitpunkt zwischen Schein und Sein nicht mehr unterscheiden konnten.

Vor diesem Hintergrund lassen sich die Äußerungen ehemaliger DDR-Bürger über ihr Leben unter den Bedingungen des real existierenden Sozialismus einigermaßen verstehen. Henrik Poller, ein führender Aktivist der Bürgerbewegung, heuerte 1984 freiwillig bei der Stasi an und erfüllte die erteilten Aufträge »mit vorbildlicher Disziplin« bis Ende September 1989. Dann ließ er sich vom Bündnis 90 als Spitzenkandidat bei den Landtagswahlen in Brandenburg aufstellen. Erst nach den Wahlen wurde ihm im Herbst 1990 bewußt, »daß ich ein IM war«. Vorher war ihm seine Doppelrolle nicht aufgefallen.

Stefan Heym, zu DDR-Zeiten eine der wichtigen Oppositionsfiguren, sagt heute: »Ich kann nicht mein ganzes Leben wegwerfen, bloß weil hier Leute schlecht und schlimm und verbrecherisch gehandelt haben.« Was auf den ersten Blick einsichtig klingt, ist eine moralische Bankrotterklärung. Niemand verlangt von Heym, daß er sein Leben wegwerfen soll, was immer er sich darunter vorstellt. Das Eingeständnis, daß er zu denjenigen gehörte, die sich aus den Privilegienkammern des Systems bedienten, würde schon reichen. Und Pastor Friedrich Schorlemmer, der das Leben in der DDR »farbiger und lebenswerter« machen wollte und noch am 4. November 1989 die Massen auf dem Alexanderplatz vor dem »Ausufern der verständlichen Emotionen« warnte, sagt heute, es dürfe nicht sein, daß »die Stasi jetzt, wo sie weg ist, noch mehr über uns herrscht als vorher«, was ungefähr so sinnvoll ist, als würde jemand erst nach dem Abzug eines Gewitters vor demselben warnen.

Der Verlust der Maßstäbe geht so weit, daß, wie der Theologe Richard Schröder in der »FAZ« berichtete, auf der Berlin-Brandenburger Synode der Evangelischen Kirche »jemand behauptete, es finde eine Hetzjagd gegen die Stasi statt, die der Judenverfolgung der Nazis gleiche ...«

Das alles muß man nicht gut finden, aber man darf es nicht vorschnell verurteilen. Den Bürgern der DDR ist der Boden unter den Füßen so schnell und radikal weggezogen worden, daß sie abstürzen mußten. Und im freien Fall kann man schlecht Haltung zeigen.

Wenn also Stephan Hermlin die Stasi-Debatte mit Denunziationen während der Nazi-Zeit vergleicht, wenn Thomas Langhoff sagt: »Ich will nicht aufklären«, dann denke ich mir: die sollen mit ihren Problemen selber fertig werden. Und wenn Stefan Richter, ehemaliger Leiter des Reclam Verlages in Leipzig und seit kurzem »freier Autor«, über Wolf Biermann herfällt, dann kann ich es ihm nicht mal übelnehmen, daß er Biermann einen »Meinungs- und Gesinnungsterroristen« nennt, als würde noch immer das ZK der SED bestimmen, wo die Meinungsfreiheit aufhört und der Meinungsterror anfängt. Es dauert eben eine gewisse Zeit, bis sich staatliche Kulturfunktionäre an den rauhen Wind einer freien Diskussion gewöhnt haben. Wenn aber ein Westler wie Günter Grass, der sich in seiner Rolle als moralisches Ersatzgewissen der Nation immer gefallen hat, Biermann einen »Großinquisitor« nennt, dann möchte ich gern wissen, was in diesem Mann vorgeht. Neidet er Biermann die Publizität? Will er allein darüber entscheiden, in welchem Falle eine Nachfrage erlaubt sein soll und in welchem nicht?

Grass hat vor zwei Jahren, als die Wiedervereinigung ins Haus stand, immer wieder gesagt, das deutsche Volk habe wegen Auschwitz ein Recht auf staatliche Einheit für immer verloren. Er hat dies für eine moralische Äußerung gehalten. Tatsächlich war es die größte politische Dummheit, für die Juden als Begründung herhalten mußten, seit der »Stürmer« deutschen Mädchen und Frauen einzureden versuchte, die Juden wären ihr »Unglück«. Nun setzt Grass noch eins drauf, er sagt, mit demselben Impetus und derselben Inkompetenz, mit der er die Strafe für Auschwitz vertrat, es habe selten einen »grausameren und absurderen Sieg« gegeben als den der früheren Stasi in der heutigen BRD. Nimmt man diese Aussage ernst, dann würde man der Stasi eine vernichtende Niederlage dadurch bereiten, daß man über ihre Aktivitäten und Verbrechen den Mantel des Schweigens und der Barmherzigkeit ausbreitet. So kann es Grass nicht gemeint haben. Oder doch?

Freimut Duve, ebenfalls ein großer Moralist, wenn auch mit einem mageren Œuvre, hat Biermann aufgefordert, den Büchner-Preis zurückzugeben, nachdem Biermann den Ostberliner Lyriker Anderson als Stasi-Spitzel enttarnt hatte. Und er sah keinen Grund, sich zu entschuldigen, auch nachdem Anderson in einem »Zeit«-Interview Biermanns Vorwürfe bestätigt hatte. Und Gerhard Zwerenz, der jeden Krawall unangebracht findet, den nicht er angezettelt hat, mahnte auf Seite 1 des »Neuen Deutschland«, es wäre fatal, »die Stasi-Herrschaft zu dämonisieren«. Den Vogel allerdings schoß Matthias Greffrath in der »Wochenpost« ab, als er den Streit um den Rektor der Humboldt-Universität Heinrich Fink mit der »Dreyfus-Affäre« verglich, denn: »Auch damals ging es darum, ob eine Gruppe von Staatsbürgern minderes Recht hat, erschwerten Zugang zu Staatsämtern und offiziellen Würden.«

Solche Statements sind von anderer Qualität als die verqueren Exkulpationsübungen der »Zonies«. Geht es drüben um das Überleben, kommt es hüben auf das Vorankommen an — »zu Staatsämtern und offiziellen Würden«. In einem Milieu, in dem jeder zweite Journalist davon träumt, Pressesprecher eines Ministers zu werden, und in dem jeder anständige Dichter sich so lange weigert, für die »Bild«-Zeitung zu schreiben, bis sie ihm ein Angebot macht, dem er nicht widerstehen kann; in einem solchen Ambiente verteidigen die staatstragenden linksalternativen Freigeister vor allem ihr Grundrecht auf Kollaboration. Auf diese Option wollen sie nicht leichtfertig im voraus verzichten. Um den potentiellen Kollaborateur in sich zu verteidigen, solidarisieren sie sich mit einem, der von dieser Möglichkeit reichlich Gebrauch gemacht hat — und wenn es ein armes und armseliges Würstchen ist, mit dem sie sich weder bei »Paolino« noch bei »Käfer« an einen Tisch setzen würden.

Es wäre ungerecht, wenn bei der Bewältigung der DDR-Geschichte die Bundesrepublik ungeschoren davonkäme. Ohne die Hilfe, die der DDR von ihrer reichen Schwester zuteil wurde, hätte sie nicht bis zum Jahre 1989 durchhalten können. Als Erich Honecker 1987 die Bundesrepublik besuchte, da wurde er nicht nur mit allem Pomp, der einem Staatsgast zusteht, empfangen, da soll es auch eine Ministerorder an alle Staatsanwaltschaften in der Bundesrepublik gegeben haben, keine unüberlegten Schritte zu unternehmen. Es hätte ja sein können, daß irgendein Staatsanwalt, der seinen Job ernst nahm, auf eigene Faust einen Haftbefehl beantragt hätte. Der Staatsbesuch, die Entspannungspolitik und der weitere Gang der Geschäfte sollten nicht gefährdet werden. Die DDR wurde von der Bundesrepublik subventioniert, von allen Parteien politisch und von den kritischen Intellektuellen moralisch legitimiert. De facto gab es eine breite nationale Front von der CSU bis zu den Grünen, die sich um den Bestand der DDR verdient gemacht hat. Und es waren nicht nur Vertreter der Wirtschaft, die mit den Staatskommunisten gerne Geschäfte machten.

Auf der anderen Seite des gesellschaftlichen Regenbogens posierten diejenigen, die den Respekt genossen, mit dem sie in der DDR behandelt, ja zelebriert wurden. Nicht wenige westdeutsche Intellektuelle und Künstler hielten der DDR aus ganz trivialen Gründen die Treue: die Sängerin, hüben eine kulturelle Altlast, drüben eine gefeierte Botschafterin des Friedens; der Schriftstellerverbandsfunktionär, daheim eine DKP-Schranze, in der DDR ein große Nummer; der Professor, dessen grauenhafte Theaterstücke von westdeutschen Dramaturgen mit spitzen Fingern abgelegt und von DDR-Bühnen dankbar gespielt wurden. Jeder hat seinen eigenen Grund, sich an einen Gedanken zu klammern, den Stefan Heym so trotzig artikuliert: »Trotzdem glaube ich, die Grundidee ist gut und richtig.«

Leute wie Biermann und Fuchs sind es, die den öffentlichen Frieden stören. Stasi-Aufklärer Gauck wird zum Buhmann der Nation erklärt. Gewesene Bürgerrechtler wird man als »Nestbeschmutzer« anprangern, und kritische linke Intellektuelle werden in vorauseilendem Selbstschutz jeden Spitzel, der keine notariell beglaubigte Verpflichtungserklärung unterschrieben hat, zum Opfer einer Hexenjagd verklären.

Wir werden uns noch wundern, wie viele informelle Repräsentanten die untergegangene DDR der Bundesrepublik vererbt hat.

Hängt die Kleinen!

K aum war das verhaßte politische System der DDR zu-
sammengebrochen, fragten sich alle, was man mit seinen
Dienern und Helfern machen sollte. Wohin mit den Richtern,
Staatsanwälten, Polizeibeamten, Lehrern, Bürgermeistern,
Parteisekretären, Betriebsleitern und Hofpoeten? Sollte man
sie in die Verbannung schicken oder nur zum Ernteeinsatz?
Wäre Umerziehung das richtige? Ist es zu verantworten, ihnen
noch einmal eine Chance zu geben?

Jede Entscheidung wird von den Betroffenen als ungerecht
empfunden. Und es dauert nicht lange, bis ein Opfer der Zeitenwende den Satz sagt, der unter solchen Umständen immer
gesagt wird: Die Kleinen hängt man, die Großen läßt man laufen. Und dann nicken alle einvernehmlich wie bei allen ewigen
Wahrheiten. So war es nach dem Zusammenbruch des Dritten
Reiches, so ist es wieder nach dem Ende der DDR.

Auf den ersten Blick scheint es tatsächlich ein Problem zu
sein, bei der Verfolgung politisch motivierter Untaten am un-
teren Ende der Verantwortungskette anzufangen, sich also
eher an die Handlanger als an die Schreibtischtäter zu halten.
Schaut man aber genauer hin, hat der Satz »Die Kleinen hängt
man, die Großen läßt man laufen«, nicht nur eine innere Logik,
sondern auch eine praktische Richtigkeit. Zum einen lassen
sich die paar Großen leichter resozialisieren als die Masse der
Kleinen. Ob es nun Hans Globke oder Wernher von Braun
war, die in hohen Positionen dem alten System treu gedient haben und sich dann in den Dienst der Sieger bzw. des neuen Systems stellten, oder ob es nun Manfred Stolpe ist, der ein wich-

tiges Amt in der DDR verwaltete und nun zur politischen Klasse der Bundesrepublik zählt. Wer einmal Verantwortung getragen hat und über ein bestimmtes Wissen verfügt, der kann wieder Führungsaufgaben übernehmen, auf den ist Verlaß.

Dem ehemaligen Rektor der Humboldt-Universität, Heinrich Fink, seine Verstrickung in das Netz der Staatssicherheit nachzutragen und ihm seine Ergebenheitsadressen an das ZK oder das Politbüro vorzuhalten, ist vollkommen albern. Er würde, ließe man ihn nur, an der Durchsetzung der Beschlüsse der Kultusministerkonferenz ebenso konstruktiv mitwirken, wie er es mit den Richtlinien des DDR-Kulturministers getan hat.

Anders liegen die Dinge bei den Mitläufern, die, ohne Verantwortung zu tragen, mitgemacht haben, weil es einfach und bequem und mit kleinen Vorteilen verbunden war. Die Mitläufer sind nicht die Verführten eines Systems, sie sind seine Grundlage. Ohne die Mitläufer wären die Mächtigen machtlos, es wäre einfach niemand da, der ihren Befehlen gehorchen, ihre Anordnungen ausführen würde. Der Gauleiter ist ohne die Blockwarte nicht denkbar. Ein Führer, dem niemand zujubelt, wäre eine hilflose Gestalt. Und anders als die Überzeugungstäter sind die Mitläufer auch kaum zu resozialisieren: weil sie ihre Schuld weder einsehen noch annehmen, weil sie sich auf andere rausreden, weil sie sich nie die Hände schmutzig machen, egal was für eine Blutspur sie hinterlassen.

Ein System, dem sich die Mitläufer versagen, bricht zusammen, wie sehr sich auch die Angehörigen der Eliten darum bemühen, an der Macht zu bleiben. Ein Gewaltsystem ist keine One-Man-Show, ganz gleich wie der Oberschurke an der Spitze heißt. Wie bei der Pyramidennummer im Zirkus kommt es auf die Leute ganz unten, an der Basis, an. Schon Trotzki wußte es: »Die Basis ist die Grundlage des Fundaments.«

Nein, hängen soll man sie nicht, die Kleinen, aber auch nicht laufenlassen. Damit die Mitläufer von heute und morgen wissen, was ihnen übermorgen blühen könnte.

46

Die Republik der Simulanten

Alle großen Fluggesellschaften bilden ihre Piloten an sogenannten Flugsimulatoren aus, mit deren Hilfe die während eines Fluges entstehenden Situationen und möglichen
Gefahren »simuliert« werden. Die Piloten üben die Griffe für
den Fall eines Triebwerkausfalls, den schwierigen Anflug auf
Hongkong, die Notlandung mit einem beschädigten Bugrad.
Kein Pilot wird in das Cockpit einer echten Maschine gelassen,
der nicht eine hinreichend große Anzahl von »Flugstunden« in
einem Simulator absolviert hätte. Diese praktischen Apparate
dienen also einer Annäherung an die Wirklichkeit, die Simulation ist kein Realitätsersatz, sondern eine praktische und si-
chere Methode, mit realen Situationen zurechtzukommen.

In der DDR war es genau umgekehrt. Man trainierte nicht
für die Wirklichkeit, sondern für die erfolgreiche Simulation.
Es kam nicht darauf an, sich der Realität anzunähern, sondern
die Wirklichkeit weit hinter sich zu lassen. Schon die Schöp-
fung der DDR war ein simulativer Akt von erheblicher Originalität: der erste Arbeiter- und Bauernstaat auf deutschem Boden, der mit seinem Vorgänger, dem NS-Staat, nichts zu tun
hatte. Weder fühlten sich die Gründer der DDR für das Dritte
Reich mitverantwortlich, noch war das Volk dasselbe, das bis
eben die Masse der Volksgenossen gestellt hatte. Die historischen Wurzeln der DDR lagen irgendwo in der Zeit der Bau-
ernkriege; dann machte die Geschichte einen großen Sprung,
und schon fiel die DDR vom Himmel mitsamt der NVA, den
VEBs, der Volkskammer, den Intershops an den Transitstra-
ßen und den Getränkestützpunkten auf dem Lande. Und dann

wurde drauflos simuliert, daß es nur so krachte: Die Regierung der DDR simulierte Souveränität, die Volkskammer simulierte Demokratie, die Blockparteien simulierten politischen Pluralismus. Die Gewerkschaften simulierten die Vertretung von Arbeiterinteressen, die volkseigenen Betriebe simulierten Produktivität, die Justiz simulierte Unabhängigkeit, und die Partei, die immer recht hatte, simulierte Unfehlbarkeit. Damit war schon viel, aber des Guten noch nicht genug geleistet. Das simulative Prinzip mußte wie ein Netz über das ganze Land gespannt werden. In einer Gesellschaft, deren größtes Problem die gerechte Verteilung des Mangels war, wurde Wohlstand simuliert, indem Statistiken über die Produktion von Konsumgütern gefälscht wurden. Mit Hilfe der Parole »Überholen ohne einzuholen« wurde ein faktischer Vorsprung gegenüber dem kapitalistischen Westen simuliert; zugleich mußte ein Autokäufer zehn Jahre auf einen Trabant warten, wurden Erbsen zu falscher Marzipanmasse und grüne Tomaten zu künstlichem Zitronat verarbeitet.

Vieles, das heute nur noch provinziell und spießig erscheint, war eine Folge der konsequenten Durchsetzung des Simulationsprinzips, Begriffe wie Salatgarnitur, Gemüsevariation und Sättigungsbeilage waren nicht einfach Worthülsen von unfreiwilliger Komik. Es waren Simulationen von Eleganz, Opulenz und Eßkultur. Ein Wortungeheuer wie »antifaschistischer Schutzwall« trieb das Simulationsprinzip auf die dialektische Spitze. Ein Bauwerk, von dem jeder wußte, daß es dazu bestimmt war, die eigene Bevölkerung mit Gewalt am Verlassen des Landes zu hindern, wurde als eine Abwehrmaßnahme gegen einen Angriff äußerer Feinde deklariert. Ob die für diese Sprachregelung Verantwortlichen ihren eigenen Schwindel glaubten oder nicht, ist völlig irrelevant, der »antifaschistische Schutzwall« war ein Produkt des Simulationsprinzips, der Glaube an seine Effektivität ebenso.

Daß solche Übungen auf die Dauer degenerative Folgen haben, liegt auf der Hand. Die Dichter vom Prenzlauer Berg simulierten einen staatsfernen Freiraum, während sie zugleich über die Vorgänge in ihrem kleinen Biotop den staatlichen Agenturen Bericht erstatteten. Einen besonders abenteuerlichen Fall von Simulation beschreibt Helmut Eschwege in seinem Buch »Fremd unter meinesgleichen — Erinnerungen eines Dresdner Juden«. Im Jahre 1968 wurde in der Stadt Halle eine Frau Vorsitzende der Jüdischen Gemeinde, deren Vater im Krieg einer »Einsatzgruppe« angehört hatte, die mit der Liquidierung von Juden beschäftigt war. Die Frau ließ ihre Eltern in der Ehrenreihe des jüdischen Friedhofs begraben und schickte ihren Sohn zum Rabbinerstudium nach Budapest, von wo er wegen Diebstahls von Büchern vorzeitig nach Hause geschickt wurde. Das ganze Projekt fand mit Wissen und Billigung von Dr. Helmut Aris statt, eines wichtigen Funktionärs der jüdischen Gemeinde in der DDR mit besten Beziehungen zum Staatsapparat, der seinerseits seine Passiv-Qualifikation als Simulant unter Beweis stellte, indem er den Antisemitismus in der DDR geflissentlich übersah und sich bereitwillig vor jeden Propaganda-Karren spannen ließ.

Die falsche Vorsitzende der jüdischen Gemeinde von Halle hat sich mit goldenen Lettern in das große Simulanten-Buch der DDR eingeschrieben, doch einmalig war ihr Fall nicht. Eschwege berichtet von einem ehemaligen SA-Mann, der es zum Vorsitzenden der jüdischen Gemeinde in Zittau gebracht hatte, und er erzählt von Nazis, die Mitglieder der Vereinigung der Verfolgten des Nazi-Regimes geworden waren.

Und als das Ende der DDR absehbar wurde, da fingen die führenden Staats- und Parteiorgane plötzlich an, »Philosemitismus« zu simulieren. Edgar Bronfman wurde in die DDR eingeladen, Heinz Galinski mit dem Orden der Völkerfreundschaft ausgezeichnet. Fest von der Macht des »Weltjudentums« überzeugt, wollte die letzte Politgarnitur der SED das Image der DDR in den USA mit Hilfe ein paar projüdischer Ranschleimereien rausputzen. Und fünf vor zwölf, im Herbst

1990, war die DDR sogar bereit, diplomatische Beziehungen mit Israel aufzunehmen. Ein Staat, der im Begriff war, von der Landkarte zu verschwinden, tat noch einmal so, als könnte er über seine Außenbeziehungen ebenso souverän entscheiden wie über seine innere Verfassung.

Nachträglich könnte man sich fragen, ob es die DDR überhaupt gegeben hat oder ob sie nur von Fall zu Fall inszeniert wurde. Da ist die berühmte »Protokollstrecke« in Ost-Berlin, die zum Gästehaus der Regierung führte. Entlang dieser Strecke wurden die Häuser, sobald ausländischer Besuch anstand, angestrichen und renoviert. Ehemalige DDR-Bürger können sich an Besuche von Erich Honecker in ausgesuchten Supermärkten erinnern, die vor dem Eintreffen des Staatsratsvorsitzenden mit Waren aufgefüllt wurden, um gleich nach dem Ende des hohen Besuchs wieder abgeräumt zu werden. In solchen Fällen kann nicht von einem »Realitätsverlust« gesprochen werden, denn die Art der Realität war ja bekannt. Jeder wußte, daß die Fassaden der Häuser in der Sophienstraße renoviert wurden, während in den Hinterhöfen alles vergammelte, jeder wußte, daß die Warenfülle für einen kurzen Moment simuliert wurde, während normalerweise echter Kaffee und anständige Zahnpasta nicht zu bekommen waren.

Das Simulationsprinzip war generell anwendbar, es funktionierte in jeder Richtung, um Nichtvorhandenes zu erzeugen und um Vorhandenes verschwinden zu lassen. Es wurden Internationalismus, Weltniveau und die deutsch-sowjetische Freundschaft herbeisimuliert, und es wurden Rassismus, Korruption und Prostitution wegsimuliert. Kein Wunder, daß den DDR-Bürgern im Laufe der Zeit irgendwann ein paar Kriterien abhanden gekommen sein müssen. Sein und Schein vermischten sich zu einem zähen Brei, dessen Elemente voneinander kaum noch zu trennen waren.

Die Germanistin Ingrid Kühn von der Universität Halle hat in einer sprachwissenschaftlichen Studie die Decknamen von

4500 Informellen Mitarbeitern der Stasi untersucht. Dabei stieß sie auf einen merkwürdigen Zusammenhang zwischen der beruflichen Tätigkeit des IM und seiner Namenswahl. Ärzte wählten Decknamen wie »Albert Schweitzer«, »Röntgen«, »Robert Koch«; Philologen entschieden sich für »Goethe«, »Schiller«, »Brecht«, ein Chorleiter verwandelte sich in IM »Beethoven«, ein Altertumsforscher wurde IM »Ramses«. Auch »Löwe«, »Einstein«, »Don Juan«, »Tannhäuser« waren beliebte IM-Tarnkappen, unter denen Träume in Erfüllung gingen. Die Schwierigkeiten vieler ehemaliger IMs mit ihrer Vergangenheit als freie Mitarbeiter der Stasi dürften auch daher rühren, daß sie selbst nicht mehr wissen, wann sie simuliert haben und wann sie »authentisch« aufgetreten sind. Hat IM »Sekretär« den Stasi-Agenten in der Kirche oder den Kirchenmann bei der Stasi simuliert? Oder simuliert er heute einen sozialdemokratischen Ministerpräsidenten, der mit feudaler Attitüde von sich selbst in der dritten Person spricht?

Ende September 1989, also nur ein paar Tage vor dem Zusammenbruch der DDR, hat Manfred Stolpe in einem »Spiegel«-Essay geschrieben: »Die Hauptlinie der Geschichte heißt heute nicht Großdeutschland, sondern gemeinsame Friedenssicherung in Europa und der ganzen Welt. Die Menschheit kann nur noch gemeinsam überleben oder gemeinsam untergehen.« Ein paar Absätze weiter fragte er, ob »die Regierung und alle Parteien der Bundesrepublik ... Wiedervereinigung trommeln wollen, bis alles in Scherben fällt ...« Dabei konnte sich doch jeder, der Augen und Ohren hatte, davon überzeugen, daß in der DDR für die staatliche Einheit der Deutschen die Trommel geschlagen wurde. Waren die Montag-Demos Umzüge von Simulanten? Und wenn die Alternative »gemeinsam überleben oder gemeinsam untergehen« hieß, warum haben sich dann Stolpes Landsleute mit der banalen Frage aufgehalten, zu welchem Kurs ihre Ersparnisse umgetauscht werden sollten?

Es ist leicht einzusehen, daß ein Mensch, der seine ganze Existenz auf Simulation aufgebaut hat, einen schweren Schock erlebt, wenn er plötzlich mit der »wirklichen Wirklichkeit« konfrontiert wird. Ein Pilot, der seinen Flugsimulator nie verlassen hat, der immerzu nur Starts, Landungen und Turbulenzen vorgespielt bekommt und dabei von der Realität der simulierten Manöver überzeugt ist, würde sofort eine Bruchlandung hinlegen, wollte man ihn zwingen, ein richtiges Flugzeug zu steuern. Genau das ist den DDR-Bürgern mit der Wiedervereinigung passiert. Kaum hatten sie ihren volkseigenen, antifaschistischen Plaste- und Elaste-Großsimulator verlassen, fühlten sie sich über den Tisch gezogen, mißbraucht, kolonialisiert. Obwohl in Ost-Berlin, Leipzig und Dresden für die Wiedervereinigung demonstriert wurde und nicht in Aachen, Hildesheim und Kaufbeuren, war plötzlich von einem »Anschluß« die Rede; die gefürchtete Stasi, Verkörperung des Bösen zwischen Elbe und Oder, mutierte plötzlich zu einem »Garanten des inneren Friedens« (P. M. Diestel). Der letzte Innenminister der DDR, mitverantwortlich für die Vernichtung eines großen Teils der Stasi-Akten, stellte vor kurzem die Frage, »ob man Anpassung unter den Bedingungen einer Diktatur kriminalisieren darf oder nicht«, und gab gleich darauf selbst die passende Antwort: »Man kann ja die DDR nicht endlos als Unrechtsstaat bezeichnen.«

Das ist natürlich genauso krumm gesagt wie schräg gedacht und entspricht — als intellektuelle Leistung — den physischen Bemühungen der Bürger von Rostock-Lichtenhagen um eine friedvolle Koexistenz mit den ausländischen Mitbürgern. Wenn man die DDR nicht als Unrechtsstaat bezeichnen mag, dann muß man auch nicht die Frage nach der Anpassung unter den Bedingungen einer Diktatur stellen. Stellt man sie aber, dann muß man sich fragen, wer die Anpasser und wer die Angepaßten waren, wer also auf welche Weise von der Diktatur profitiert hat. Nur wer die Simulation zum allgemeinen

Prinzip erhoben hat, wird seine eigene Anpassung unter den Bedingungen einer Diktatur für einen Akt des passiven Widerstandes halten und zugleich rückblickend die »positiven Seiten« des Lebens in einer geschlossenen Anstalt herausstreichen. Heiner Müller, der so lange den intellektuellen Zyniker simulierte, wie es ihm selbst nicht ans Eingemachte ging, hat mehrfach erklärt, das Leben in einer Diktatur wäre für einen Künstler anregender als in einer Demokratie. Schlichtere Gemüter wie Günter Gaus schwärmen noch immer von der »Nischengesellschaft« und der von ihr erzeugten »menschlichen Wärme«, wo es sich doch bestenfalls um den Mief handelte, der in jeder Wohnküche entsteht, die eine Weile nicht gelüftet wurde.

Doch kaum jemand beherrscht das Kunststück, sowohl rückblickend wie aktuell zugleich zu simulieren, so perfekt wie die Brandenburger Sozialministerin Regine Hildebrandt, die dem doppelten Umstand, daß sie eine Frau ist und ohne Luft zu holen sprechen kann, ihren Ruf als engagierte Streiterin für die Entrechteten und Deklassierten verdankt. Sie würde, sagt sie bei jeder möglichen Gelegenheit, der DDR keine Träne nachweinen. Doch wäre es gut gewesen, wenn wenigstens einige der »sozialen Errungenschaften der DDR« übernommen worden wären. Worauf jeder an »Kindergärten«, »grüner Pfeil«, »Muttermilchsammelstellen« denkt und zustimmend mit dem Kopf nickt. Dann erübrigt sich jeder Gedanke, ob die sozialen Errungenschaften der DDR mit dem politischen System nicht ebenso untrennbar verbunden waren wie die »Winterhilfswerk«- und »Kraft durch Freude«-Projekte mit dem Apparat der Nazis. Das soziale Engagement, das Regine Hildebrandt verkörpert und das sie so irre beliebt macht, ist von der gleichen Qualität wie der Antifaschismus in der DDR, der sich selbst genug war und dessen Verbreiter vom Klang ihrer eigenen Phrasen besoffen wurden. Das leicht verwahrloste historische Subjekt, das in Rostock zur Menschenjagd angetreten ist, und die Ministerin, die dessen soziale Interessen vertritt, haben eins gemeinsam: Sie fühlen sich als Opfer einer auswärtigen Intervention und sind fest davon überzeugt, daß sie in eine Situation hineingetrieben wurden, für die sie nicht verantwortlich sind.

Und so geht die Simulation mit umgekehrtem Vorzeichen munter weiter. Angesichts des in der Nach-DDR ausgebrochenen Rechtsradikalismus ruft der letzte Ministerpräsident der DDR, Hans Modrow, auf einer öffentlichen Kundgebung in Berlin aus: »Bei allem, was ich mir mit meiner Tätigkeit als SED-Funktionär heute vorzuwerfen und wofür ich geradezustehen habe, für meinen Antifaschismus werde ich mich bei niemand entschuldigen!« Als ob ihn jemand dazu aufgefordert hätte. Vom stürmischen Beifall ermuntert, setzt er noch eins drauf: »Daß Antifaschismus in der DDR Staatsräson war, darin kann ich keinen Fehler sehen, das wünsche ich mir heute sogar!« Obwohl die Folgen des simulierten Antifaschismus von Hoyerswerda bis Rostock überall besichtigt werden können, wird die dazugehörige »Staatsräson« noch immer hochgehalten, bleibt das Simulationsprinzip in Kraft.

IM Heiner, alias Heinrich Fink, der Wende-Rektor der Humboldt-Universität, sagt bei der Gründungsversammlung des »Komitees für Gerechtigkeit«, er überlege, ob er sich nicht fortan Heinrich »Stasi« Fink nennen sollte, um zu demonstrieren, daß ihm das gleiche angetan werde wie den Juden im Dritten Reich, die sich »Sarah« und »Israel« nennen mußten. Und Christa Wolf, die ihre Stasi-Mitarbeit einfach vergessen hat, vergleicht ihre Lage mit dem Schicksal der aus Deutschland verjagten jüdischen Künstler und Intellektuellen. So wie sich Deutschland damals »der linken, der jüdischen Kultur entledigt hat«, so will man heute »auf die Kultur verzichten, die es in der DDR gegeben« hat. In einer Ostberliner Wochenschrift, die den Titel »Die Weltbühne« trägt, werden die »standgerichtlichen Entlarvungsorgien« der »selbsternannten nationalen Gewissensbildungsorgane« beklagt, was insofern seine Richtigkeit hat, als in der DDR auch die Gewissensbildung von der Zustimmung staatlicher Organe abhängig war und »selbsternannte« Gewissensinstanzen entweder inhaftiert oder ausgebürgert wurden.

Das Recht auf freie Meinungsäußerung schließt das Recht auf moralische Selbstentleibung ein. Das gilt für Ost wie für West. Auch das Simulationsprinzip wird sich als eine systemübergreifende Klammer von hohem Gebrauchswert erweisen, der kleinste gemeinsame Nenner, auf dem sich die Teilnehmer der neuen deutschen Einheit treffen werden. Ist es jetzt schon klar, daß im Westen über Jahrzehnte der Wille zur Wiedervereinigung simuliert wurde, so wird sich bald herausstellen, daß nun auch die »Aufarbeitung der DDR-Geschichte« simuliert wird. Wo früher die FDGO und der erste Arbeiter- und Bauernstaat auf deutschem Boden nebeneinander koexistierten, macht sich nun die Republik der Simulanten breit.

Subtil, sauber und elegant

Schon oft habe ich mich gefragt, wie der »Völkische Beobachter« ausgesehen hätte, wenn er nach 1945 hätte weiter
erscheinen dürfen. Wahrscheinlich hätten Verlag und Redaktion versucht, sich den veränderten Verhältnissen anzupassen,
ohne allzuviel Substanz aufzugeben. Wichtigste Aufgabe der
Zeitung wäre gewesen, die ehemaligen Parteigenossen in die
neue Zeit zu begleiten und ihnen gleichzeitig das Gefühl zu geben, daß in der Vergangenheit nicht alles so schlecht war, wie es
rückblickend dargestellt wurde. Wäre auch die NSDAP nicht
verboten worden, sondern hätte sie die Chance bekommen,
sich unter einem neuen Namen zu re-organisieren, z. B. PNU
(Partei des nationalen Umbruchs), hätte das Blatt einen historischen Auftrag gehabt: das Anliegen der »Ehemaligen« so zu
vertreten, daß sie nicht nur als die Verlierer der Geschichte erscheinen, von den Siegern brutal kolonialisiert, sondern dazu
noch als die Opfer einer neuen Verfolgung. Das, denke ich mir,
wäre etwa der Kurs gewesen, den der Völkische Beobachter
gesteuert hätte, hätte er nach 1945 weiter erscheinen dürfen.

Gewiß, es ist eine Spekulation, wenn auch eine begründete.
Der Berliner Vorsitzende der PDS, die früher SED hieß und in
der ehemaligen DDR das Sagen hatte, André Brie, ist vor kurzem als Informeller Mitarbeiter der Stasi enttarnt worden. Es
handelte sich um eine Enthüllung, deren Überraschungswert
nicht zu groß war. Brie hatte schon in der DDR zu den politisch
Aktiven gehört, und da er sich nicht als Dissident hervorgetan
hatte, war eine gewisse Art der Kooperation mit den staatlichen Organen eher natürlich als regelwidrig. So wurde Brie

auch nur aufgefordert, seine politischen Ämter niederzulegen — in Übereinstimmung mit einem Grundsatzbeschluß seiner Partei, der PDS, die auf dem kurzen Weg aus der Diktatur in die Demokratie eines Tages den Entschluß gefaßt hatte, ehemalige IMs nicht mit Parteiaufgaben zu betrauen. Zugleich mit Brie wurden zwei Mitglieder der PDS-Fraktion im Berliner Abgeordnetenhaus, die ebenfalls der Stasi gedient hatten, angemahnt, ihre Mandate niederzulegen. Man kann über eine solche Forderung, wie sie von den Vertretern der anderen Parteien erhoben wurde, durchaus geteilter Meinung sein. Warum sollen nicht ehemalige IMs weiter politisch aktiv sein? Es handelt sich schließlich um eine Gruppe von mehr als 100 000 Menschen, die das Recht haben, in der öffentlichen Arena der Bundesrepublik repräsentiert zu sein. Die Anwesenheit einiger IMs in parlamentarischen Gremien, ihre Mitarbeit am politischen Prozeß wäre auch eine leibhaftige Erinnerung an einen Abschnitt der deutschen Geschichte, der nicht vergessen werden darf. So etwa könnte eine pragmatische Begründung gegen einen Ausschluß der ehemaligen IMs und für deren Verbleib in öffentlichen Ämtern lauten.

Das »Neue Deutschland« freilich, das ehemalige Zentralorgan der SED und heute die Stimme der PDS, die früher SED hieß, das »Neue Deutschland« sieht die Sache anders. Es schreibt: »Nun muß auch Brie seinen Judenstern tragen ... Es riecht nicht nur in Deutschland, es beginnt, wieder zum Himmel zu stinken ... « Denn: »Viel subtiler, viel sauberer, viel eleganter bereitet sich eine neue Endlösung vor. Diesmal geht es darum, eine Weltanschauung auszurotten. Systematisch und nicht ohne Erfolg. Ihre Träger werden nicht physisch vernichtet, sondern psychisch ...«

So kann man es natürlich auch sehen. Wobei ein wenig überraschen muß, daß die neue Endlösung »subtiler, sauberer und eleganter« vorbereitet wird, woraus man wiederum nur folgern kann, daß die andere Endlösung immerhin im Sub-Komparativ durchgeführt wurde: subtil, sauber und elegant. Woran man allerdings nicht heruminterpretieren kann, ist die Botschaft dieser Sätze: Was die Juden für die Nazis waren, das sind die ehemaligen Stasi-Mitarbeiter für das politische System der Bundesrepublik: Gegenstand einer Endlösung.

Vor soviel Taktgefühl und historischer Akkuratesse können wir nur anerkennend den Hut ziehen und sagen: Wie schade, daß der Nationalsozialismus mit menschlichem Antlitz, der in der DDR vierzig Jahre praktiziert wurde, nicht mehr existiert. Zu gern hätten wir erlebt, wie subtil, sauber und elegant er seine Probleme gelöst hätte. Statt dessen wissen wir jetzt, wie der »Völkische Beobachter« ausgesehen hätte, wenn er nach 1945 weiter erschienen wäre.

Deutsche Immunschwäche

Das Beste, was man derzeit über die Deutschen sagen kann, wäre: Sie sind immer für eine Überraschung gut. Als die DDR der Bundesrepublik einverleibt wurde, blieben die befürchteten nationalistischen Exzesse aus. Nun, Jahre danach, scheinen die Deutschen wild entschlossen, alles nachzuholen, was sie eben unterlassen, versäumt oder schlicht verpennt haben. Ist es der Katzenjammer, der sich nach jedem großen Fest einstellt und der nun, zwar spät, aber dafür um so heftiger, die Volksgenossen schüttelt? Möglich wäre es. Denn nie geraten die Deutschen so außer sich wie in den Momenten, da sie zu sich selbst zu kommen versuchen.

Da war erst eine lange Phase des Schmachtens und Sehnens, man wollte, konnte aber zueinander nicht finden. Deshalb schickte man Päckchen »nach drüben« und stellte zu Weihnachten Kerzen in die Fenster. Dann gab's eine kurze Verlobungszeit, in der die Brautleute sich erst richtig kennenlernten und zum erstenmal Intimitäten austauschten, bald darauf eine vorgezogene Hochzeit wie bei einer Braut, die schon im fünften Monat schwanger ist, und zum Schluß eine Feier, bei der alle Teilnehmer schon ziemlich ermattet waren. Vielleicht ging es dabei deswegen so gesittet zu, weil nach all den vorausgegangenen Strapazen niemand mehr die Kraft hatte, »Deutschland, Deutschland über alles!« zu schreien. Erst post festum fiel es der Braut ein, daß sie ihre Identität völlig aufgegeben hatte, daß ihr nicht einmal die Anführungszeichen geblieben waren, an denen sie früher erkannt wurde. Und der Bräutigam kam erst wieder zu sich, als er anfing, die Rechnungen zu summieren, die nach und nach bei ihm eintrafen und die er nun bezahlen muß. Es gab keine richtigen Flitterwochen, und nun überlegen die Ehepartner, ob sie nicht doch besser Gütertrennung hätten vereinbaren sollen. Und wie in jeder Familie, in der Frust und Wut herrschen, werden für die eigene miese Befindlichkeit Sündenböcke gesucht. Diesmal sind es die Ausländer, die Asylanten, die Fremden, die einem das Leben vermiesen. Gäbe es jene nicht, so wäre dieses viel schöner.

So könnte es sein. Aber das kann noch nicht alles sein. Die Sündenbock-Theorie, so schön und praktisch sie ist, hat einen kleinen Nachteil. Sie setzt Täter und Opfer in eine quasi natürliche Beziehung zueinander. Die sieht im konkreten Falle so aus: Arbeitslose Jugendliche haben eine wilde Wut im Bauch. Um die loszuwerden, schlagen sie Ausländer zusammen, zünden Asylantenheime an. Das gehört sich zwar nicht, aber was sollen die armen arbeitslosen Jugendlichen denn machen, ohne jede Perspektive? So hört man die Sozialarbeiter und die öffentlichen Erklärer landauf, landab schwatzen. Nur: Warum richtet sich die Wut der jungen Arbeitslosen nicht gegen andere Deutsche? Solche, die Arbeit haben und mit ihnen nicht teilen wollen? Warum werfen sie Molotowcocktails in Wohnheime und Baracken und nicht gegen Luxusvillen und protzige Einkaufspassagen?

Es ist wie mit dem Antisemitismus. Da wird auch immerzu erklärt, warum gewisse Typen die Juden *hassen* (weil sie reich sind, weil sie arme Schlucker sind, weil sie Kapitalisten sind, weil sie Kommunisten sind etc.), es wird nur nicht erklärt, warum sie *Juden* hassen und nicht Linkshänder oder Radfahrer oder Softeisverkäufer. So sollte man auch alle Erklärungsversuche, die einem derzeit für eine Welle der Gewalt gegen Ausländer angeboten werden, mit der Skepsis aufnehmen, die sie verdienen. Wahrscheinlich gibt es keine logische, umfassende Erklärung. Wahrscheinlich handelt es sich um Phänomene, die ihren Ursprung tief in der kollektiven Psyche haben und sich dem rationalen Zugriff entziehen. Und wahrscheinlich hat Marx mit seinem Satz recht, in der Geschichte spiele sich alles zweimal ab, das erste Mal als Tragödie, das zweite Mal als Farce. Auf die deutschen Verhältnisse übertragen, müßte man den Satz ein wenig modifizieren: Wo es keine Juden gibt, da hält man sich eben an die Asylanten.

Nur zur Erinnerung und damit man später mal nachlesen kann, wie die Deutschen den ersten Jahrestag der Einheit begingen: Die nationalen Feiern begannen schon Ende September in dem sächsischen Ort Hoyerswerda, wo die örtliche Polizei nicht willens oder nicht in der Lage war, die Bewohner eines Asylantenheims vor den Angriffen eines mordgeilen Mobs zu schützen. Bald darauf war Hoyerswerda die erste ausländerfreie Gemeinde in der neuen Bundesrepublik. Nein, der Rechtsstaat habe nicht kapituliert, sagte der sächsische Innenminister Krause, man habe nur nicht genug Personal gehabt und deshalb die Ausländer aus dem Ort geschafft. Und ein paar brave Bürger, die dem Abtransport der Asylanten johlend und jubelnd beiwohnten, ergänzten, das wären »keine Menschen, nicht mal Tiere, nur Viecher«.

Danach war überall im Lande die Sau los, besorgte Politiker sprachen von einem »Flächenbrand«. In Bergen auf der Ostseeinsel Rügen steckten dreißig Jugendliche eine Holzbaracke in Brand, in der 21 Asylbewerber untergebracht waren: in Rostock griffen 150 Jugendliche mit Brandflaschen und Steinen ein Ausländerwohnheim an; in Ahnatal bei Kassel stürmten fünfundzwanzig maskierte Männer mit Äxten, Eisenstangen und Stöcken ein Asylbewerberheim und machten aus der Einrichtung Kleinholz. Sie waren mit einem Autokonvoi, wie bei einem Betriebsausflug, aus Kassel angereist. In Hünxe am Niederrhein wurden zwei libanesische Mädchen lebensgefährlich verletzt, nachdem »Unbekannte« einen Brandsatz in das Ausländerheim geworfen hatten. Es brannte völlig aus, die übrigen vierzig Einwohner, meldete »dpa«, »konnten in Sicherheit gebracht werden«, als wäre ein Wolkenbruch über ihnen niedergegangen. In Krefeld wurde auf offener Straße ein Türke niedergestochen und schwer verletzt, zahlreiche Passanten sahen dabei zu und griffen nicht ein. In Saarlouis kam bei einem Brandanschlag auf ein Asylantenheim ein Ghanaer ums Leben, zwei weitere nicht erwünschte Gäste aus Afrika wurden verletzt.

Brandstiftungen auf Heime, Überfälle auf Menschen, die sich aufgrund ihres Aussehens als Zielscheiben anboten, wurden wie Nachrichten über Verkehrsunfälle auf den Autobahnen verbreitet. Mal knallte es hier, mal dort. In Pforzheim und Karlsruhe, in Reutlingen und Luckenwalde, in Cottbus und Bremen, in Zwickau und Meißen.

»Angriffe auf Ausländer in ganz Deutschland«, meldete die »Frankfurter Rundschau« am 4. Oktober 1992.

Orte, von denen man nicht mal wußte, daß es sie gibt und wo sie liegen, hatten plötzlich einen Namen: Seesen und Pielenhofen, Oststeinbek und Preetz, Issum und Sottrum, Amminkeln und Merzenich, Gatersleben und Bad Münder, wo vier Jugendliche im Alter zwischen 17 und 19 Jahren einen 63 Jahre alten sowjetischen Übersiedler zusammenschlugen. Doch da waren sie an den Falschen geraten. »Ist es wieder soweit? Jude auf Straße verprügelt!« titelte die »BZ« am folgenden Tag und machte damit klar, wo die Grenze verläuft, von wo ab Ausländerhaß nicht mehr hingenommen werden kann. Es war dieselbe »BZ«, die in den vorausgegangenen Wochen die Ausländerhatz kräftig geschürt hatte, indem sie ihre Leser vor der Asylantenflut warnte und die Politiker zum Handeln aufforderte. Was kann eine Zeitung dafür, wenn ein paar Irre so was irgendwie mißverstehen?

Die Schläger, die den russischen Juden mißhandelt haben (ohne zu wissen, daß er einer ist), wurden übrigens von der Polizei festgenommen und nach der Feststellung ihrer Personalien wieder freigelassen. Womit die Polizei signalisieren wollte, welches Gewicht sie der Verfolgung solcher Bagatellverstöße gegen die öffentliche Ordnung zumißt. Andernorts war die Polizei noch nicht mal imstande, die Täter zu finden, obwohl sie in Horden auftraten, sich bei ihrem Treiben Zeit ließen und reichlich Spuren produzierten. Aber warum sollte die Polizei sich tüchtiger anstellen, als die Politiker es ihr vormachten.

Natürlich waren alle, von Kohl bis Lafontaine, von Schäuble bis Vogel, über die Übergriffe empört und betroffen. Und natürlich versicherten alle, solches Tun könne nicht geduldet werden, nicht in einem Rechtsstaat, und in der Bundesrepublik schon gar nicht. Nur um im selben Atemzug gesetzliche und administrative Maßnahmen zur Eindämmung der Asylantenflut zu fordern. Womit sie die Menschenjagd im Prinzip rechtfertigten und nur die Wahl der Mittel als zu rabiat beanstandeten.

Wer im Zusammenhang mit Angriffen auf Ausländer und Asylanten darüber räsoniert, wie ihre Zahl begrenzt werden könnte, wer Verständnis für die Bevölkerung äußert, die »überfordert« werde, wer vor den Gefahren einer »durchraßten Gesellschaft« warnt, der zieht mit dem Mob an einem Strang, nur daß er sich dabei feine Handschuhe angezogen hat, um sich die Finger nicht schmutzig zu machen. So kommt es zu einer faktischen Arbeitsteilung zwischen den Politikern, die das Ausländerproblem ordentlich lösen wollen, und dem prügelnden Lumpenproletariat, das den Worten der Politiker zum einen handgreiflich Nachdruck verleiht und ihnen zum anderen die Rechtfertigung für allerlei legale Maßnahmen liefert.

So rum oder andersrum — in jedem Fall bestimmt das unheilbar gesunde Volksempfinden den Gang der Dinge. Kein einziger Politiker, nicht einmal Willy Brandt, hat es gewagt, die Steineschmeißer, Brandstifter und Prügler beim Namen zu nennen: Banditen, Kriminelle, Verbrecher. Richard von Weizsäcker hat sich beim Besuch eines Asylantenheims nur Allgemeinplätze abgerungen, wie den, daß er dazu beitragen möchte, »daß wir jeden Tag von neuem erfahren, daß Deutsche und Ausländer Mitmenschen sind«. – Echt wahr, das mußte mal in aller Klarheit gesagt werden.

Es wäre auch nicht schlecht gewesen, wenn ein deutscher Politiker oder Berufsmoralist seine Landsleute an ein paar Tatsachen erinnert hätte, die im allgemeinen Bewußtsein nicht mehr präsent sind: Hunderttausende von Deutschen haben bei »Ausländern« Zuflucht gefunden, als in Deutschland das totale Deutschtum die Macht an sich gerissen hatte. Hunderttausende von Deutschen verdanken ihr materielles und geistiges Überleben der Hilfe von Ausländern. Und wären Ausländer den geschlagenen Deutschen nach dem Krieg nicht zu Hilfe gekommen, dann sähe es in ganz Deutschland noch immer so aus wie in Hoyerswerda Ende 1945.

Das wäre ein Gedanke, den die linken Demonstranten hätten aufnehmen und verbreiten können, wenn sie ihren Protest nicht nur zum Anlaß genommen hätten, sich eine Macht- und Mutprobe mit der Polizei zu liefern. Beim Anblick der Demonstranten, die in Kreuzberg und Hoyerswerda gegen Ausländerfeindlichkeit durch die Straßen zogen, wußte man nicht recht, vor wem man sich mehr fürchten sollte: vor ihnen oder jenen, gegen die sich die Demonstration richtete. Langfristig haben Ausländer und Asylanten in der Bundesrepublik die Wahl zwischen einem größeren und einem kleineren Übel, je nachdem ob sie sich ihren Feinden ausliefern oder ihren Freunden anvertrauen.

Es gibt eine gespenstische Rückkehr des gleichen in anderer Verkleidung. »Die Juden sind unser Unglück!« – Das haben Millionen von Deutschen geglaubt und entsprechend gehandelt. Nun sind Millionen davon überzeugt, daß die Ausländer ihr Unglück sind, verantwortlich für Arbeitslosigkeit und Wohnungsmangel, Drogenhandel und Verfall der Sitten. Und während bei den immer gleichen Ritualen der deutsch-jüdischen Verbrüderung der Schaden beklagt wird, den sich

Deutschland durch die Vertreibung der Juden selbst zugefügt hat, merkt niemand, wieviel die Deutschen den Ausländern verdanken, wieviel das Land ihnen schuldet.

Sie haben marode Stadtviertel übernommen und in Eigeninitiative saniert, sie haben für Alternativen zu Eisbein und Eintopf gesorgt, sie haben den Deutschen die Chance gegeben, ein menschliches Alter ego zu entwickeln, das Gegenstück zum teutonischen Barbaren. Dafür werden sie jetzt geprügelt, gesteinigt, verbrannt. Wenn es so weitergeht, wird man Ausländer vor dem Betreten der Bundesrepublik warnen müssen. »Achtung, Lebensgefahr!« wird man auf große Schilder an den Grenzübergängen schreiben oder auch: »Betreten auf eigene Verantwortung.« Daß sich ja kein Ausländer später darauf berufen kann, er habe nicht gewußt, worauf er sich einläßt. Mit der »Masseninvasion total fremder Menschen«, schreibt ein Dr. med. aus Pirmasens in der »FAZ«, wäre es wie »bei einer Allergie des menschlichen Körpers. Wenn das Allergen, die auslösende Ursache, nicht erkannt und dem Organismus ständig weiter zugeführt wird, so kommt es schließlich zu immer heftigeren Reaktionen, die unter Umständen letal enden können ...«

Ein schönes Bild. Leider hinkt es. Die Reaktionen, die letal, also tödlich, enden können, treffen in der Realität nicht den »Organismus«, der vor nicht langer Zeit noch der »Volkskörper« genannt wurde, sondern die auslösenden Ursachen, also die Ausländer. Und wie jeder Allergiker weiß, kann der Körper nur dann Immunkräfte entwickeln, wenn er eine Weile einer Überdosis an Reizstoffen ausgesetzt wird. Was die Deutschen in Hoyerswerda, Pirmasens, Solingen und anderswo von ihrer Ausländer-Allergie heilen könnte, wären deswegen nicht weniger, sondern mehr, viel mehr Ausländer.

Zugleich sollten möglichst viele Deutsche für eine Weile ins Ausland ziehen, um mal zu erleben, wie es sich als Ausländer lebt. Die von der Lufthansa an ihre Mitarbeiter verteilten Buttons »Wir sind alle Ausländer« taugen nur als symbolische Geste für die Dauer eines Atlantikfluges. Bis nicht alle oder wenigstens die meisten Deutschen ihre konkreten Erfahrungen als Ausländer gemacht haben, bleibt allen, die es mit Deutschland gut meinen, nur eines zu tun: Sie müssen sich vor das nächste Ausländerwohnheim (notfalls auch einen Döner-Stand) begeben und dort dem Allmächtigen dafür danken, daß es nur achtzig Millionen Deutsche, aber drei Milliarden Ausländer gibt. Wäre das Verhältnis umgekehrt, müßte man sich wirklich Sorgen machen.

Ausländer raus!

Natürlich sind die Deutschen nicht ausländerfeindlich. Jahr für Jahr fahren rund 15 Millionen Deutsche ins Ausland, nach Spanien und Griechenland, in die Türkei und auf die Seychellen, nach Kenia und auf die Bahamas. Hätten die Deutschen etwas gegen Ausländer, würden sie nicht in solchen Massen unter sie schwärmen. Zugleich aber halten, laut Infas, 51 Prozent der Deutschen, eine knappe Mehrheit also, die Parole »Deutschland den Deutschen!« für weitgehend richtig, 26 Prozent unterstützen die Forderung »Ausländer raus!«.

Auf den ersten Blick scheint zwischen dem Verhalten der Deutschen und ihrer Haltung Ausländern gegenüber ein Widerspruch vorzuliegen. Er läßt sich aber leicht erklären bzw. auflösen. Es macht eben einen Unterschied aus, ob man auf Mykonos Calamares ißt, sich also der Umgebung kulinarisch anpaßt, oder vor der eigenen Küchentür mit artfremden Angeboten wie Döner und Falafel proviziert wird. Seit der Kulturkampf zwischen der deutschen Bratwurst und dem amerikanischen Hamburger zugunsten des US-Imperialismus entschieden wurde, seit Coca-Cola die letzte Erinnerung an die gute alte Faßbrause ausgelöscht hat, steht nicht nur die ideelle Neubewertung der alliierten Landung in der Normandie im deutschen Raum. Es müssen auch Fragen der nationalen Identität neu gestellt und anders als bisher beantwortet werden. Der Begriff »multikulturell« zum Beispiel, den man in den letzten Jahren genauso oft wie »Bruttosozialprodukt« und »Emanzipation« hören konnte, hat sich aus den öffentlichen Diskussionen verflüchtigt. Es ist nicht zu übersehen, daß seine fleißigsten Protagonisten sich mitten in einem Prozeß der Umorientierung befinden. Man trifft sie, in Berlin zum Beispiel, nicht mehr wie früher im »Terzo mondo«, wo zum Schafskäsesalat revolutionäre Musik von Mikis Theodorakis gespielt wurde, sondern — immer öfter und immer lieber — bei »Hardtke«, einem echt deutschen Etablissement mit Eisbein, Sauerkraut und Heino.

Dies mag, zum Teil wenigstens, den Übermut des Mobs erklären, dem sich keine moralische Instanz in den Weg stellt. Hinter jedem Stein, der gegen ein Asylantenheim geworfen wird, steht nicht nur die dumpfe Gewalt des wildgewordenen Lumpenproletariats, das zur politischen Avantgarde der Republik aufgestiegen ist, die Flugbahn der Steine und der Molowtowcocktails wird auch von der zunehmenden Unlust der Intellektuellen bestimmt, sich durch Übungen in angewandter Solidarität von den relevanten Dingen des Lebens abhalten zu lassen. Die eben noch für Frantz Fanon und »Die Verdammten dieser Erde« geschwärmt haben, wollen um keinen Preis einen Film mit Heinz Erhart verpassen, was nicht gegen Heinz Erhart spricht, sondern nur vom raschen Wandel des kritischen Bewußtseins unter veränderten Bedingungen zeugt.

So gilt es also, die Parolen »Ausländer raus!« und »Deutschland den Deutschen!« ernst zu nehmen, sie nicht als Phantastereien von Extremisten abzutun, sondern als die Vorzeichen eines Konsens, der am nationalen Horizont aufsteigt. Was wäre — nur mal so angedacht —, wenn man alle Ausländer aus Deutschland rausschmeißen, Deutschland in toto den Deutschen überlassen würde? Die unmittelbaren Folgen sind bereits ermittelt worden: Die Müllabfuhr würde zusammenbrechen, in den Krankenhäusern gäbe es nicht mehr genug Ärzte und Krankenschwestern, der Handel mit Gebrauchtwagen würde 70 Prozent seiner Umsätze einbüßen, in den Montagehallen der großen Automobilwerke bliebe jeder dritte Arbeitsplatz leer. Die deutsche Wirtschaft würde also zusammenbrechen, noch ehe der letzte Ruf »Ausländer raus!« verhallt wäre. Die Sache selbst fängt erst da an interessant zu werden, wo die Grenzen der Menschlichkeit nicht mehr von der ökonomischen Vernunft gezogen werden. Wenn es in Deutschland keine Ausländer mehr gäbe, gegen wen würde sich dann die Wut der Pogromveranstalter wenden? Der Fremdenhaß hat nur bedingt etwas mit den Fremden zu tun. Sie sind die Empfänger, nicht die Ursache eines Ressentiments, das sich eine Rechtfertigung sucht, nachdem es sich entladen hat. Man kann die Ausländer außer Landes schaffen, aber der kollektive Affekt, der zu ihrer Entfernung geführt hat, bliebe dem Lande erhalten. Wer käme dann an die Reihe? Die Linkshänder? Die Radfahrer? Frauen in kurzen Röcken? Männer mit langen Bärten? Menschen unter 1,60? Oder über 1,90? Vegetarier? Teetrinker? Diabetiker? Opernfreunde? Hobbymaler? Würden dann vielleicht statt elender Ausländerheime Finanzämter und Polizeipräsidien von Deklassierten und Frustrierten angegriffen, die sich in ihrer Not nicht anders zu helfen wissen? Was wäre also los, wenn es keine Ausländer in Deutschland gäbe?

Die Frage wäre ein kleines Experiment wert. Man sollte alle Ausländer aus dem Lande bitten, probeweise für vier bis sechs Wochen. Dann sollten Scharen von Demoskopen, Sozialarbeitern und ADAC-Stauberatern ausschwärmen, um die Befindlichkeit der Bürger zu erkunden. Ginge es den Menschen in Hoyerswerda, Rostock und Quedlinburg dann besser? Oder hätten sie rasch Ersatz für ihre Aggressionen gefunden? Anders als mit einem praktischen Versuch läßt sich diese Frage nicht beantworten. *Trial and error* heißt die Methode. Auch die Ausländer, die derzeit noch unter uns leben, müßten für ein solches Vorgehen Verständnis haben. Es geschähe schließlich auch in ihrem Interesse. Wenn sie es nicht sind, die uns in Rage treiben, könnten sie rehabilitiert wieder zurückkehren. Und ihrerseits Forderungen stellen: »Deutsche, raus aus Deutschland, damit's hier endlich Ruhe gibt!«

Freunde der italienischen Oper

*I*n Billy Wilders Komödie »Manche mögen's heiß« kommt
auch eine Gruppe von Herren vor, die sich »Freunde der italienischen Oper« nennen. Es sind Geschäftsleute, die miteinander tafeln, Musik hören und — nebenbei — ihre Claims in der
Unterwelt abstecken. Es scheint, als hätte diese Vereinigung im
Zuge der europäischen Integration nun auch in Berlin Fuß gefaßt. In den Zeitungen der Hauptstadt sind halbseitige Anzeigen seltsamen Inhalts erschienen. Unter dem Rubrum »Spandauer Geschäftsleute für Toleranz & Menschlichkeit« heißt es
da: »Wir lieben italienische Opern, russischen Kaviar, chinesi-
sche Teppiche, britischen Humor, spanischen Flamenco, fran-
zösische Haute Couture, türkischen Kebab, japanische An-
mut, griechische Statuen, amerikanische Cheeseburger,
schwedische Möbel, deutschen Fußball, polnischen Wodka,
brasilianischen Samba, ungarische Salami, arabische Märchen,
schwarze Musik ... wir lieben die Welt, die ganze Welt!«
   Es gibt die Freunde der italienischen Oper und der anderen
Köstlichkeiten in Spandau wirklich. Es handelt sich nicht um
eine Satire von Hape Kerkeling auf die derzeit grassierende
Fremdenfreundlichkeit in Deutschland, die vor allem der Ker-
zenindustrie und den Anzeigenagenturen zugute kommt. Das
öffentliche Bekenntnis der Spandauer Geschäftsleute zu italienischen Opern, russischem Kaviar, polnischem Wodka, unga-
rischer Salami und schwarzer Musik hört sich gut an, läßt aber
Raum für Mißverständnisse. Würde ein von aktuellem Wissen
unbelasteter Besucher der Bundesrepublik diese Anzeige sehen, er müßte meinen, das zentrale deutsche Problem wäre zur

Zeit ein Auftrittsverbot für Luciano Pavarotti, verbunden mit Einfuhrbeschränkungen für ausländische Delikatessen. Was ist das für ein Land, würde sich der Besucher fragen, wo Geschäftsleute ihr Engagement für Toleranz & Menschlichkeit verkünden, indem sie öffentlich anzeigen, was sie gerne *essen & trinken*? Und würde ihm dann jemand erklären, worum es wirklich geht, käme er aus dem Staunen nicht heraus. Es sind ja Asylantenheime überfallen, Fremde, Behinderte und Obdachlose angegriffen worden. In Rostock fand ein Pogrom auf ein von Menschen bewohntes Haus statt, nicht auf ein Kleiderlager der Haute Couture. In Mölln brannte ein Wohnhaus ab, kein schwedisches Möbellager. In Berlin wurde ein Afrikaner zu Tode getreten und keine Packung Negerküsse von Dickmann zerquetscht. Und es sind nicht griechische Statuen, anmutige Japaner und spanische Flamenco-Tänzer, die Einlaß nach Deutschland begehren, sondern Kurden aus der Türkei, Zigeuner aus Rumänien und Schwarze aus Angola, Menschen also, die möglicherweise keine Ahnung von französischer Mode und noch nie russischen Kaviar gegessen haben!

Da haben die Spandauer Freunde der italienischen Oper die Sache nicht ganz durchdacht. Außerdem haben sie eine Reihe wichtiger Genußmittel und Luxusartikel ausgelassen: isländischen Stockfisch, Schweizer Trüffelpralinen, dänischen Käse, israelischen Wein und serbischen Slibowitz. Und sie haben bei ihrer Liebeserklärung an »die ganze Welt!« übersehen, daß man sehr wohl türkischen Kebab nicht mögen, amerikanischen Cheeseburger meiden und britischen Humor grauenhaft finden kann und dennoch kein Fremdenhasser sein muß. Wer sich mit polnischem Wodka vollaufen läßt, dazu brasilianischen Samba tanzt und schließlich auf seinen chinesischen Teppich kotzt, der hat noch lange nicht ein überzeugendes Statement für Toleranz & Menschlichkeit abgegeben.

Nach Art des Hauses

*B*is jetzt konnten wir annehmen, daß die Nürnberger
Gesetze nicht mehr gelten. Nun müssen wir befürchten,
daß sie nicht nur keineswegs außer Kraft sind, sondern auch
außerhalb der Grenzen des neuen Deutschland zur Anwen-
dung kommen. Ein Mitarbeiter der (Ost-)»Berliner Zeitung«,
der den brandenburgischen Ministerpräsidenten Stolpe in die
USA begleitet hat, macht sich in dem Blatt, das vor nicht allzu
langer Zeit noch den korrekten Standpunkt der SED wiedergegeben hat, Gedanken, warum Stolpe von der »New York
Times« (NYT) unfreundlich behandelt, genauer: »redaktio-
nell in die Pfanne gehauen wurde«.

Nun gehört es für Ostberliner Journalisten nicht gerade zu
den Selbstverständlichkeiten ihrer Tätigkeit, Ministerpräsidenten in die Pfanne zu hauen, und es dauert auch seine Zeit,
bis sich die Erkenntnis durchsetzt, daß dies in einem Land wie
den USA ein wenig anders ist. Die »NYT« habe, schreibt der
Mitarbeiter, »mit aufgewärmten und hinlänglich bekannten
Stasi-Geschichten« den Gast niedergemacht. Die eigentliche
Ursache dieser ungehörigen Attacke »nach Art des Hauses«
wären aber nicht die bekannten Stasi-Geschichten, sondern
die »jüdische Religionszugehörigkeit auf der Chefetage und
vieler Redakteure«.

Wir haben keine Ahnung, wie eine jüdische Religionszugehörigkeit »auf der Chefetage« aussehen mag, ob man sie
riechen, schmecken oder anfassen kann wie ein Pastrami-
Sandwich oder eine Portion gefillte Fish in einem Deli-Laden,
wir ahnen aber, was der Mitarbeiter sagen wollte: Stolpe

wurde von der »NYT« unfreundlich behandelt, weil viele ihrer Redakteure Juden und deswegen, sozusagen von Natur aus, anti-deutsch eingestellt sind. Es wäre ein leichtes, den Mitarbeiter daraufhin zu fragen, ob er eine Zählung über die »Religionszugehörigkeit« der »NYT«-Redakteure angestellt oder woher sonst er seine statistischen Kenntnisse hat. Daß die Ostküsten-Presse »fest in der Hand der Juden« ist, war eine Binsenweisheit, die schon der »Völkische Beobachter« nicht mal für erklärungsbedürftig hielt. Es wäre ebenfalls ein leichtes, darauf hinzuweisen, daß die Redakteure der »NYT« zum Beispiel auch den israelischen Ministerpräsidenten Shamir nicht mochten und jede Gelegenheit wahrnahmen, ihm eins auszuwischen. Da wir es hier aber mit einem Ressentiment zu tun haben, das sich seit Jahrhunderten als völlig immun gegen Richtigstellungen erwiesen hat, wollen wir nur festhalten, daß ein verschwiemelter (und grammatikalisch schräger) Hinweis auf die »Religionszugehörigkeit«, der ein sachliches Argument ersetzt, jeden US-Journalisten sofort seinen Job kosten würde.

Deswegen wollen wir auch nicht wissen, in welchem Gotteshaus der Mitarbeiter der »Berliner Zeitung« betet, sondern nur dem Allmächtigen dafür danken, daß wenigstens Manfred Stolpe und nicht sein Parteifreund Gustav Just, der im Jahre 1941 bei der Erschießung von sechs ukrainischen Juden mitgewirkt hat, zur Eröffnung des Holocaust-Museums in Washington geschickt wurde. Nicht auszudenken, zu was für Exzessen »nach Art des Hauses« es in einem solchen Falle »auf der Chefetage« der »NYT« gekommen wäre.

Eine ABM-Maßnahme?

*J*e länger das Dritte Reich zurückliegt, um so mehr Planstellen wirft es ab. Waren schon die »1000 Jahre« eine gewaltige Arbeitsbeschaffungsmaßnahme, dank der Hunderttausende Beschäftigung fanden – beim Autobahnbau, im Sicherheitsapparat des Staates, bei Kraft durch Freude und beim Bund deutscher Mädels –, so nimmt die Bewältigung jener Zeit allmählich ähnliche Dimensionen an. Das Dritte Reich erweist sich als ein unerschöpflicher Steinbruch, aus dem große Quader rausgehauen, fachmännisch in kleine Stücke zerlegt und dann über den Einzelhandel zum Kauf angeboten werden. Die Branche ist so weit gefächert wie die Produkte, die von ihr vermarktet werden. Sie beschäftigt Forscher und Historiker, Verleger und Journalisten, Maler und Filmemacher, Dokumentaristen und Essayisten, Gedenkstättenplaner und Gedenkstättenleiter, Politologen und Pädagogen, Didaktiker und Dialektiker. Zu jeder dieser Sub-Sparten gehört ein Troß von Kritikern, die den jeweils Produktiven bzw. Reproduktiven sagen, was diese alles falsch machen und wie sie es besser machen könnten. Es handelt sich garantiert um überkonfessionelle, grenzüberschreitende und interdisziplinäre Projekte, die bei Auschwitz anfangen und im Unendlichen aufhören.

In Los Angeles traf ich eine Gruppe junger Leute, die sich »acts of reconciliation« nannten, Akte der Versöhnung. Es waren deutsche Deutsche und jüdische Deutsche, die in Kalifornien lebten und regelmäßig zusammenkamen, um Szenen aus Konzentrationslagern nachzustellen. Die einen spielten die Opfer, die anderen die Täter, dann wechselten sie die Rollen.

Die eben noch wie SS-Leute rumgebrüllt hatten, stellten nun verängstigte, verzweifelte Juden dar. Und die eben noch Juden an der Rampe gespielt hatten, verwandelten sich in sadistische SS-Leute. Allen Beteiligten machte das Rollenspiel großen Spaß. Anschließend gingen sie miteinander essen.

Ganz sicher ist das Dritte Reich eine Vorlage, die geradezu nach dramatischer Verarbeitung schreit. Diese Mischung aus Größenwahn und Komik, aus Grausamkeit und Gemütlichkeit, aus Macht und Muff hat schon ihren obskuren Reiz. Es ist deswegen kein Zufall, daß die besten Darstellungen dieser Melange zwei Filme sind, die gedreht wurden, noch während das Dritte Reich andauerte: »Der große Diktator« von Charly Chaplin und »Sein oder Nichtsein« von Ernst Lubitsch. Keine Dokumentation kann treffender sein als diese beiden Komödien.

Nach dem Krieg versuchten die Überlebenden mit dem Grauen, das hinter ihnen lag, fertig zu werden und ihre Erfahrungen der Nachwelt zu vermitteln. Autoren wie H.G. Adler, Eugen Kogon und Josef Wulf legten die ersten Dokumentationen über das NS-System bzw. das Leben und Sterben in den Lagern vor. Bis in die sechziger Jahre hatten weder Leser noch Verleger ein nennenswertes Interesse an Arbeiten dieser Art. Besser dran waren zwanzig Jahre später jene, die sich mit dem Schicksal der Überlebenden beschäftigten. Der Film, den Frans van der Meulen und ich über Josef Wulf machten, hatte mehr Zuschauer und bessere Kritiken als alle Bücher von Wulf zusammengenommen. Sein Scheitern wurde zur Grundlage unseres kleinen Erfolgs. Und die TV-Serie »Holocaust« rührte mehr Menschen zu Tränen als alle authentischen Erinnerungen, die bis zu diesem Zeitpunkt erschienen waren.

Mußten die Zeugen der NS-Zeit um den Zugang zur Öffentlichkeit kämpfen, so wurden der nächsten Generation von Autoren, die sich auf die Berichte der Zeugen stützten, die Arbeiten aus den Händen gerissen. Darin lag zwar eine große Ungerechtigkeit, man konnte sich aber damit trösten, daß es wichtig war, die Zeugenberichte zu konservieren, und daß dafür nicht endlos Zeit zur Verfügung stand: Diejenigen, die überlebt hatten, wurden älter, kränker, starben weg. Und es waren Arbeiten von dokumentarischem Wert, deren Autoren weitgehend im Hintergrund blieben, um sozusagen die Wortmeldungen der Zeugen zu organisieren, wie es beispielsweise Eberhard Fechner mit seinem Film über den Majdanek-Prozeß tat. Daß neben etlichen guten Arbeiten auch viel Schrott produziert wurde, versteht sich von selbst. Jede Gemeinde fühlte sich berufen, ein Gedenkbuch zu publizieren, »Die Juden in ...«, »Die Juden von ...«, »Der Untergang der jüdischen Gemeinde zu ...«; lokale Geschichtsschreiber mühten sich, jeden jüdischen Grabstein zu rekonstruieren, nur bei den arisierten jüdischen Geschäften versagte ihr Drang nach historischer Genauigkeit.

Nachdem diese Phase der Vergangenheitsbewältigung abgeschlossen ist, nachdem es kaum noch etwas zu dokumentieren gibt, weil auch die letzte Kinderzeichnung ausgestellt, die allerletzten unbekannten Fotos entdeckt und alle Gedichte, die in den Ghettos entstanden sind, veröffentlicht wurden, kann die Beschäftigung mit dem Holocaust in eine neue Stufe eintreten: Der Historisierung folgt die Akademisierung und Ritualisierung. Nach den Überlebenden und den Dokumentaristen nehmen sich nun die Meister der Theorien des Themas an, um wieder mal zu beweisen, daß die Katastrophen von gestern den Stoff für die Doktorarbeit von morgen liefern.

In den USA gibt es an etlichen Universitäten ein Fach, das »Holocaust Studies« heißt. So wie sich einige Studenten mit der Geschichte von Sparta oder dem Amerikanischen Bürgerkrieg beschäftigen, so beschäftigen sich andere, ebenso wissenschaftlich, mit dem Massenmord an den Juden in Europa. Noch sind die »Holocaust Studies« ein Nebenfach, aber es wird nicht lange dauern, bis sie in den Rang eines Hauptfaches erhoben werden. Dann wird es bald die ersten promovierten »Holocauster« geben, abgekürzt: Dr. hol. — Zugleich finden im ganzen Land, an allen Universitäten permanent Holocaust-Konferenzen statt, bei denen alle möglichen Aspekte des Themas referiert, diskutiert, wissenschaftlich wertfrei betrachtet werden. Zum Beispiel: »Die Bedeutung des Holocaust und der Erinnerung der amerikanischen Juden«. Oder: »Deutsche Einstellungen gegenüber Juden und der Vergangenheit — Holocaust, historische Symbiose und Erinnerung«.

Dies sind nur zwei Themen einer großen dreiteiligen Konferenz, die im Winter 1991 in Washington, Berlin und Jerusalem stattgefunden hat. So wie die »Harlem Globetrotters« mit ihrer Basketball-Show auf Tournee gehen, so gehen die Holocauster mit ihren Konferenzen auf Tour und schleppen, wie die »Harlem Globetrotters«, ihre Gegenspieler gleich mit. Man soll sich von solchen Konferenzen kein falsches Bild machen. Die Teilnehmer wanken nicht traumatisiert durch die Gänge, sie brechen unter der Last ihrer Erinnerungen nicht zusammen, wie es Zeugen in KZ-Prozessen tun, es sind durchaus gesellige Veranstaltungen, vergleichbar etwa Ärztekongressen, wo die Damen und Herren tagsüber über Karzinome reden und abends, bei einer Flasche Wein, über Gott und die Welt. So ähnlich geht es auch auf Holocaust-Konferenzen zu. Und es gibt keinen Grund, darüber die Nase zu rümpfen. Hat man erst einmal das Studium des Holocaust zu einer akademischen Disziplin erhoben, kann man über den Massenmord an Menschen genauso kühl und sachlich fachsimpeln wie über die Bedeutung der Schwarzen Löcher im Weltraum. — Leben ist Sterben, und Wissenschaft ist Diskurs.

Bis jetzt hat in der Bundesrepublik eine idyllische Tradition geherrscht, die sich in einer vernünftigen Arbeitsteilung äußerte: Während die einen Jahr um Jahr die »Woche der Brüderlichkeit« veranstalteten und immer wieder »Wehret den Anfängen!« in den Wald riefen, aus dem es dann »Ausländer raus!« schallte, diskutierten die anderen die Sechs-Millionen-Lüge, ob es überhaupt eine organisierte Judenverfolgung gegeben hat, und falls ja, wie viele Juden dabei, meist durch eigene Ungeschicklichkeit, ums Leben gekommen sind. Nachdem vor kurzem ein wissenschaftliches Gutachten in diesem Punkt Klarheit hergestellt hat, steht der Ritualisierung der Holocaust-Diskussion nichts mehr im Wege. Mit der üblichen Verspätung, mit der auch drahtlose Telefone, Taschencomputer und cholesterinarme Speisen aus den USA auf den deutschen Markt gekommen sind, halten nun die »Holocaust Studies« Einzug in der Bundesrepublik. In Frankfurt am Main fand ein Internationales Hearing zur geplanten Gründung eines »Lern- und Dokumentationszentrums des Holocaust« statt. Den Namen der Institution muß man sich auf der Zunge zergehen lassen wie eine Mon-Chéri-Kirsche: Lernzentrum des Holocaust. Was mag man in diesem Zentrum lernen und lehren? Den Holocaust? Wie man ihn korrekt durchführt? Oder wie man ihm entgeht?

Das Ganze ist so hanebüchen, wie es sich anhört, und entsprechend sind auch die Themen, die während des internationalen Hearings erörtert wurden: »Über Rationalität und Irrationalität des Völkermords«, »Zum Begriff des arbeitsteiligen Täters«, »Erinnerung und Selbstverständigung der Überlebenden« — es sind Betrachtungen über Betrachtungen, akademische Exerzitien über dem Abgrund, in dem Millionen Leichen liegen, die Titel der Beiträge sind so prätentiös wie der Anspruch, mit dem sie vorgetragen werden. Und je luftiger eine Sache ist, um so aufwendiger muß sie begründet werden. Die Stadt Frankfurt hat ein 150seitiges Gutachten veröffentlicht, in dem dargelegt wird, warum ein solches Lernzentrum eine Notwendigkeit ist. In einer aktuellen Pressemitteilung hieß es, es gelte »den Holocaust nicht nur in Form moralischer und politischer Bekenntnisse, sondern als zentralen Bezugspunkt historischen Bewußtseins ernst zu nehmen und in den Mittelpunkt einer dauerhaften Auseinandersetzung zu stellen«. Wem das noch nicht konkret genug ist, der kann sich mit dem folgenden Satz behelfen: »Als offener Lernort soll das Frankfurter Zentrum in projektbezogener und interdisziplinärer Auseinandersetzung Angebote an die unterschiedlichsten gesellschaftlichen Gruppen formulieren. Nicht nur die Ereignisgeschichte dieses bürokratisch organisierten industriellen Massenmordes, sondern auch die alltags- und lebensweltlichen Dimensionen dieses monströsen Verbrechens sollen dabei thematisiert werden, jenseits von politischer Instrumentalisierung und moralisierender Schuldzuweisung.« Auf dieser Ebene des gehobenen Schmähs ist der akademische Diskurs über den Holocaust also angekommen: projektbezogen, interdisziplinär, lebensweltliche Dimension, moralisierende Schuldzuweisung — eine Parade bürokratisch organisierter Reizworte. Bleibt nur noch die Frage offen, welche Angebote an die unterschiedlichsten gesellschaftlichen Gruppen formuliert werden sollen. Eine mögliche Antwort steckt im Namen der veranstaltenden Behörde: Es ist das Dezernat für Kultur und Freizeit. So wird den interessierten Frankfurtern von ihrer Stadt ein weiteres Angebot gemacht: Die einen mögen auf eigenes Risiko durch die Grünanlagen hinter der Alten Oper joggen, die anderen in der Volkshochschule einen Kurs über die Kulturgeschichte des Äppelwois belegen, und ganz andere, die mit dem geschärften gesellschaftlichen Problembewußtsein, im Lernzentrum des Holocaust »Mein Kampf« mit verteilten Rollen lesen oder aus Lego-Steinen Modelle von Konzentrationslagern bauen. Wie war doch der Spruch über dem Tor zum KZ Buchenwald?

»Jedem das Seine.«

Adolf für Anfänger

Als Philipp Jenninger in seiner Rede zum 50. Jahrestag der »Kristallnacht« vom Nationalsozialismus als einem »Faszinosum« sprach, löste er damit einen Eklat aus, dessen erstes Opfer er selbst wurde. Der damalige Präsident des Bundestages mußte sein Amt aufgeben; er wurde — am Vorabend einer USA-Reise von Kanzler Kohl — einer Räson geopfert, die lieber von den Leiden der Opfer als den Gelüsten der Täter spricht. Dabei hatte Jenninger recht mit seiner Feststellung. Das Dritte Reich ist und bleibt ein Faszinosum — nicht nur für die Unbelehrbaren und Ewiggestrigen.

An der Universität der Bundeswehr in München wurde eine Auseinandersetzung über die Frage geführt, ob das öffentliche Vorlesen von Hitlers »Mein Kampf« eine Form der »Vergangenheitsbewältigung« darstellt oder eine »Geschmacklosigkeit«, die dem Ansehen der Bundeswehr und ihrer Universität schadet. Die besondere Pikanterie des Falles hat mit den Hauptdarstellern zu tun: Der eine ist ein fortschrittlicher Philosoph, der sich vorgenommen hat, »die Worte Hitlers ... immer wieder ... öffentlich zur Kenntnis zu bringen«, der andere ein jüdischer Historiker, der sich als »deutscher Patriot« empfindet und sich deswegen um »das gute Image des neuen demokratischen Deutschland« sorgt.

Fangen wir am Anfang an: Ende Januar 1992 teilt Michael Wolffsohn, Professor für neuere Geschichte, dem Dekan der Sozialwissenschaftlichen Fakultät an der Bundeswehr-Uni, Professor Georg Geismann, brieflich mit, er, Wolffsohn, würde bestimmte Funktionen innerhalb und außerhalb der

Fakultät so lange nicht wahrnehmen, wie Geismann Dekan der Fakultät bleibe. »Historische Entkrampfung ohne Entsorgung ist notwendig, ein aus ›Mein Kampf‹ lesender Dekan nicht. Mein Kampf — Mein Dekan? Nein danke!« Bis dato habe er die Auftritte des Kollegen für »Seltsamkeiten, Geschmacklosigkeiten, vielleicht auch Provokationen eines Einzelgängers« gehalten, nun, nach der Wahl Geismanns zum Dekan der Fakultät, würde sich die »Frage der Präsentation und Repräsentation ganz anders« stellen.

Der Dekan antwortet umgehend. Er macht Wolffsohn »von Amts wegen« darauf aufmerksam, daß »Amtspflichtverletzungen Ihrerseits« disziplinarische Folgen nach sich ziehen würden. Zehn Tage später bekommt Wolffsohn eine weitere Abmahnung in eigener Sache. Diesmal verwahrt sich der Dekan gegen »die Absicht eines Vergleiches zwischen mir als Dekan und Hitler« und setzt Wolffsohn eine Frist, »die in jenem Vergleich zum Ausdruck kommende schwere Beleidigung mit dem Ausdruck des Bedauerns« zurückzunehmen, andernfalls er, Geismann, sich gegen Wolffsohn »die entsprechenden gerichtlichen Schritte« vorbehalten würde. Die Frist verstreicht, ohne daß der Dekan seine Drohung in die Tat umsetzt.

Zur selben Zeit verbreitet Geismann eine Resolution der Fakultät, in der es u.a. heißt, angesichts des Lebensweges und des wissenschaftlichen Werkes des Philosophen Georg Geismann »erscheint jede Verdächtigung einer Affinität zum Nationalsozialismus als gänzlich abwegig«, vielmehr habe die von Professor Geismann »in aufklärerischer Absicht betriebene Vergangenheitsbewältigung zu großer Betroffenheit« in der Zuhörerschaft geführt. Unterschrieben war die Resolution von »Prof. Dr. Georg Geismann«.

Mitte März, Wolffsohn hatte sich noch immer nicht entschuldigt, setzt der Dekan zur nächsten Runde seiner Vorwärtsverteidigung an. In einem längeren Rundschreiben an alle Kollegen der Fakultät, alle Dekane der Universität, den

Präsidenten und den Vizepräsidenten — »betr.: Affäre Wolff-sohn« — dreht er den Spieß um, indem er Wollfsohns Verhalten zum Stein des Anstoßes erklärt. »Wäre es Herrn Wolffsohn wirklich am guten Image Deutschlands, der Bundeswehr, der Universität gelegen gewesen«, liest man in dem Zirkular, dann hätte Wolffsohn schon vor sieben Jahren, 1984, »Alarm ge-schlagen«, als Geismann »zum Gedenken an den 20. Juli 1944« Adolf Hitler zum erstenmal las. »Noch zweimal« hätte Wolff-sohn »zu solchen Aktivitäten Gelegenheit« gehabt und sie nicht genutzt. Wolffsohn, »und nur er«, stellt Geismann fest, »hat sich vorzuwerfen, seit sieben Jahren nichts dagegen unter-nommen zu haben«.

War damit der eigentlich Verantwortliche für Geismanns Treiben ausgemacht, so mußte nur noch die Frage beantwortet werden, warum Wolffsohn sieben Jahre stillgehalten hatte, um erst nach der Wahl Geismanns zum Dekan der Fakultät loszu-schlagen. »Hat ihn etwa«, fragt Geismann in seinem Rund-brief, »die jüdische Gemeinde in München ... auf meine Lesun-gen angesprochen«; aber auch dann, wenn Wolffsohn ohne Auftrag, aus eigenem Antrieb gehandelt hätte, wäre sein Ver-halten »schlimm, weil er sein jüdisches Deutschtum oder deut-sches Judentum benutzt, um einen nichtjüdischen Deutschen oder deutschen Nicht-Juden zu diffamieren«.

Damit waren die historischen Dimensionen des Konflikts klar, wie schon öfter in der Geschichte der deutsch-jüdischen Beziehungen nutzte ein Jude seinen Herkunftsvorteil gegen-über einem Nichtjuden rücksichtslos aus. Dabei spielt es keine Rolle, daß Wolffsohn so deutsch ist, wie ein Bürger der Bun-desrepublik nur deutsch sein kann, daß er sich bei jeder Gele-genheit als »deutscher Patriot« vorstellt, daß er politische An-sichten vertritt, die auch von Franz Josef Strauß vertreten wurden. Irgendwie stellt er doch ein volksfremdes Element dar. So bekommt auch die Feststellung von Geismann ihre Be-deutung, Wolffsohns Verhalten könnte man »wohl kaum als

82

der Völkerverständigung dienend« bezeichnen, woraus dann der Umkehrschluß gezogen werden kann, Geismanns Aktivitäten würden im Dienste der Völkerverständigung, vor allem der zwischen Deutschen und Juden, stattfinden.

Der Dekan der Sozialwissenschaftlichen Fakultät der Münchener Bundeswehr-Uni will auch weiterhin die Vergangenheit auf seine Art bewältigen. »Ich jedenfalls werde die Worte Hitlers ... immer wieder ... öffentlich zur Kenntnis bringen. Mit Gift, das man nicht beseitigen kann, muß man die Menschheit bekannt machen ...«

Ein solches Bekenntnis legt die Vermutung nahe, daß wir es hier mit einem weiteren Fall des bekannten »Faszinosum« zu tun haben. Es begründet zudem den Verdacht, daß der Philosoph Geismann sich dem Phänomen Hitler mit derselben Attitüde nähert wie hauptamtliche Sittenhüter einer illustrierten Ausgabe von »Fanny Hill«. Der moralischen Verdammung geht eine lustvolle Beschäftigung mit dem Objekt der Begierde voraus. Auf die Frage, warum er sich ausgerechnet Hitler vorgenommen habe, sagt Geismann, er sei zu seinen Lesungen von Helmut Qualtinger angeregt worden, der vor vielen Jahren mit Hitler-Texten aufgetreten wäre. Auf die erste Lesung, 1984, habe er sich lange und sorgfältig vorbereitet, diese vier Monate seien »eine Leidenszeit« gewesen, das Schlimmste, was er sich je freiwillig angetan habe. Die Zuhörer wären immer bestürzt gewesen; nach der letzten Lesung, im Dezember 1991, wäre die Betroffenheit so groß gewesen, daß keine Diskussion möglich war. Im übrigen verweist Geismann auf »meine Art, die Texte zu lesen« und die Einführung, die er jeweils zu Anfang gibt.

Da kündigt er an, er werde so lesen, »daß das Schreckensbild eines der größten Teufel, die Deutschland je hervorgebracht hat, traumatische Wirklichkeit wird«, er wolle »in diesen Dämon Hitler hineinkriechen und ihn zu einem unverdienten neuen Leben erwecken« und dabei »die furchtbarsten Worte sprechen, die je über meine Lippen gekommen sind ...« Womit das »Faszinosum« definitiv im Bereich des Okkulten angekommen wäre. Es handelt sich entweder um eine Geisterstunde mit erzieherischem Anspruch, die es dem Zeremonienmeister ermöglicht, Unsagbares auszusprechen, oder um eine zeitgemäße Version der Geschichte von Dr. Jekyll and Mr. Hyde oder um eine Mischung aus beidem. In jedem Fall will Geismann seine Wiederbelebungsübungen am Dämon Hitler als aufklärerische Exerzitien zur Vergangenheitsbewältigung verstanden wissen. Nachdem ihn ein Jude diffamiert hatte, wollte er von Juden wieder rehabilitiert werden.

Während eines öffentlichen Hearings Ende Juni berichtete Geismann, er habe bei der jüdischen Gemeinde in München angefragt, man würde dort seine Lesungen für unproblematisch halten. Freilich — die Präsidentin der jüdischen Gemeinde in München, Charlotte Knobloch, kann sich nicht erinnern, jemals ein Gespräch mit Geismann geführt oder eine Stellungnahme zu seinem Fall abgegeben zu haben. Außerdem ist die jüdische Gemeinde keine Instanz, die über die Zulässigkeit oder Unzulässigkeit von Veranstaltungen entscheiden kann.

Darauf angesprochen, sagt Geismann, er habe angenommen, wenn jemand an seinen Lesungen Anstoß nehmen könnte, dann wären es wohl die Juden. Deshalb habe er in der jüdischen Gemeinde angerufen und gebeten, »mit einem führenden Mann« sprechen zu können. Daraufhin sei er mit einem Herrn Rakowsky verbunden worden, und der habe ihm erklärt, seitens der jüdischen Gemeinde würden keine Einwände gegen seine Lesungen erhoben. Damit wäre die Sache für ihn erledigt gewesen. Woran er, der Philosoph Geismann, denn gemerkt habe, daß Herr Rakowsky ein »führender Mann« der Gemeinde wäre? — Ganz einfach, sagt Geismann, der Mann habe sich intelligent angehört.

Juden rein!

*Ü*ber sich selbst mag Mario Offenberg gar nicht reden. Er lehne es ab, »seit langer Zeit und von Anbeginn, und zwar aus sehr bewußten Gründen«, seine Arbeit für die Gemeinde zu personifizieren. Schließlich gibt er widerwillig doch ein paar Eckdaten preis. Geboren im Jahre 1946 im damaligen Palästina, nach dem Militärdienst in der israelischen Armee mit den Eltern zurück nach Deutschland, Studium und Promotion an der Freien Universität Berlin, danach Dozent für politische Wissenschaft und internationale Beziehungen am Otto-Suhr-Institut. Danach ist aber wirklich Schluß, kein Wort mehr über Biographisches. »Dazu ist mir meine Zeit zu schade.«

Ein paar zusätzliche Daten lassen sich aus den Beständen öffentlicher Bibliotheken rekonstruieren. Mario Offenbergs Dissertation aus dem Jahre 1975 trug den Titel »Kommunismus in Palästina — Nation und Klasse in der antikolonialen Revolution« und war eine der vielen Arbeiten jener Tage, mit denen die späten Achtundsechziger durch fleißiges Kombinieren bestimmter Reizbegriffe (»Kolonialismus, Revolution, Klassenkampf« etc.) aus der Welt der antiautoritären Wohngemeinschaften in das Reich der Wissenschaft überwechselten. Offenberg ging es u.a. darum, »die praktische Alternative zum zionistischen Unternehmen« aufzuzeigen, nämlich den »gemeinsamen antiimperialistischen und antizionistischen Kampf von Juden und Arabern« in Palästina. Dies blieb für einige Zeit Offenbergs Thema. Er gab ein vergessenes Buch neu heraus (»Das Ende Israels?« von Nathan Weinstock), übersetzte Isaac Deutschers »Die ungelöste Judenfrage — Zur Dialektik von

Antisemitismus und Zionismus« aus dem Englischen ins Deutsche und schrieb ein Nachwort dazu (beide Arbeiten zusammen mit Eike Geisel), daneben produzierte er Filme über das Palästina-Problem. 1977, 1978 und 1980 nahm er am Leipziger Dokumentarfilm-Festival teil, 1977 bekam er für seinen Film »Der Kampf um den Boden oder Palästina in Israel« den Preis des Internationalen Journalistenverbandes und den Filmpreis der PLO.

Mario Offenberg war der Prototyp des intellektuellen, politisch aktiven linken Juden, dessen klare antizionistische Haltung ihm Anerkennung im antiimperialistischen Lager einbrachte. Niemand wäre jemals auf die Idee gekommen, hinter dieser Fassade einen gläubigen, gesetzestreuen, orthodoxen Juden zu vermuten. »Er fuhr am Samstag Auto, aß unkoschere Speisen und wußte selbst nicht, wann er das letzte Mal in einer Synagoge war«, erinnert sich ein Weggefährte aus jenen Tagen.

Nun, eine gute Dekade später, steht Mario Offenberg einer orthodoxen jüdischen Gemeinde vor, der ersten, die nach dem Kriege in Deutschland gegründet bzw. wiederbelebt wurde. Er trägt auf dem Kopf eine »Kipa«, wie sie von gläubigen Juden zum Zeichen ihrer Demut vor Gott getragen wird, mag von Kommunismus, Klassenkampf und Revolution nichts mehr wissen. Statt dessen sagt er: »Ich bin aufgewachsen in einer orthodoxen Familie, mit orthodoxem Wissen und religiösem Wissen.« Mario Offenberg ist Geschäftsführer der gesetzestreuen Israelitischen Synagogengemeinde Adass Jisroel zu Berlin.

Adass Jisroel heißt, wörtlich übersetzt, »Gemeinde Israel«. So nannte sich eine Gruppe strenggläubiger Juden, die im Jahre 1869 aus der Jüdischen Gemeinde zu Berlin austrat, weil ihr diese zu liberal geworden war. 1885 wurde Adass Jisroel von der Regierung Kaiser Wilhelms des Ersten als Körperschaft des öffentlichen Rechts anerkannt und entwickelte sich schnell zur zweiten jüdischen Gemeinde in Berlin. Sie betrieb drei Synagogen, ein Krankenhaus, eine Grundschule, ein Lyzeum, ein

Realgymnasium und ein Rabbinerseminar. Ihre Toten wurden auf einem gemeindeeigenen Friedhof begraben. Im Dezember 1939 wurde die Adass Jisroel auf Anordnung des Chefs der Sicherheitspolizei in die von den Nazis geschaffene »Reichsvereinigung der Juden in Deutschland« eingegliedert und verlor damit ihre organisatorische und rechtliche Eigenständigkeit. 1949 wurde in Berlin ein »Verein Adass Jisroel« gegründet und 1954 in das Vereinsregister beim Amtsgericht Charlottenburg eingetragen. 1962 zeigten die Vorstandsmitglieder dem Amtsgericht an, daß man gezwungen sei, die Vereinigung aufzulösen, da die Mitgliederzahl unter drei gesunken sei. 1964 wurde der »Verein Adass Jisroel« im Vereinsregister gelöscht. Die Liegenschaften der Gemeinde wurden, soweit sie den Krieg überstanden hatten, zweckentfremdet genutzt, der Friedhof wurde von der Jüdischen Gemeinde in Berlin (-Ost) mehr schlecht als recht mitverwaltet.

Irgendwann im Jahre 1985 tauchte Mario Offenberg in Ost-Berlin auf und begann, sich für die Adass Jisroel zu interessieren. Es ging ihm vor allem um den inzwischen völlig verwahrlosten Friedhof der Gemeinde, auf dem auch sein Urgroßvater, Abraham Offenberg, ruht. Er schaffte es durch direkte Intervention bei Honecker, daß der Friedhof restauriert wurde, Hunderte von Gräbern wurden mit Hilfe von Studenten der Humboldt-Universität, die Offenberg als Freiwillige gewonnen hatte, instand gesetzt. Im Juni 1986 wurde der Friedhof der Adass Jisroel in der Wittlicher Straße in Berlin-Weißensee unter Anteilnahme von Presse und Fernsehen der DDR wieder eingeweiht. Aus diesem Anlaß fand ein Treffen ehemaliger Adassianer statt, die Offenberg nach Berlin eingeladen hatte. Sie waren gerührt und tief beeindruckt. Nach jüdischem Verständnis ist die Ruhe von Toten heilig. Gräber dürfen nicht aufgehoben, Friedhöfe nicht aufgelöst werden. Selbst tausend Jahre alte Grabstätten sind tabu, was in Israel zu ständigen Konflikten zwischen Archäologen und Rabbinern führt.

Mit seinem Einsatz zur Restaurierung des Friedhofs hatte sich Mario Offenberg in den Augen vieler auch nicht allzu frommer Juden für alle seine linken Sünden rehabilitiert. Er schaffte, was andere nicht mal für möglich gehalten hätten. Auf einem Teil des Friedhofs, auf dem zwischen 1942 und 1945 Juden illegal begraben wurden, sollten Wohnblocks entstehen. Offenberg wandte sich an Honecker, und Honecker ließ das Projekt sofort stoppen. So war es nur natürlich, daß die überlebenden Adassianer Mario Offenberg die Vollmacht gaben, sich nicht nur um die Pflege des restaurierten Friedhofs, sondern auch um die Wiedereinsetzung der Adass Jisroel in ihre Rechte zu kümmern, wobei nicht geklärt wurde, was damit konkret gemeint war. In einer schriftlichen Chronologie der Ereignisse, wie sie vom Staatssekretariat für Kirchenfragen festgehalten wurden, heißt es unter »November 1986«: »Aufnahme der Verhandlungen zwischen Adass Jisroel Berlin, Dr. Mario Offenberg und Dr. Klaus Gysi, Staatssekretär für Kirchenfragen; viele Beratungen, Dokumentationen, Vollmachten.«

An den folgenden Verhandlungen nahmen prominente SED-Leute teil: Hermann Axen, Günter Schabowski, Kurt Hager. Zwischendurch schaltete sich auch Erich Honecker selbst ein. Die Frage der Rehabilitierung der Adass Jisroel schien für die DDR von höchster Bedeutung zu sein, jene DDR, die sich seit ihrer Gründung weigerte, Wiedergutmachung zu zahlen, weil sie sich nicht als die Rechtsnachfolgerin des Dritten Reiches verstand, die ihre eigenen Juden zu allerlei Unterwerfungsritualen nötigte und die sich für keine Anti-Israel-Deklaration zu schade war. Nur im Falle einer nicht mehr vorhandenen jüdischen Gemeinde legte die DDR einen wilden Philosemitismus an den Tag, der weder zur marxistischen Theorie noch zur realsozialistischen Praxis paßte.

Am 15. Januar 1988 schrieb der Staatssekretär für Kirchenfragen in der Regierung der Deutschen Demokratischen Republik, Dr. Klaus Gysi, einen langen Brief an den Vorsitzenden des Staatsrates der DDR, den »lieben Genossen Erich Honecker«. Gysi machte sich Gedanken um die Behandlung jüdischen Grundeigentums, das von den Nazis arisiert und anschließend von der DDR in Volks- bzw. Staatseigentum überführt wurde. »Diese Situation«, klärte der Staatssekretär für Kirchenfragen den Genossen Generalsekretär auf, »könnte sich m.E. als eine kleine Zeitbombe erweisen«, denn: »Wir lehnen es prinzipiell ab, Rechtsnachfolger des alten faschistischen Reiches zu sein. Ausgerechnet in der Frage des enteigneten jüdischen Grundeigentums in Berlin berufen wir uns de facto auf diese Rechtsnachfolge.« Um diese kleine Zeitbombe zu entschärfen, schlug Gysi vor, sollte der jüdischen Gemeinde »ihr Grundeigentum und damit auch ihre Verfügungsgewalt an allen von ihr genutzten Objekten zurückerstattet« werden, diese Rückgabe sollte diskret »ohne öffentliches Aufsehen durch einen internen Verwaltungsakt« geschehen. Der Friedhof der »früheren Adass Jisroel Gemeinde«, der »auf Deine Initiative und Weisung hin« rekonstruiert wurde, sollte der »Gesellschaft zur Förderung der Adass Jisroel« übergeben werden.

Vor allem von dieser Maßnahme versprach sich Gysi Vorteile für die DDR. »Trotz ihrer kleinen Mitgliederzahl hat sie ziemlichen Einfluß bei den Juden in den USA, ebenso in anderen Ländern und in Israel. In Israel gibt es eine Reihe einflußreicher und meist nicht auf der Linie der israelischen Regierung liegender Mitglieder dieser Gesellschaft«, zu denen, so Gysi, auch der Verleger der Tageszeitung »Ha'aretz«, Gershom Shocken, gehören sollte.

Woher der Staatssekretär für Kirchenfragen auch immer sein Wissen bezog, mit dieser Einschätzung war der Grundstein für die folgenden Maßnahmen gelegt. »Aus rechtlichen, aber vor allem aus politischen Erwägungen« empfahl er, das Eigentum an dem Friedhof (Gysi: »Grundstück Wittlicher Straße«) an die Adass Jisroel »zurückzuübertragen«. Nach

Empfang des Gysi-Memorandums schrieb Honecker mit der Hand auf das Deckblatt: »Einverstanden mit Deinen Vorschlägen. EH. 18.1.88«.

Damit war die Angelegenheit »Adass Jisroel« auf den sozialistischen Weg gebracht. Am 2. Juni 1988 gab der Vorstand der Adass Jisroel eine Erklärung ab, mit der »Fragen nach der Rechtsfähigkeit der Gemeinde« geklärt werden sollten. Darin hieß es u.a.: »Die überlebenden Mitglieder der Gemeinde und deren Nachkommen gehen von der Weiterexistenz ihrer Gemeinde im religiösen und rechtlichen Sinne aus.« Die Erklärung trug drei Unterschriften, die von Ari Abraham Offenberg, von Schmuel Auerbach und von Dr. Mario Offenberg. Das heißt, genaugenommen waren es nur zwei Unterschriften, die von Ari Abraham Offenberg und von seinem Sohn Mario. Anstelle von Schmuel Auerbach hatte ebenfalls Mario Offenberg unterzeichnet. Unter dem Namenszug stand der Zusatz: »An der Mitunterzeichnung durch Entfernung gehindert, hat Unterzeichneten ausdrücklich telefonisch zur Unterzeichnung der Urkunde bevollmächtigt.«

Nachdem die Adass Jisroel inzwischen fast vierzig Jahre geruht hatte, pressierte die Wiederbelebung der Gemeinde gewaltig. Es war keine Zeit, eine eigenhändig unterschriebene Erklärung von Schmuel Auerbach aus Israel schicken zu lassen, und sei es nur per Fax. Die Sache pressierte dermaßen, daß die Adressaten dieser Erklärung, die Mitarbeiter des Staatssekretariats für Kirchenfragen, die so genau Bescheid wußten über Macht und Einfluß der Adass Jisroel unter den Juden dieser Welt, keine Zeit fanden, in den Originalstatuten der Gemeinde aus dem Jahre 1882 nachzuschauen, die im Falle der Weiterexistenz der Gemeinde nach wie vor gültig und verbindlich gewesen wären. Paragraph 2 der Statuten sieht vor, daß »alle in Berlin wohnhaften Juden Mitglieder der Gemeinde« werden können, von außerhalb Berlins lebenden Juden ist nirgendwo die Rede. Paragraph 10 legt fest, daß »Vater und Sohn

... nicht zugleich Mitglieder des Vorstandes sein« dürfen. Im vorliegenden Fall waren nicht nur Vater und Sohn Offenberg zugleich Mitglieder des Vorstandes, sie waren es auch ganz allein, denn der Dritte im Bunde, Schmuel Auerbach, residierte in Israel und durfte also, dem Statut entsprechend, gar nicht Mitglied der Gemeinde sein.

So präsentierte sich das Projekt »Adass Jisroel« schon in seiner Anlaufphase als ein Offenbergsches Familienunternehmen, was die Behörden der DDR weder stutzig machte noch zu weiteren Nachfragen veranlaßte. Zumal die Offenbergs, nicht ungeschickt, bald darauf, am 30. Juni 1988, eine weitere »Erklärung« nachschoben. 17 ehemalige Adassianer, die zum zweiten Jahrestag der Wiedereröffnung des Gemeindefriedhofs nach Berlin gekommen waren, bekundeten per Unterschrift, »daß unsere Vorstandsmitglieder Ari Abraham Offenberg, Schmuel Auerbach und Dr. Mario Offenberg unser volles Vertrauen und unsere Unterstützung genießen«. In einem Schreiben an das Staatssekretariat für Kirchenfragen vom 7. Juli 1988 versicherte Offenbergs Anwalt, Lothar de Maizière, »diese Erklärung trägt Vollmachtcharakter«. Bei dieser Gelegenheit erlaubte sich de Maizière noch »ein persönliches Wort zur anstehenden Problematik«: »Die Gemeinde Adass Jisroel ist wegen allerdings ideell nicht so bedeutender Liegenschaften in Berlin (West) bemüht, da ihre Rechte zu sichern. Es würde mich persönlich schmerzen, wenn der Gemeinde an ihrem eigentlichen Zentrum, gelegen in der Hauptstadt (der DDR), ihre Rechte verwehrt blieben und möglicherweise in Berlin (West) ihr Status als Gemeinde respektiert würde. Die geistigen, politischen und juristischen Konsequenzen einer solchen Situation hielte ich für bedeutsam und den Interessen der DDR nicht entsprechend.« Womit Lothar de Maizière nicht nur den Begriff der »ideellen Liegenschaften« in die Debatte eingeführt, sondern auch klargemacht hatte, daß es für die DDR peinlich werden könnte, wenn die Adass Jisroel in West-Berlin anerkannt würde und in der DDR nicht.

Das war vermutlich auch die Sorge, von der Erich Honecker angetrieben wurde. Schon am 27. Juni 1988 ließ er Mario Offenberg brieflich wissen, er habe den Staatssekretär für Kirchenfragen gebeten, »sich um eine beiderseits tragfähige einvernehmliche Lösung des Problems zu bemühen«, was im Politdeutsch jener Tage so viel bedeutete, daß der Vorsitzende die Sache im Prinzip abgesegnet hatte und sie ohne Krawall erledigt sehen wollte.

Im Dezember 1988 legte Lothar de Maizière im Auftrag der Adass Jisroel dem Staatssekretariat für Kirchenfragen den »Entwurf einer Erklärung der Regierung der Deutschen Demokratischen Republik« vor, mit der die Regierung der DDR die Rechtsfähigkeit von Adass Jisroel bestätigen und der Gemeinde »ihre volle, auch materielle Unterstützung« zusichern sollte. Zugleich mit diesem Entwurf eines Grundsatz-Statements präsentierte de Maizière einen detaillierten, 14 Seiten langen Maßnahmenkatalog zur »vollständigen Rekonstruktion der Gemeinde Adass Jisroel«. Die Gemeinde sollte das Recht haben, »neben ihren religiösen Handlungen ... kulturelle Veranstaltungen, internationale wissenschaftliche Tagungen und Symposien ... durchzuführen«, wobei die Veranstaltungen, entgegen der üblichen DDR-Praxis, »nicht der Anmelde- und Genehmigungspflicht« unterliegen sollten; es sollte »ein Kleinbus (Barkas oder ähnliches) zur Verfügung gestellt« und »mit einer Q-Nummer« versehen werden, einem Diplomatenkennzeichen also, um Gäste aus dem Westen hin und her zu befördern; für Beerdigungen »bei ungünstiger Witterung (Frost, gefrorener Boden)« sollte ein »Kleinbagger oder Greifer zur Verfügung gestellt« werden; die Regierung der DDR sollte »gewährleisten, daß das Buch von Dr. Mario Offenberg über die Geschichte von Adass Jisroel Berlin in aktualisierter Form in der DDR verlegt wird«. Anwalt de Maizière schrieb auf, wie viele Telefonleitungen gelegt, an welcher Stelle welche Gedenktafeln angebracht, auf welche Weise die Adass Jisroel »bei der Verbreitung wissenschaftlicher Erkenntnisse« unterstützt werden sollte. Mit der Akribie eines leidenschaftlichen Buchhalters entwarf er ein detailliertes Programm. Dennoch wurde er von dem Gedanken geplagt, daß er etwas vergessen, übersehen haben könnte. Im Begleitschreiben an den damaligen Staatssekretär für Kirchenfragen, Löffler, bat er um Verständnis dafür, daß »unser Katalog nur vorläufig abschließend sein kann«, denn »es liegt in der Natur der Sache, daß sich bestimmte Notwendigkeiten erst aus der praktischen Tätigkeit ergeben können«.

Nach einigen Aktivitäten hinter den Kulissen trafen am 6. April 1989 Vater und Sohn Offenberg mit dem Mitglied des Politbüros und 1. Sekretär der Bezirksleitung der SED Berlin, Günter Schabowski, zusammen, um einer Reihe von Maßnahmen zuzustimmen, die vom Generalsekretär der SED, Erich Honecker, bereits bestätigt worden waren. Dazu gehörten u.a. der ungehinderte Zutritt zu den Stätten von Adass Jisroel für Bürger aller Staaten »ohne Umtauschzwang«, die Einrichtung eines Büros zur organisatorischen Betreuung und die Errichtung einer Feierhalle auf dem Friedhof von Adass Jisroel. In einer Protokollnotiz über dieses Treffen heißt es: »Zu diesem Zeitpunkt erklärte Dr. Offenberg, daß keinerlei finanzielle oder materielle Forderungen an die DDR bestünden. ›Wir wollen von der DDR keine einzige Mark, kein einziges Gebäude, das ist nicht unser Thema. Uns geht es allein um die ungehinderte Religionsausübung entsprechend unserem eigenen Ritus.‹«

Diese Aussage, heißt es in einer späteren Protokollnotiz, »wurde von Dr. Offenberg am 11.5.1989 in einer weiteren Beratung mit dem Staatssekretär für Kirchenfragen wiederholt«. Doch bald darauf änderte Dr. Mario Offenberg seine Meinung und forderte »unter Berufung auf die Formel ›Wiedereinset-

zung in alle Rechte‹ die Rückgabe des damaligen Eigentums«
der Adass Jisroel. »Auch wurde keinerlei Bereitschaft gezeigt,
den von uns erbetenen Nachweis für die Berechtigung vorzu-
legen, daß die Familie Offenberg autorisiert ist, im Namen von
Adass Jisroel zu handeln. Das hat Dr. Offenberg in schroffer
Weise abgelehnt. Es gibt somit keinen juristischen Beweis für
eine Beauftragung Dr. Offenbergs, im Sinne der Gemeinde
Adass Jisroel zu wirken.« An einer anderen Stelle desselben
Schriftstücks heißt es: »... die Familie Offenberg, die sich mit
Adass Jisroel als identisch erklärt ...« — Es war also den Mitarbeitern des Staatssekretariats für Kirchenfragen zwischen-
durch bewußt geworden, daß sie es mit einem Familienunter-
nehmen zu tun hatten, dessen Legitimation auf wackeligen
Beinen stand.

Dennoch — zu diesem Zeitpunkt, Mitte des Jahres 1989,
waren wichtige Vorentscheidungen bereits gefallen. Im Juni
1988 hatte der Ostberliner Magistrat beschlossen, die Einträge
in den Grundbüchern so zu berichten, daß Adass Jisroel wieder als Eigentümerin des Friedhofs, des alten Gemeinde-Zen-
trums in der Tucholskystraße und des ehemaligen Gemeinde-
krankenhauses in der Wilhelm-Pieck-Straße ausgewiesen
wurde. Bei einem Staatsakt der Regierung der DDR aus Anlaß
des 50. Jahrestages der »Kristallnacht« — behördenintern »Pogrom 50« genannt — verkündete Erich Honecker vor gelade-
nen Gästen aus dem In- und Ausland, daß »die DDR ihre jüdische Gemeinde Adass Jisroel in alle ihre Rechte einsetzt«. In
der Praxis bedeutete das, daß Adass Jisroel die Grundbuchtitel
zurückbekam, aber nicht die Nutzungsrechte an den Objekten. Das der Adass Jisroel unter Propaganda-Gedröhn zurück-
erstattete Eigentum wurde weiterhin »treuhänderisch« von
den Organen der DDR verwaltet. In der Tucholskystraße 40
saß die Staatsfirma Interwerbung, im ehemaligen Krankenhaus in der Wilhelm-Pieck-Straße hatte die Reichsbahn ihre
Büros. Nur auf ihrem Friedhof war die Gemeinde Herr im ei-

genen Haus. So gesehen, hatten die Offenbergs nicht ganz unrecht, wenn sie sich über die Hinhaltetaktik der DDR-Behörden beklagten und nicht nur die formale, sondern auch die
praktische Herausgabe des ihnen zuerkannten Eigentums ver-
langten.

Der DDR kam es dagegen darauf an, durch formale Zuge-
ständnisse und mit Hilfe der für einflußreich gehaltenen Adass
Jisroel sich vor der internationalen Öffentlichkeit moralisch
und politisch in einem günstigen Licht darzustellen — als För-
derin jüdischer Kultur und Tradition. In einem Papier des
Staatssekretariats für Kirchenfragen vom 6. November 1989
wird diese Absicht so umschrieben: »Es sollte ... auf der
Grundlage der Entscheidung des Generalsekretärs zur Wiederherstellung der Rechte von Adass Jisroel an dem Vorschlag
festgehalten werden, alle Voraussetzungen für die ungehinderte Ausübung der besonderen rituellen Kulthandlungen und
den freien Zugang dazu für alle Mitglieder der Adass Jisroel aus
allen Staaten durch die Staatsorgane der DDR zu schaffen ...
Ein weitergehendes Entgegenkommen in bezug auf die fakti-
sche Rückgabe von Eigentumstiteln kann nicht vorgenommen
werden, da dafür in der DDR keinerlei juristische und perso-
nelle Voraussetzungen bestehen.«

Das heißt, unter »Wiederherstellung der Rechte von Adass
Jisroel Berlin« verstand die DDR etwas ganz anderes als die
Offenbergs, deren zweifelhafte Legitimation als Repräsentanten der Gemeinde von den zuständigen Behörden hingenommen wurde, weil das Projekt Adass Jisroel für die Imagepflege
der Partei und des Staates von Nutzen war. Die Interessen der
Offenbergs und der DDR verliefen parallel, sie hätten sich eines Tages im Unendlichen getroffen, wenn nicht ein größeres
Ereignis der unvorgesehenen Art eingetroffen wäre.

Die »juristischen und personellen Voraussetzungen«, die
am 6. November 1989 noch nicht gegeben waren, sollten sich
unmittelbar darauf ändern. Am 9. November 1989 fiel die

Mauer, und mit einem Schlag waren die »juristischen und personellen Voraussetzungen« hergestellt. Lothar de Maizière, der Rechtsanwalt von Adass Jisroel, wurde noch unter Hans Modrow stellvertretender Ministerpräsident und zuständig für Kirchenfragen. In dieser Funktion machte er sich ohne weitere Verzögerung daran, die Vorlagen, die er im Namen der Offenbergs bei der Regierung der DDR eingereicht hatte, zu realisieren. Schon am 18. Dezember 1989, zum 50. Jahrestag der Auflösung von Adass Jisroel, gab die Regierung der DDR eine Erklärung ab, die inhaltlich und streckenweise sogar wörtlich identisch war mit dem »Entwurf einer Erklärung«, die Lothar de Maizière genau ein Jahr zuvor, am 19. Dezember 1988, dem Staatssekretär für Kirchenfragen vorgelegt hatte. Der stellvertretende Ministerpräsident de Maizière konnte also auf die Vorarbeit des Rechtsanwalts de Maizière zurückgreifen, ein Vorgang, den man unter normalen Umständen als bedenklich registriert hätte, der aber in den Turbulenzen des deutschen Herbstes kaum jemand auffiel.

Am 18. Dezember 1989 fand im Gästehaus des Ministerrates der DDR eine Feier anläßlich der Wiedereinsetzung der Gemeinde Adass Jisroel in alle ihre Rechte statt. Ein Mitarbeiter der Ständigen Vertretung der Bundesrepublik in Berlin-Ost war dabei und berichtete anschließend über die Feier nach Bonn: »Die Veranstaltung verlief nicht zuletzt deshalb besonders harmonisch, weil Herr de Maizière die Gemeinde Adass Jisroel seit deren offizieller Wiederbegründung im Jahre 1986 als Rechtsanwalt gegenüber der DDR-Regierung vertreten hat und die Erklärung nunmehr für die DDR-Regierung abgeben konnte ...« Mit feinem Understatement wies der westdeutsche Beamte auf jene Doppelfunktion von Lothar de Maizière hin, die eine wesentliche Voraussetzung für den glücklichen Verlauf des ganzen Vorgangs bildete. Und das war erst der Anfang vom Happy-End.

Für die Offenbergs wurde die deutsche Wende zu einem

wahren Glücksfall. Göttin Fortuna schüttete ihr Füllhorn über ihnen aus. Die Regierung der Deutschen Demokratischen Republik beschloß umgehend »die Wiederherstellung aller Rechte der Synagogengemeinde Adass Jisroel«, die »Aktivlegitimation des gegenwärtigen Vorstandes ... als rechtmäßiger Vorstand« wurde ungeachtet der eben erst geäußerten Zweifel anerkannt, es wurden Maßnahmen angekündigt, »die die Handlungsfähigkeit der Gemeinde auf Dauer garantieren« sollten, und — vor allem dies — der Stellvertreter des Vorsitzenden des Ministerrats, Lothar de Maizière also, bekam den Auftrag, »federführend für die Regierung mit dem Vorstand der Gemeinde einvernehmlich Einzelheiten zur inhaltlichen Realisierung des Regierungsbeschlusses zu erarbeiten und festzulegen«.

Und für diese Aufgabe war niemand geeigneter als Lothar de Maizière, hatte er doch die Vorlagen bereits erarbeitet. So konnte die Arbeit rasch vorangehen. Bereits am 8. März 1990 beschloß der Ministerrat der DDR einen Katalog von Maßnahmen, um der Gemeinde Adass Jisroel, die zu diesem Zeitpunkt de facto nur auf dem Papier bestand, die Aufnahme der Tätigkeit als Kultusgemeinde zu ermöglichen. Für »Löhne und Gehälter und laufende Kosten zur Gestaltung des Gemeindelebens« wurden »30 TM monatlich« angesetzt, für die Bezahlung eines Rabbiners wurden »7 000 Dollar monatlich« zur Verfügung gestellt, die der Mitarbeiter des Kirchensekretariats Dieter Wieland jeweils um den Ultimo herum in bar rüberbrachte; die »Übernahme der Miet- und Unterhaltungskosten« für eine offenbar dringend benötigte »Begegnungs- und Erholungsstätte am Mellensee« (ein PDS-Objekt) sollte »jährlich 300 TM« kosten; die Firma Interwerbung und die Reichsbahn wurden angewiesen, die Gebäude Tucholskystraße 40 und Wilhelm-Pieck-Straße 146 zum Ende des Monats Juni zu räumen, für den Vorstand und den Rabbiner der Gemeinde wurden »drei möblierte Vollkomfortwohnungen« in der Nähe des Gemeindehauses gefunden, es wurden Bau- und Rekonstruktionsmaßnahmen projektiert, der Oberbürgermeister von Berlin (-Ost) wurde angewiesen, »Adass Jisroel in das gesellschaftliche Leben von Berlin« einzubeziehen.

Das alles geschah zu einer Zeit, als sich der politische und wirtschaftliche Bankrott der DDR bereits abzeichnete, eine Wiedervereinigung aber nicht der einzige Ausweg aus der Krise schien. Da gab es noch die Option eines zweiten deutschen Staates mit begrenzter Selbständigkeit.

Alles in allem bekam die Gemeinde Adass Jisroel von der Regierung der DDR im Haushaltsjahr 1990 genau 2 988 000 Mark und 42 000 Dollar ausbezahlt, wobei ein Teil des Mark-Betrages in der zweiten Jahreshälfte schon in DM ausbezahlt wurde. Über die Verwendung der von Mario Offenberg so genannten »Anschubfinanzierung« wurden weder gegenüber den Behörden der DDR noch der Bundesrepublik Belege vorgelegt. Für eine mißbräuchliche Verwendung der Gelder gibt es keine Anhaltspunkte, das Geld wurde für die Personal- und Instandsetzungskosten einer Religionsgemeinde ausgegeben, die weitgehend aus dem Vorstand und seinen Mitarbeitern bestand. Es war, könnte man sagen, eine ABM-Maßnahme großen Stils, ein Phantom-Projekt, wie viele andere öffentlich geförderte Projekte im Kulturbetrieb auch. Und das wäre es vermutlich geblieben, wenn nicht ein weiterer Zufall dem Geschäftsführer des Unternehmens, Mario Offenberg, zu Hilfe gekommen wäre. Nachdem die Regierung der DDR sich bereit erklärt hatte, verfolgten Juden eine dauerhafte Heimstätte zu bieten, kamen einige tausend jüdische Emigranten aus der Sowjetunion in die DDR. Rund zweihundert fanden ihren Weg zu Adass Jisroel, wo sie freundlicher und mit weniger bürokratischem Aufwand empfangen wurden als in den regulären jüdischen Gemeinden von Ost- und West-Berlin. Adass Jisroel nahm sich der Auswanderer an, richtete für sie Sprachkurse ein, gab ihnen das Gefühl, willkommen zu sein. Damit hatte der Vorstand endlich seine Gemeinde gefunden, und das ungeachtet der Tatsache, daß die meisten sowjetischen Juden, mit der von Adass Jisroel vertretenen »gesetzestreuen« Lebensweise nicht vertraut waren.

Unbestritten ist, daß sich Adass Jisroel bei der Integration und Betreuung der sowjetischen Juden große Mühe gab, dies wurde die Raison d'être der Gemeinde schlechthin. Daneben mühte sich der Vorstand und sein Geschäftsführer Offenberg, die Gemeinde in der Öffentlichkeit zu präsentieren. Es wurde eine »internationale Konferenz von Rabbinern und Vertretern jüdischer Gemeinden« aus Osteuropa nach Berlin einberufen, die unter der globalkonkreten Losung »Bestandsaufnahme und Perspektiven« über »Aufbruch in Osteuropa und die Lage der Juden« beriet. Jede auch noch so kleine öffentliche Aktivität wurde im Gemeinde-Bulletin registriert (z. B. »Gespräch des Vorstandes mit Wolfgang Lüder, Mitglied des Bundestages«), was an die Anstrengungen der DDR erinnerte, internationale Anerkennung und Bestätigung zu finden.

Am 8. Juni 1990 wurde Geschäftsführer Mario Offenberg vom Ministerpräsidenten Lothar de Maizière im Haus des Ministerrates der DDR empfangen. Man könnte auch sagen: Mario Offenberg hatte einen Termin mit seinem Rechtsanwalt. Der Regierungssprecher der DDR gab über das Treffen eine Presseinformation heraus, deren Sprache alle DDR-Nostalgiker in Wehmut versetzen könnte. Da hieß es: »Dr. Offenberg überbrachte herzliche Grüße der Vorstandsmitglieder in Berlin und Jerusalem und der Gemeindemitglieder. Er würdigte die Anstrengungen der Regierung de Maizière, die gegenwärtige Phase des gesellschaftlichen Umbruchs und den Vereinigungsprozeß im Einklang mit den Interessen der Beteiligten zu gestalten...« — Im Gegenzug bedankte sich der Ministerpräsident für die »herzlichen Grüße der Adassianer aus dem In- und Ausland« und wünschte der Gemeinde »weitere erfolgreiche Aufbauarbeit« und dem Vorstand »viel Erfolg bei seiner Tätigkeit«.

Es schien alles paletti. Der Ministerpräsident der DDR und der Geschäftsführer der Adass Jisroel, der Anwalt und sein Mandant, hatten viel gemeinsam. Beide waren aus kleinen Verhältnissen zu öffentlichen Würden aufgestiegen, beide hatten ihren Aufstieg dem Umbruch der Zeiten zu verdanken, beide wollten von ihrer jeweiligen Vergangenheit nichts mehr wissen: der CDU-Mann de Maizière, der im Blockflötenkonzert kräftig mitgespielt hatte, und der akademische Antizionist Offenberg, der im Schnellverfahren zum »gesetzestreuen« Juden mutiert war, um sich nicht mehr dem anti-imperialistischen Kampf in Palästina, sondern der Einhaltung der Schabbat-Ruhe und der rituellen Speisegesetze in Berlin zu widmen.

Doch so genau nahmen es die Offenbergs, die sich zu Sachwaltern orthodoxen Judentums erklärten, mit den Speisevorschriften andererseits auch nicht. Von März bis Mai 1990 wohnten Vater und Mutter Offenberg im Johannishof, dem Gästehaus der Regierung der DDR. Die Kosten wurden, auf Weisung des Ministerpräsidenten de Maizière, vom Staatssekretariat für Kirchenfragen übernommen. Es wird das Geheimnis der Offenbergs bleiben, wie sie es geschafft haben, im Gästehaus der DDR-Regierung koscheres Essen serviert zu bekommen, auf das »gesetzestreue« Juden nur bei Gefahr für ihr Leben verzichten dürfen. Bald darauf zogen sie dann in eine der drei »Vollkomfortwohnungen«, die der Gemeinde von der kommunalen Wohnungsverwaltung zu einem günstigen Mietpreis zugewiesen wurden. Den heißen Sommer verbrachten sie in der »Begegnungs- und Erholungsstätte am Mellensee«, die die Adass Jisroel von der PDS geerbt hatte, zum Mietpreis von 1 500 DM jährlich (!), zahlbar an die Gemeinde Mellensee. Was immer man auch dem Dr. Mario Offenberg vorwerfen mag — Opportunismus, Wendehalsigkeit, Mißbrauch eines traditionellen jüdischen Begriffes —, für seine Eltern hat er jedenfalls vorbildlich gesorgt.

Am 28. April 1989 reichte die Gemeinde Adass Jisroel beim Berliner Verwaltungsgericht eine Klage gegen das Land Berlin ein. Das Gericht sollte feststellen, daß die Gemeinde Adass Jisroel »auch im Geltungsbereich des Grundgesetzes, insbesondere in Berlin (West) als Körperschaft des öffentlichen Rechts fortbesteht«.

Am 28. Dezember 1990 reichte Adass Jisroel eine weitere Klage gegen das Land Berlin ein. Diesmal verlangte die Gemeinde die Zuwendung öffentlicher Mittel in Millionenhöhe zum Betrieb und Unterhalt der Gemeindestätten. Ende März 1991, kurz vor dem angesetzten Termin, wurden die Klagen zurückgezogen. Als Begründung gab der Adass-Anwalt zu Protokoll: »Die Klägerin verfolgt ihr Begehren in unmittelbaren Gesprächen mit dem Beklagten (i. e. dem Berliner Senat) weiter.« Zu diesem Zeitpunkt wurden zwischen der Adass Jisroel und dem Senat weder Gespräche geführt, noch bestand eine Aussicht, daß Verhandlungen demnächst aufgenommen würden. Inzwischen gibt Mario Offenberg einen anderen Grund für den Verzicht auf den Rechtsweg an. Die Klagen hätten sich »einfach überlebt«, nachdem nach der Wende in der DDR »die Wiedereinsetzung der Gemeinde in ihre Rechte vollzogen wurde«. Denn die durch den Einigungsvertrag »garantierte Fortexistenz der Körperschaften des öffentlichen Rechts und der Bestandsschutz für existierende jüdische Gemeinden« hätten dazu geführt, »daß wir uns gesagt haben, es ist ja alles da, was soll man denn einklagen?«

Um die Anerkennung seiner Gemeinde auch im Westteil der Stadt als Körperschaft des öffentlichen Rechts durchzusetzen, griff Offenberg zu einem außergerichtlichen Mittel. Am 14. Dezember 1990 erschien im »Amtsblatt für Berlin« unter dem Rubrum »Jüdische Gemeinde« eine Bekanntmachung, derzufolge am 26. November 1990 »die Vorstandswahlen und die Generalversammlung der Israelitischen Synagogengemeinde Adass Jisroel zu Berlin, K.d.ö.R., stattfanden«. Seitdem verschickt Offenberg Kopien des »Amtsblatts«, um anhand dieser amtlichen Veröffentlichung zu beweisen, daß seine Gemeinde als eine K.d.ö.R. (Körperschaft des öffentlichen Rechts) gilt.

»Ich habe mit den Ohren gewackelt, als ich das gelesen habe«, sagt ein höherer Beamter im Berliner Senat, »das Amtsblatt wird vom Innensenator herausgegeben, als wir da nachfragten, wurde uns gesagt: ›Wir prüfen die einzelnen Mitteilungen, die uns gemacht werden, nicht nach.‹ Die Leute, die das Amtsblatt machen, haben nicht gemerkt, daß da etwas ganz anderes gemeint war, weil es unter der Firma ›Jüdische Gemeinde‹ ankam. Und die ist seit Anfang der siebziger Jahre eine Körperschaft des öffentlichen Rechts. Nur wird ihm das nichts nützen. Eine Falsa demonstratio begründet keine Rechtsansprüche.«

Die Sache wäre ziemlich einfach, sagt der Beamte. Natürlich hat die Auflösung der alten Adass Jisroel durch die Nazis keine rechtliche Gültigkeit. »Aber die Adass Jisroel von Mario Offenberg ist nicht die Rechtsnachfolgerin der alten Adass. Sie ist eine Neugründung unter demselben Namen. Den kann er benutzen, weil es darauf kein Copyright gibt.« Die Erklärung der DDR-Regierung und der Beschluß des Ministerrates würden keinen Rechts- und Verwaltungsakt im Sinne des Einigungsvertrages darstellen, der die Bundesrepublik zur Anerkennung verpflichtet. »Es handelte sich um einen politischen Opportunitätsakt der damaligen DDR-Regierung, keinen formalen Rechtsakt«. Durch die Rücknahme der Klage vor dem Verwaltungsgericht sei nun »eine Hängepartie« entstanden, die auf dem normalen Verwaltungsweg entschieden werde. »Wenn wir zu der Auffassung kommen, da hat sich eine jüdische Gemeinde gebildet, dann werden wir sie so behandeln, wie wir es in parallellen Fällen tun.« Adass könnte Gelder für den Unterhalt einer Schule oder Zuwendungen für kulturelle Veranstaltungen beantragen, wie andere kirchliche Einrichtungen auch.

»Diese Fragen können die nach wie vor mit uns erörtern. Aber wir reden nicht mit ihnen, ob sie identisch sind mit der Adass Jisroel von 1882 und ob sie Ansprüche haben auf das, was dieser alten Gemeinde mal gehört hat. Diese Frage kommt nicht mehr auf den Tisch, darauf lassen wir uns nicht mehr ein, damit ist Schluß.«

Das freilich wäre Mario Offenberg nicht genug. »Die Wiederaufnahme der Arbeit und die Wiederherstellung der Handlungsfähigkeit der Gemeinde, eine solche Arbeit ist in Deutschland eine hochmoralische Angelegenheit«, sagt der Geschäftsführer der Adass Jisroel. Und wann immer Geschäftsleute das Wort »Moral« aussprechen, muß der hochmoralische Zweck ganz profane Mittel heiligen. Denn von der Anerkennung als Rechtsnachfolgerin der von den Nazis 1939 liquidierten alten Adass hängt es ab, ob die neue Adass Jisroel von 1989 die Verfügungsgewalt über das Eigentum der alten Gemeinde zugesprochen bekommt oder nicht. Dabei geht es nicht nur um den Friedhof, das Gemeindezentrum und das Krankenhaus, sondern vermutlich um noch mehr: Immobilien im ehemaligen »Scheunenviertel« Berlins, die der Adass bzw. Adassianern gehört haben. Schon macht das Gerücht die Runde, Offenberg plane die Rekonstruktion einer »jüdischen Straße«, mit Geschäften, Restaurants, einem Hotel usw. Sein Ehrgeiz, den alle, die mit ihm zu tun hatten, als »gewaltig« bezeichnen, dürfte sich nicht lange damit zufriedengeben, Deutsch- und Hebräischkurse für Einwanderer zu veranstalten.

Wahrscheinlich aus diesem Grunde hat Offenbergs Rechtsanwältin, Roswitha Baier-Sieslack aus der Kanzlei Baier-Sieslack und Partner (zu der auch Lothar de Maizière gehört) am 20. August 1990 (also noch zu DDR-Zeiten) einen Brief an die Claims Conference for Germany in New York und an deren Zweigstelle in Frankfurt geschrieben. In diesem Schreiben, dessen englische Fassung sogar Heinrich Lübke beschämt hätte, teilt Frau Baier-Sieslack der Claims Conference mit, Adass Jisroel sei »im Grundbuch von Berlin als Eigentümerin dreier Grundstücke in Ost-Berlin eingetragen«, die Gemeinde habe »den unmittelbaren Besitz an Grund und Boden, und es gibt tatsächlich niemanden, der ihr ihre Rechte streitig macht«. Allerdings: »Meine Mandantin ist von der Sorge erfüllt, daß durch den internationalen und trilateralen Vertrag, um den die Regierungen von Israel und Deutschland zusammen mit der Claims Conference verhandeln, ihre Rechte als Eigentümerin berührt sein könnten.« Adass wolle deswegen sicherstellen, »daß unsere Grundstücke nicht versehentlich in die Liste der Immobilien aufgenommen werden, über die Verhandlungen geführt werden«.

Und das ist der eigentliche Grund dafür, warum Adass-Jisroel-Geschäftsführer Mario Offenberg so tut, als stünde die Gestapo wieder vor der Tür, wenn die Frage nach der Nachfolge-Legitimation seiner Gemeinde gestellt wird. Am 8. August 1991 faxte er an alle Berliner Zeitungsredaktionen einen »Offenen Brief an Senat und Abgeordnetenhaus von Berlin«. Gleich der erste Satz klang wie eine Alarmsirene: »Die Israelitische Synagogengemeinde Adass Jisroel zu Berlin – K.d.ö.R. sieht sich in ihrer Existenz bedroht. Sie wendet sich deshalb an die Öffentlichkeit, um eine politische Fehlentscheidung zu verhindern.« In Berlin werde »unter Ausschluß der Öffentlichkeit ein präzedenzloser Unrechtsakt vorbereitet«, eine jüdische Gemeinde soll »entrechtet und enteignet werden«, dies wäre »die zweite Liquidierung einer Gemeinde, die bereits einmal von den Nazis verboten, enteignet und verfolgt wurde …« Der offene Brief endet mit der Feststellung: »Nach Auschwitz gibt es Dinge, über die eine deutsche Verwaltung nicht einmal hypothetisch nachdenken sollte. Die Entrechtung und Enteignung von Adass Jisroel gehört zu diesen Dingen.«

Um die Sache aus dem Reich der Imagination auf den Boden der Tatsachen zurückzuholen: Niemand, der Berliner Senat

schon gar nicht, denkt daran, eine jüdische Gemeinde zu liquidieren. Es geht allein darum, ob Offenbergs Adass Jisroel von
1989, die einschließlich ihres hyperaktiven Geschäftsführers
die Züge einer Sekte trägt, als Rechtsnachfolgerin und Erbin
der Adass Jisroel von 1882 anerkannt und ob ihr der Status einer Körperschaft des öffentlichen Rechts zuerkannt wird. Ge-
schieht weder das eine noch das andere, kann Offenberg seine
Gemeinde noch immer weiter unterhalten, er bekäme bei Erfüllung einiger Minimalforderungen sogar öffentliche Gelder
zugeteilt. Wie jede Freikirche im Lande auch.

Wenn Mario Offenberg Liquidierung, Nazis und Auschwitz
schreit, wo ihm allenfalls ein Bescheid des Kultursenators ins
Haus steht, dann verfolgt er damit eine Methode, die er schon
einmal erfolgreich angewandt hat. »Die Debatten mit Adass
hätte einem keiner bezahlen können«, sagt Klaus Gysi, ehemaliger Staatssekretär für Kirchenfragen in der Regierung der
DDR und Offenbergs Gesprächspartner von 1986 bis 1988. »Er
schied von einem mit der Haltung einer schönen Frau, die im
Begriffe ist, Selbstmord zu begehen. Spätestens eine Stunde
später rief dann sein Vater an und sagte: ›Ich weiß wirklich
nicht, was ich noch denken soll ...‹ Nach einer weiteren halben
Stunde rief dann die Mutter an und sagte, ›der Junge ist vollkommen fertig, er ist am Ende, auch der Vater liegt mit einem
Herzinfarkt im Bett, ich weiß nicht, wie ich beide durchkrie-
gen soll ...‹ Die Reihenfolge lag fest.«

Offenberg, sagt Gysi, sei ihm bekannt gewesen, weil er von
Dokumentarfilmern der DDR gehört hatte, »daß er ein sehr
begabter Dokfilmer« wäre und »auch eine sehr kritische Position gegenüber Israel« eingenommen hätte. »Mit dieser Emp-
fehlung kam er zu mir und hat dann seine Forderungen wegen
Adass gestellt, nach Wiederherstellung der Gemeinde, nach
Rückgabe des Eigentums. Die offene Frage war, mit welchem
Recht vertritt Mario Offenberg die Adass Jisroel. Auf Fragen
dieser Art reagierte er mit äußerster Empfindlichkeit und

sagte, nachdem die Nazis alle umgebracht hätten, kämen wir nun und setzten diese Politik fort. Mit solchen Beschuldigungen geht er ja etwas leichtfertig um ... Ich hab es trotzdem nicht zum Bruch kommen lassen, ich hab mir gesagt, bitte, das ist eine innerjüdische Angelegenheit, ich kann nicht als Vertreter eines Staates, der sechs Millionen Juden umgebracht hat, nun hingehen und gewissermaßen sortieren, die ja, die nein.«

Offenberg habe, erinnert sich Gysi, »eine Quasi-Vollmacht einer Gruppe aus Israel vorgelegt, daß die sich von ihm vertreten fühlen. Das war sehr quasi, die Adass war ja eine große Gemeinde gewesen, die keine Fortsetzung gefunden hat, die wiedergegründet werden mußte, um dann als Rechtsnachfolger aufzutreten, die Vollmacht war also sehr quasi. Aber dann kam noch ein Schreiben vom Rabbinat in Jerusalem, daß sie mir sehr dankbar sind, daß ich die Adass Jisroel in Schutz nehme und daß die sich sehr freuen, daß die Adassianer wieder vertreten sein werden, hier in Berlin.« Hinzu kam noch eine andere Überlegung: »Ich dachte, daß es uns vielleicht ganz gut ansteht, eine Gemeinde zu haben, die zwar als Gemeinde hier nicht existiert, aber die in der ganzen Welt ihre Anhänger hat, die immer herkommen.«

Gegen »erhebliche Widerstände in den eigenen Reihen«, erinnert sich Gysi, setzte er die Änderung der Eintragungen im Grundbuch durch. »Die haben gesagt, da kommt einer aus dem Ausland, ist Westberliner Bürger und verlangt plötzlich, daß wir so was machen. Ich hab dann gesagt, das fällt zwar aus den üblichen Gepflogenheiten, Sitten und Rechten, aber nach allem, was wir den Juden angetan haben: machen wir es, in Gottes Namen.«

Damit waren aber noch nicht alle Probleme vom Tisch. »Was sollte ich denn sagen, wenn mich einer vom Magistrat fragte, wo zum Teufel ist denn die Gemeinde, an die wir uns halten können? Also sagten wir dem Offenberg, es gäbe ein paar Adassianer hier in Ost-Berlin, die auf die Adass-Jisroel-

Schule gegangen sind, kann nicht einer von denen den Geschäftsführer machen? Das wäre eine hier ansässige Person, dann wäre juristisch alles geregelt. Das wollte er nicht, darauf ging er nicht ein. Das war ja bei der ganzen Sache das Anrüchige, daß die Familie Offenberg die Vertretung von Adass Jisroel auf sich reduzierte ...«

Klaus Gysi würde heute trotz aller Bedenken »genauso entscheiden«, nur würde er die Frage, wer vertritt Adass Jisroel, »stärker in den Vordergrund« stellen. »Warum soll nicht auch mal etwas so laufen? Wenn ich an die Juden aus der Sowjetunion denke, dann hat Offenberg eine gute Chance, aus dem Briefkasten eine richtige Firma zu machen, wenigstens eine Geschäftsstelle.«

Gysis langjähriger Stellvertreter und Nachfolger als Staatssekretär für Kirchenfragen, Hermann Kalb, der bis zur Abwicklung der Behörde Ende 1990 im Amt war, kann weitere Details einer Posse berichten, die über weite Strecken die Züge einer höfischen Intrige trägt, mit Erich Honecker in der Hauptrolle.

»Honecker hat uns wissen lassen, daß er wünscht, daß die Beziehungen zu den jüdischen Gemeinden in der DDR und in der Welt intensiviert werden und daß hier großzügig zu verfahren sei. Wir Insider haben gewußt, was dahinter steckt. Honecker war daran gelegen, eine Einladung in die USA zu bekommen. Da das vom Weißen Haus nicht passieren würde, wollte er eine Einladung vom Jüdischen Weltkongreß. Dann würde er automatisch auch vom Präsidenten der USA empfangen werden. Und da waren wir schon auf gutem Wege. Es hat Gespräche gegeben über Wiedergutmachung, Honecker wußte, daß die Juden in den USA eine starke Lobby haben ...«

Da tauchte plötzlich ein Problem auf. Edgar Bronfman, der Präsident des Jüdischen Weltkongresses, kam eines Tages nach Ost-Berlin. Er sagte, Offenberg wäre nicht seriös, seine Rechte wären nicht eindeutig geklärt, und gab den DDR-Behörden

den Rat, »die Finger von der Sache zu lassen, um nicht eines Tages vor einer Situation zu stehen, die der DDR-Regierung peinlich werden könnte«. Es hätte also sein können, daß eine Förderung der Adass Jisroel Honeckers Ziel, vom Jüdischen Weltkongreß in die USA eingeladen zu werden, eher geschadet als genutzt hätte. Dennoch wurde Honecker, sagt Kalb, »von den Leuten im Amt für Kirchenfragen über die wirkliche Bedeutung von Adass Jisroel nicht aufgeklärt«, denn dann, so befürchteten sie, »hätte er alles gestoppt, was Adass Jisroel betraf, er hätte gesagt, wenn mir das meinen Weg nach Washington verbaut, dann lassen wir sie fallen ...«, und dann »wären wir rechtlich nicht klargekommen, wir hatten ja schon Zusagen gemacht, die wir nicht rückgängig machen konnten ...« Also wurde die Adass Jisroel nicht fallen- und Honecker in dem Glauben gelassen, er wäre schon auf dem Weg in die USA. »Honecker hat die Zusammenhänge nicht so genau verstanden, für ihn waren Juden eben Juden, die Unterschiede kannte er gar nicht, das wollte er auch gar nicht so genau wissen, er ging davon aus, daß wir das mit unserem Sachverstand schon so richten, daß es zu seinem Vorteil ist ...«

Ebenso wie Gysi hatte auch Hermann Kalb zunächst einen durchaus positiven Eindruck von Mario Offenberg. »Ich habe ihn als einen Mann kennengelernt, der sehr sachlich ist in seiner Argumentation, von dem ich den Eindruck gewinnen mußte, daß es ihm um ein echtes jüdisches Anliegen, das Anliegen seiner Gemeinde Adass Jisroel geht. Er hat es auch vermieden, seine Person in den Vordergrund zu stellen, er hat sich immer gestützt auf die Forderungen und Wünsche der noch lebenden Adassianer, die weltweit verstreut sind. Er hatte allerdings zwei Gesichter. Er konnte sehr überziehen. Wenn seine Vorstellungen nicht ernst genug genommen wurden, wenn er nicht sofort recht bekam, und zwar ohne Wenn und Aber, dann sprach er von Faschismus, jeder Einspruch oder jeder Zweifel, der vorgebracht wurde, war für ihn gleich ein Politikum, das nichts mit der Sache zu tun hatte, sondern in seinen Augen antijüdisch war. Wenn man Offenberg mißtraute, dann mißtraute man gleich dem ganzen Judentum.«

Dennoch war es so, daß die DDR-Bürokraten glauben wollten, was ihnen von Mario Offenberg erzählt wurde. Sie waren wild entschlossen, auch die aberwitzigsten Konstruktionen zu akzeptieren. »Eine peinliche Frage für ihn war: Wie viele Mitglieder hat die Gemeinde? Da mußte er sagen: keins. Er selbst war nicht mal Mitglied der Gemeinde hier im Ostteil der Stadt, er war ja Westberliner Bürger. Und da hat er uns doch sehr überzeugend dargestellt, daß nach dem Gemeindeverständnis der Adass Jisroel jeder Adassianer in der Welt zur Berliner Gemeinde zählt, die Zugehörigkeit ist nicht an den Wohnsitz in Berlin gebunden. Wir haben auch mit Fachkundigen darüber gestritten, es wurde uns von niemand nachgewiesen, daß es eine Gemeinde ohne Gemeinde nicht geben kann. Wir sind zu der Überzeugung gekommen, daß es möglich ist, daß sie als Gemeinde noch besteht, wenn noch Überlebende in der Welt da sind und wenn sie Eigentum haben. Es gibt ja auch Briefkastenfirmen, und die werden juristisch auch anerkannt.«

Wie einst Wenzel Strapinski die Leute von Seldwyla mit seinem sicheren Auftreten und seinen guten Umgangsformen für sich einnahm, schaffte es Offenberg, dem DDR-Apparat ein Zugeständnis nach dem anderen zu entwinden. Er durfte die Grenzübergänge zwischen Ost- und West-Berlin auf der Diplomatenspur passieren, ohne von Kontrollen belästigt zu werden, er schaffte es, seine Eltern auf Staatskosten im Gästehaus der DDR-Regierung auf Monate einzuquartieren, er schickte seine Briefe und Telexe gleich an Honecker und marschierte zu de Maizière rein, ohne daß er im Vorzimmer aufgehalten wurde. »Offenbergs Chuzpe hatte etwas Bewunderungswürdiges«, sagt Klaus Gysi voller Anerkennung.

Lothar de Maizière ist nicht der sinistre Schurke, der so gut in dieses Stück passen würde. Er ist einfach ein guter Mensch. Als ihn Mario Offenberg im Herbst 1986 um anwaltlichen Beistand bat, da dachte er sich: Soweit mußte es kommen, daß eine jüdische Gemeinde keinen jüdischen Rechtsanwalt findet, was liegt da näher, daß man sich als Christenmensch sagt: Da müssen wir wohl in ganz besonderer Weise tätig werden ...

Lothar de Maizière fragte seinen neuen Mandanten nicht, »warum er zu mir kommt«. Es habe wohl eine Rolle gespielt, vermutet er heute, »daß er meinte, bei einem Anwalt, der Verständnis für religiöse Fragen hat, mit seinem Problem besser aufgehoben zu sein als bei einem, der sich zum marxistischen Materialismus bekennt«. De Maizière nahm sich also als Anwalt und Christenmensch der Adass Jisroel an. »Ich ging von dem historischen Stand aus, 1933 hatte es zwei blühende und funktionierende jüdische Gemeinden gegeben, und wenn man der einen den Bestand garantiert und sogar subventioniert, dann muß man das auch für die andere tun.« Seitens der DDR-Regierung, erinnert er sich, habe es »zwei Motivationsüberlegungen im Hintergrund« gegeben. Da war einmal Honeckers Wunsch, in die USA eingeladen zu werden, wobei er fürchtete, »daß bei diesem Anliegen eine Anti-Haltung bei amerikanisch-jüdischen Kreisen hinderlich sein könnte«, zum anderen war die DDR »außenpolitisch in eine schwierige Situation geraten durch die sehr nahen Beziehungen zur PLO und zu Arafat«. Beide Kalamitäten sollten durch eine projüdische Geste neutralisiert werden.

Als Lothar de Maizière gleich nach der Wende in der Modrow-Regierung der Verantwortliche für Kirchenfragen wurde, fand er auf seinem Schreibtisch jene Anträge wieder, die er als Rechtsanwalt bei der DDR-Regierung in Sachen Adass Jisroel eingereicht hatte. »Ich habe dann auf die Erledigung dieses uralten Antrages gedrängt«, wobei er darauf Wert legte, »daß dies in Form eines Beschlusses des gesamten Ministerrates geschehe, um zu vermeiden, daß ich in meiner Funktion (als Minister) Mandatsinteressen mit besonderem Eifer betriebe«. Den Hinweis darauf, daß er vom Ministerrat damit beauftragt wurde, den Beschluß durchzuführen, bezeichnet er als »überflüssig«, denn »es ergab sich aus meiner Aufgabenstellung laut Geschäftsordnung, daß ich ohnehin zuständig gewesen wäre«. Von einer Interessenkollision zwischen seiner Tätigkeit als Anwalt für die Adass Jisroel und als Mitglied des Ministerrats könnte keine Rede sein. »Es wurde, wenn man so will, an den Verhandlungsstand angeknüpft, der bis zu diesem Zeitpunkt erreicht worden war, ich habe auch keine Veranlassung gehabt, meine Handschrift zu leugnen, warum auch?«

Im November 1989 habe er dann »die anwaltliche Tätigkeit für Adass Jisroel eingestellt, seither hat Frau Baier-Sieslack die Vertretung übernommen«. Was insofern als praktisch gelten kann, als Lothar de Maizière Mitglied der Anwaltskanzlei ist, die als »Baier-Sieslack und Partner« firmiert. Und dann wurde, dank de Maizière auf der einen und de Maizière auf der anderen Seite, »der ursprüngliche Zustand wiederhergestellt«, sozusagen der Status quo ante, wie er 1933 war, was sich natürlich nicht auf die Menschen, die durch keinen Ministerratsbeschluß wieder ins Leben zurückgerufen werden konnten, bezog, sondern auf die Eintragungen im Grundbuch.

An Offenbergs Legitimation, die alte Adass Jisroel zu repräsentieren, hatte de Maizière keine Zweifel. Er sah, »wie Leute aus aller Welt angereist sind, denen es eine große Genugtuung war, daß der Friedhof in Ordnung kommt«, spätere Proteste ebendieser Leute gegen Offenbergs Gebaren überhörte er guten Gewissens. »Es war nicht mein Auftrag, mich um das Innenverhältnis zu kümmern, ein Anwalt kümmert sich grundsätzlich um das Außenverhältnis seines Mandanten.« Auch sonst ging alles mit rechten Dingen zu. »Die Zuteilung von Etat-Mitteln an Adass erfolgte wie an andere

Gemeinden auch. Es entsprach der Praxis früherer DDR-Regierungen, die Verwendung der Mittel nicht nachzuprüfen.«

Von weiteren Leistungen der letzten DDR-Regierung an Adass Jisroel weiß Lothar de Maizière nichts. Daß die Eltern Offenberg monatelang im Gästehaus der DDR-Regierung logierten und das Amt für Kirchenfragen die Rechnung beglich, davon hört er nun zum erstenmal. »Im Jahre 1990 wurde ich jeden Tag um halb sieben morgens ins Amt gefahren und kam nachts um halb drei nach Hause zurück. Da habe ich mich wahrlich nicht dafür interessiert, wer wo nächtigt. Es interessiert mich auch im nachhinein nicht besonders ...«

Heinz Galinski, Vorsitzender der Jüdischen Gemeinde zu Berlin, sitzt in seinem Büro und versteht die Welt nicht mehr. Über vierzig Jahre war er der unbestrittene und von niemand herausgeforderte Sprecher der Berliner Juden. Und nun kommt einer daher, schimpft ihn den »letzten Stalinisten in Europa«, der »jüdisches Leben gleichschalten« möchte, eine Art jüdischen Ceauçescu. »Wenn ich, ein ehemaliger Auschwitz-Häftling, heute von Herrn Offenberg mit dem Massenmörder Ceauçescu verglichen werde, dann ist ein Punkt erreicht, zu dem ich nicht schweigen kann.« Galinski hat deswegen Strafantrag gegen Offenberg gestellt, die einzige Form der Anerkennung, zu der er dem Geschäftsführer der Adass Jisroel gegenüber bereit ist.

Die Berliner Presse verfolgt den öffentlichen Ringkampf zwischen dem Vorsitzenden und dem Geschäftsführer mit großem Genuß, die Sympathien der Journalisten liegen eindeutig bei dem »Underdog« Offenberg, der von dem »Monopolisten« Galinski bedroht wird und mit Begriffen wie »Vielfalt«, »Pluralismus«, »Demokratisierung des Gemeindelebens« Punkte sammelt. Der Streit, für den sich niemand interessieren würde, wenn er zwischen zwei protestantischen Gemeinden in Steglitz ausgetragen würde, ist eine wunderbare

Gelegenheit, dem respektierten, aber unbeliebten Galinski eins auszuwischen. Kaum zu glauben, wie viele fortschrittliche Geister von »tageszeitung« bis »Neues Deutschland« plötzlich ihre Bewunderung für das gesetzestreue, orthodoxe Judentum entdecken, ohne zu wissen, was es eigentlich ist.

»Ich habe persönlich nichts gegen Herrn Offenberg«, sagt Galinski, »ich habe nur aufgrund von Schreiben überlebender Adassianer, die sich an mich gewandt haben, erklärt, daß Herr Offenberg der autorisierte Repräsentant oder Erbe von Adass Jisroel nicht sein kann.« Ein Schreiben liegt vor Galinski auf dem Tisch, es kam mit der letzten Post. Absender ist Dr. Esriel Hildesheimer aus Jerusalem, ein Urenkel des Adass-Jisroel-Mitbegründers R.E. Hildesheimer. Er schreibt: »Ich habe nie behauptet, daß ich gegen die Erneuerung der Adass Jisroel bin, im Gegenteil, ich wünschte sehr, daß sie im Sinne meines Urgroßvaters s. A. und seiner Nachfolger erneut und streng orthodox geführt würde ... Wogegen ich mich gewandt habe und weiter wende, sind die Machenschaften des Herrn Mario Offenberg und seiner Genossen ... So wie Herr O. die Gemeinde führt, hat es R. Esriel Hildesheimer nicht gewollt.«

Galinskis Korrespondenz mit ehemaligen Adassianern füllt einen halben Leitz-Ordner. Da sind auch ein Dutzend Erklärungen von Adassianern, die heute in Israel, in England und in der Schweiz leben, Widerrufe der Vollmachten, die sie Mario Offenberg im Jahre 1986 gaben. Diese seien seinerzeit »unter völlig anderen Umständen gegeben worden«, es existiere heute keine Adass-Jisroel-Gemeinde in Berlin, und niemand habe das Recht, den Namen zu benutzen. Alle Ansprüche aus der Wiederherstellung alter Rechte der Gemeinde sollten anerkannten Treuhändern übergeben werden. Da ist auch ein Brief, den Schmuel Auerbach im Juni 1990 dem damaligen Ministerpräsidenten der DDR, Lothar de Maizière, schrieb. »Es ist das große Verdienst von Familie Offenberg, daß schon vor Jahren zunächst der Adass-Jisroel-Friedhof rekonstruiert und zurückgegeben wurde und unseren Toten eine ehrenvolle Ruhe gesichert wurde. Deshalb gründeten wir im Juni 1986 die ›Gesellschaft zur Förderung der Interessen der Adass Jisroel Berlin‹ und gaben Herrn Aribert Offenberg die notwendige Vollmacht.« Dabei war den Adassianern »von Anfang an klar, daß eine Erneuerung der wahren Adass Jisroel in Berlin heute unmöglich ist. Wie viele streng orthodoxe Familien gibt es jetzt in Groß-Berlin, die sich nicht mit der bereits bestehenden jüdischen Gemeinde begnügen können?« Kein einziger Adassianer habe heute »irgendwelche persönlichen Interessen«, jeder finanzielle Gegenwert »soll solchen Institutionen zugehen, die den wirklichen Geist und die Ziele der Adass Jisroel fortsetzen«. – De Maizière hat diesen Brief nie beantwortet.

Auch Mario Offenberg hat sich um die Widerrufe der ihm gegebenen Vollmachten nie gekümmert. In der »Süddeutschen Zeitung« wurde er mit dem Satz zitiert: »Als Berliner Gemeinde brauchen wir doch keine Vollmacht aus Israel.« Auf diesen Satz angesprochen, verlangt Offenberg zunächst, daß das Tonbandgerät ausgeschaltet wird. Off records sagt er dann, er habe diesen Satz sinngemäß so gesagt, sei aber trotzdem falsch zitiert worden. Für weitere Klarstellung verweist er an seinen Rechtsanwalt und eine umfängliche Gegendarstellung, die er an die »SZ« geschickt hat, die er aber auch sechs Wochen nach dem Erscheinen des Artikels noch nicht erschienen ist. Auf die Frage, wie viele Vollmachten er seinerzeit bekommen habe, sagt er zunächst: »Die Anstrengungen um den Wiederaufbau der Gemeinde waren allen bekannt, und sie waren Gemeingut ... Der Konsens über die Ziele und die Richtung lag vor.« Auf weitere Nachfrage sagt er dann, von etwa fünfzig Vollmachtgebern hätten vielleicht fünf ihre Zustimmung zurückgezogen. Er, Mario Offenberg, Urenkel des Adass-Jisroel-Mitbegründers Abraham Offenberg, sei entschlossen, »mit der Gemeinde Adass Jisroel in der Tradition der Vorfahren zu leben und zu wirken, nach bestem Wissen und Gewissen ...«

Aber ein wenig seltsam wäre es doch, wagt der Reporter einzuwenden, daß einer, der als ein linker politischer Kopf bekannt geworden ist, sich nun als orthodoxer, gesetzestreuer Jude präsentiert. Da schweigt Mario Offenberg, Geschäftsführer der Gemeinde Adass Jisroel, eine Weile, als könnte er mit der Frage nichts anfangen, und sagt dann: »Also, wenn Sie damit Probleme haben oder andere — ich nicht!«

So hat die Regierung der DDR, kurz bevor sie sich aus der Geschichte verabschiedete, wenigstens eine gute Tat vollbracht: im letzten Moment eine verirrte Seele auf den Weg des rechten Glaubens zurückgeführt.

Schuld und Schulden

Gewiß, Geld macht nicht glücklich, und es gibt viele Dinge im Leben, die mehr zählen als Kontoauszüge in D-Mark, Dollar und ECU. Nur: irgendeinen Maßstab, der Vergleiche ermöglicht, muß es geben, und Aufwendungen wollen irgendwie berechnet werden. Nehmen wir zum Beispiel auf der einen Seite die Kosten der deutschen Einheit und auf der anderen die Ausgaben für die sogenannte Wiedergutmachung. Bis zum Jahre 2000 wird die Bundesrepublik rund 100 Milliarden Mark für das von Nationalsozialisten angerichtete Unrecht bezahlt haben, in diesem Betrag enthalten sind die Entschädigungen für KZ-Häftlinge, Rentenzahlungen an die Überlebenden der Lager und Sachleistungen aller Art, wie z. B. die Schiffe und die Lokomotiven, die an Israel geliefert wurden. Allem Stammtisch-Gerede zum Trotz war die Wiedergutmachung nationalsozialistischen Unrechts ein gutes Geschäft für die deutsche Nationalökonomie. Zum einen lag der Wert der geraubten und arisierten Güter weit höher, zum anderen diente ein erheblicher Teil der Zahlungen dazu, die deutsche Wirtschaft anzukurbeln. Die Maschinen, die im Rahmen der vertraglichen Verpflichtungen nach Israel gingen, wurden in der Bundesrepublik hergestellt. Das Geld, das ihre Herstellung kostete, blieb also im Lande und machte sich im Bruttosozialprodukt bemerkbar. Nur der Vollständigkeit halber wollen wir erwähnen, daß die Summen, die für erlittene Lagerhaft bezahlt wurden, lächerlich gering waren. Daß KZ-Insassen, die weniger als ein Jahr in einem Lager verbrachten, überhaupt nicht entschädigt wurden, daß Schwule, Zigeuner und Zeugen Jehovas ebenso leer ausgingen. Die Wiedergutmachung war eine preiswerte Angelegenheit. Eine Art Tribut, den Deutschland leisten mußte, um nach den Eskapaden der zwölf tollen Jahre wieder in die Völkerfamilie aufgenommen zu werden: 100 Milliarden Mark, verteilt auf einen Zeitraum von fünfzig Jahren, das macht zwei Milliarden Mark pro Jahr.

Wie hoch die Kosten der Wiedervereinigung sind, kann vorläufig kein Mensch sagen. Sicher ist nur: Sie übersteigen die schlimmsten Prognosen. Allein 1993 sollen nach realistischen Schätzungen rund 150 Milliarden Mark in die neuen Bundesländer fließen, es könnten aber auch ein paar Milliarden mehr werden. Das heißt, falls der Vergleich erlaubt ist: In nur einem Jahr wird für die Wiedervereinigung mehr Geld ausgegeben als in fünfzig Jahren für die Folgen des Dritten Reichs.

An dieser Stelle hören die kleinen Parallelen auf, und die großen Unterschiede fangen an. Die DDR war kein Brachland in der sibirischen Öde, sondern die siebtgrößte Industrienation der Welt. Die Einwohner der DDR waren keine soeben aus Lagern entlassenen Jammergestalten, die mit nichts als dem Leben davongekommen waren, sondern durchaus imstande, zwischen einer Packung volkseigenem Kaffee Marke »Rondo« und einer Dose »Jakobs Krönung« zu unterscheiden. Sie lebten, anders als die Landsleute im Westen, nicht im Überfluß, waren aber doch mit allen lebensnotwendigen Gütern ausreichend versorgt. Bei der Währungsunion wurden ihre Ersparnisse, viele Milliarden Ost-Mark im Verhältnis 1:1 oder 1:2 in D-Mark umgetauscht. Es handelte sich um einen gigantischen Akt der Geldschöpfung, der weder durch Arbeit noch durch Waren gedeckt war. Genausogut hätte Monopoly-Geld bei einem Kindergeburtstag in richtiges Geld umgerubbelt werden können.

Dennoch, der Aufschwung Ost will sich nicht so recht einstellen, während der Abschwung West an Fahrt gewinnt. Zugleich sind viele Einwohner der neuen Bundesländer überzeugt, daß sie ausgebeutet, kolonialisiert, von den nimmersatten Wessis über den gesamtdeutschen Tisch gezogen werden. Haben unter diesen Bedingungen die Altbundesbürger die Pflicht, für die Sanierung der DDR aufzukommen? Obwohl sie eigentlich nichts dafür können, daß sie am 8. Mai 1945 auf der richtigen Seite des Eisernen Vorhangs aufgewacht sind?

Wie immer man die Frage beantwortet, fest steht, daß die Bundesbürger beim Ausgleich ihrer nationalen Schulden viel tiefer werden in die Taschen greifen müssen, als das beim Ablaß der historischen Schuld der Fall war.

Ein falscher Fehler

Niemand kann etwas für die Küche, aus der er stammt. Die Gnade der späten Geburt mag es geben, die der richtigen sicher nicht. Jude zu sein, ist kein Makel. Und wer kein Jude ist, muß sich dessen ebenfalls nicht schämen. Some of my best friends are not Jewish. Würde einem meiner nichtjüdischen Freunde auf der Straße »Saujude!« nachgerufen werden, käme keiner auf die Idee, den alten Arier-Nachweis der Eltern oder Großeltern rauszuholen, um zu beweisen, wie grundlos der Anwurf ist. Doch manchmal kommt man nicht drumherum, falsche Zuordnungen, die an sich nicht ehrenrührig sind, dennoch richtigzustellen. Dabei geht es nicht um denjenigen, dem diese Behauptung gilt, es geht um den, der sie verbreitet.

In der Frauenzeitschrift »Emma« wird der Schriftsteller Wolfgang Pohrt von der Herausgeberin Alice Schwarzer als Jude entlarvt. Pohrt hat in einem Artikel über den Golfkrieg u.a. auch den Satz geschrieben: »Seit amerikanische Patriot-Abwehrraketen Israel schützen, hat ein Deutscher kein moralisches Recht, die USA zu kritisieren.« Man kann diesen Satz richtig, man kann ihn auch falsch finden. Alice Schwarzer dient der Satz nur als Beweis dafür, daß sein Urheber Jude sein muß, dazu einer, der sich »auf sein Judesein beruft«. Was nicht nur wie ein Vorwurf klingt, sondern auch so gemeint ist.

Nun sollte man und auch frau meinen, daß in einer pluralistischen Gesellschaft jeder sein oder ihr Coming-out feiern kann, wann immer er oder sie es möchte, daß es ebenso wenig verboten ist, sich auf sein Judesein zu berufen, wie es gestattet ist, sich auf sein Schwul-, Frauen- oder Vegetariersein zu berufen. Einem Juden, der sich auf sein Judesein beruft, die gelbe Karte zu zeigen und ihn wegen eines Fouls abzumahnen, wäre ein Akt politischer Sonderbehandlung — ziemlich unfein. Im vorliegenden Fall liegt sogar, würde Karl Valentin sagen, ein falscher Fehler vor. Nicht nur ist Wolfgang Pohrt kein Jude, er beruft sich auch nicht darauf, einer zu sein. Wie kommt also »Emma«-Herausgeberin Schwarzer zu dieser Erkenntnis?

Da es das Reichssicherheitshauptamt nicht mehr gibt und auch keine Behörde der Bundesrepublik Judenlisten führt, muß Wolfgang Pohrt das Mißverständnis irgendwie provoziert haben. Er ist ein kluger, manchmal bösartiger Schreiber von der »zersetzenden« Art, wie sie früher als »typisch jüdisch« galt. Aber das kann noch nicht alles sein. Pohrt wurde von »Emma« zum Juden konvertiert, weil er einen Artikel geschrieben hat, in dem er sich vorbehaltlos für Israels Existenzrecht aussprach. Und einer, der so etwas tut, der muß einfach Jude sein, eine andere Erklärung kann es für seine Position nicht geben.

Hier verlassen wir die Ebene des Mißverständnisses und betreten die verwinkelten Anlagen des Ressentiments. Pohrt befindet sich in bester Gesellschaft. Die Liste derjenigen, die keine Juden waren, aber als welche galten, enthält viele illustre Namen. Karl Liebknecht gehört dazu, Jean-Paul Sartre, Charly Chaplin, Bert Brecht, dessen Grabstein noch vor kurzem mit der Aufschrift »Judensau« verziert wurde. So verschieden all diese Nichtjuden waren, eines hatten sie gemeinsam: Sie waren keine Antisemiten. Und das reichte, um sie zu Juden unehrenhalber zu stempeln.

Die Geschichte des Antisemitismus steckt voller unfreiwillig komischer Kontroversen unter Antisemiten, die sich gegenseitig als Juden, Judenfreunde oder Judenknechte beschimpften und dabei die eigenen Meriten im Kampf gegen die Verjudung der Welt herausstellten. Es gab nur eine Möglichkeit, den Verdacht, Jude zu sein, gar nicht erst aufkommen zu lassen: Man mußte sich beizeiten als Antisemit hervortun, je lauter, um so überzeugender. Zugleich waren die maßgeblichen Antisemiten auch die größten Opportunisten. Karl Lueger, der christlich-soziale Bürgermeister von Wien, ein Judenhasser der allerbesten Sorte, erklärte ganz ungeniert: »Wer Jude ist, bestimme ich.« Hermann Göring, dessen Frau Emmy hieß, hat diese Parole übernommen und sie zum Maßstab seiner rassepolitischen Entscheidungen gemacht. Er kannte ein paar anständige Juden, die er unter seinen persönlichen Schutz stellte.

Diese schöne Tradition wird nun von Alice Schwarzer in »Emma« fortgesetzt. Nachdem sie Wolfgang Pohrt als Juden, der sich auf sein Judesein beruft, entlarvt hat, setzt sie ihm den Philosophen Ernst Tugendhat entgegen, der einer »Gruppe kritischer Juden« angehören soll und deswegen ein guter Jude, einer nach Alice Schwarzers Geschmack, ist. Zwar beruft sich auch Tugendhat gern auf sein Judesein, aber *er* darf es tun, weil er zufällig Ansichten vertritt, die mit denen von Alice Schwarzer weitgehend übereinstimmen, einen dumpfen Antiamerikanismus zum Beispiel. So bestimmt »Emma« nicht nur, wer Jude ist, sondern auch, wer das Recht hat, sich auf sein Judesein berufen zu dürfen.

Ganz zum Schluß ihres Artikels sagt Alice Schwarzer, sie wäre in den letzten Wochen zum erstenmal in ihrem Leben stolz darauf gewesen, »Deutsche zu sein«. Da wollen wir nicht kleinlich sein und ihr das bißchen Kraft durch Freude am Völkischen gönnen. »Der Antisemitismus ist der Sozialismus der dummen Kerle«, hat August Bebel, übrigens ein Nichtjude, mal gesagt. — Er hätte auch an die Frauen denken sollen.

Dr. Jekyll und Mr. Hyde

*E*s soll niemand behaupten können, das Ministerium für Staatssicherheit habe seine Mitarbeiter nicht generös behandelt. Am 19.1.1963 wurde GI (Geheimer Informant) Martin von Oberleutnant Treike zu einem Essen ins Restaurant »Tischlein deck dich« eingeladen. Anschließend stellte der Oberleutnant dem MfS den »Gesamt Betrag« von DM 20,-, »einschließlich des Trinkgeldes«, in Rechnung. Am 11.4.1963 wurden dem GI Martin »als Anerkennung für die bisherige Zusammenarbeit mit dem MfS« eine Luftpistole im Wert von 25 DM und 24 Schachteln Munition Marke »Diabolo« im Wert von 24 DM übergeben, die das MfS bei der »Gesellschaft für Sport und Technik« erworben hatte. Am 25.2.1965 bekam GI Martin wieder zwei wertvolle Geschenke: den Bildband »Unsere NVA!« im Wert von 21,80 Mark und »1 Blumentopf« im Wert von 8,20 Mark.*

Die Stasi hatte schon früh erkannt, daß sie es mit einem Talent zu tun hatte, das die Investition lohnte. In einer »Einschätzung des Schriftstellers Hermann Kant« vom 1.11.1965 heißt es: »K. verfügt über eine umfassende, ihm stets verfügbare Allgemeinbildung. Er besitzt eine große geistige und parteiliche Disziplin, die er pflegt, ohne dogmatisch zu sein. Hervorzuheben ist sein Taktgefühl und seine Ironie, die nie zersetzend oder überhaupt negativ wirkt wie bei anderen Intellektuellen ...« Drei Jahre später, im November 1968, wird der »Geheime Informant« (GI) zum »Inoffiziellen Mitarbeiter Sicherheit«

---

* Die Mitarbeiter des MfS rechneten mal in D-Mark, mal in DDR-Mark ab.

(IMS) befördert. In der dazugehörigen Erläuterung »Einschätzung und Vorschlag zur Umregistrierung« heißt es, der GI habe »eine umfassende und zuverlässige Berichterstattung über sämtliche Probleme und Vorkommnisse, welche mit seinen Reisen zusammenhingen«, gezeigt, das heißt, dem MfS über seine Treffen und Gespräche im »kapitalistischen Ausland« berichtet. Die positive Einschätzung des GI Martin enthält eine wichtige Einschränkung. »In seiner Berichterstattung über Personen aus Schriftstellerkreisen übt der GI jedoch eine gewisse Zurückhaltung, wobei durchaus nicht von unehrlicher Berichterstattung gesprochen werden kann. Der GI ist beruflich und persönlich stark liiert mit einem namhaften DDR-Schriftsteller, welcher unter operativer Kontrolle gehalten wird, da dieser eine ablehnende Haltung in den Fragen der Kulturpolitik der Partei und Regierung einnimmt. Der GI kennt den Standpunkt dieses Schriftstellers, als dessen Zögling sich der GI betrachtet. In seiner Berichterstattung bemüht sich der GI daher, stets so zu berichten, daß keine Belastung für diesen Schriftsteller entsteht. Der GI berichtete stets mündlich.« Der GI, heißt es weiter in der Einschätzung, verfüge »über eine ausgesprochen talentierte und anpassungsfähige Redegewandtheit«; »Verdachtsmomente der Unehrlichkeit« seien bisher nicht aufgetreten, »wenn man davon absieht, daß er in seiner Berichterstattung über DDR-Schriftsteller zurückhaltend ist«; man habe sich mit dem Informanten »stets in seiner eigenen Wohnung getroffen«, da er aus Zeitgründen darum gebeten habe, »ihm den Weg in eine KW zu ersparen« (KW = konspirative Wohnung).

Nach Lage der Akten könnte sich IMS Martin heute darauf berufen, er habe dem MfS berichtet, sei aber kein Denunziant gewesen. Dank seiner »talentierten und anpassungsfähigen Redegewandtheit« habe er das MfS einlullen, sozusagen mit Worten betäuben können.

In einem »Bericht« vom Oktober 1969 über ein Treffen mit IMS Martin heißt es, er sei der Meinung, »daß man nicht nur platonische Erklärungen zum Aufbau des Sozialismus zum Ausdruck bringen kann, sondern sich auch dafür einsetzen muß, schließlich sei er Genosse und nicht nur Parteibuchträger, das MfS sei seiner Meinung nach ein Teil der Partei und demzufolge sei es seine Pflicht, auch das MfS zu unterrichten«. Der positive Gesamteindruck, den IMS Martin auf den Stasi-Leutnant, der ihn besuchte, machte, hatte nur einen kleinen Kratzer: »Jedoch hatte es den Anschein, daß der IMS nur das berichtet, was er selbst als wichtig für das MfS erachtet.«

Fast gleichzeitig hatte Kant eine Auseinandersetzung mit dem Aufbau-Verlag, dem er sein Buch »Das Impressum« zum Druck angeboten hatte. Er wurde zu Veränderungen aufgefordert, »denen er auch soweit nachkam ..., ohne daß der eigentliche Sinn und Charakter des Buches verbessert wurde«. Nachdem die »Hauptverwaltung Verlage« eine Drucklizenz verweigert hatte, wandte sich Kant »beschwerdeführend an die Partei«, worauf bei dem zuständigen ZK-Mitglied Kurt Hager »ein Gespräch zu diesem Komplex geführt« wurde. Dabei »wurde eindeutig klargestellt, daß Hermann Kant durch die Vorabdrucke und sein Verhalten in Westdeutschland die DDR unter Druck setzen und damit die staatliche Genehmigung erzwingen wollte«.

Nach Lage der Akten könnte sich IMS Martin alias Hermann Kant heute darauf berufen, er habe Widerstand geleistet, indem er versucht habe, die Organe der DDR unter Druck zu setzen, und das nicht nur in seinem eigenen Interesse, sondern auch im Interesse von Kollegen, die schlecht behandelt wurden.

Im Jahre 1978 drohte Kant mit seinem Rücktritt als Präsident des Schriftstellerverbandes der DDR für den Fall, daß das Buch von Erich Loest »Es geht seinen Gang« keine Nachauflage erhält. Kants Drohung blieb nicht ohne Wirkung. Nachdem es Kurt Hager nicht gelang, Kant umzustimmen, und auch Hagers taktisches Argument, »daß Kant wegen dieses

Buches kein schlechtes Gewissen zu haben braucht, da es doch nicht Kants Schuld sei, wenn kein DDR-Verlag bereit ist, eine Nachauflage zu bringen«, keine Wirkung zeigte, wurde Kant zu einem Gespräch mit dem Generalsekretär des ZK der SED, Gen. Erich Honecker, »gebeten«. In der anschließend angefertigten »Information« des MfS heißt es dazu: »Gen. Honecker wies Kant darauf hin, daß dessen Berufung zum Präsidenten des Schriftstellerverbandes der DDR als Parteiauftrag gelte. Die von Kant in seinem Brief geäußerten Rücktrittsabsichten fasse Gen. Honecker als eine Art Fahnenflucht auf. Nach den Äußerungen Kants habe es danach noch ein längeres Gespräch zwischen Gen. Honecker und ihm über das Loest-Buch gegeben. Im Ergebnis dieses Gespräches habe Gen. Honecker Kant erklärt, er werde ... Gen. Hager verständigen, daß das Buch von Loest eine Nachauflage von 10 000 Exemplaren in einem Verlag der DDR erhalten soll. Der Vertrieb dieser Bücher sei dann eine andere Sache. Im Ergebnis dieses Gespräches habe Kant seinen Brief und damit seine Rücktrittserklärung als Präsident zurückgezogen ...« Nach Meinung des Sekretärs des Schriftstellerverbandes, der die »äußerst interne Information« dem MfS vermittelte, »hatte das Gespräch mit Gen. Honecker auf Kant einen starken Eindruck hinterlassen... Am stärksten habe Kant der Vorwurf des Gen. Honecker getroffen, daß seine Rücktrittserklärung eine Art Fahnenflucht sei.«

Nach Lage der Akten könnte sich Kant also darauf berufen, er sei selber observiert worden, u.a. vom Sekretär des Schriftstellerverbandes, dessen Präsident er war. Auch wenn das die Qualifizierung als »Oppositioneller« oder gar »Dissident« nicht rechtfertigt, so zeigt es immerhin mit exemplarischer Klarheit, wie es Mitarbeitern totalitärer Systeme ergeht, wo der Typus des Opfertäters bzw. Täteropfers eine weitverbreitete Erscheinung ist.

Manche Aktenstücke sind von einer Komik, deren Wesen vor allem darin liegt, daß sie den Handelnden nicht bewußt wird. Da wird Hermann Kant vom Mitglied des Politbüros des ZK der SED, dem Genossen Prof. Hager, »beauftragt«, einen Artikel für das »Neue Deutschland« (ND) über die Literaturentwicklung in der DDR nach dem 8. Schriftstellerkongreß zu schreiben, unter besonderer Berücksichtigung der »in letzter Zeit forcierten Angriffe« des Schriftstellers XYZ »gegen die DDR«. Kant führt den ihm erteilten Auftrag aus, schickt den Artikel aber nicht an die Redaktion des »ND«, sondern »an das Büro des Genossen Hager« und bekommt daraufhin Besuch von der Genossin ABC, die Kant im Auftrag des Genossen Hager bittet, die gegen den Schriftsteller XYZ gerichteten Passagen »zu entschärfen«. Kant führt die Änderungen »wunschgemäß« aus und schickt den umgeschriebenen Artikel an die Redaktion des »ND«. Daraufhin bekommt er einen Anruf vom Chefredakteur des »ND«, der von Kant wissen möchte, »warum die in seinem Artikel enthaltenen Passagen zu XYZ so milde und unkritisch formuliert« seien, das komme »fast einem Lob für XYZ gleich ...« Kant seinerseits ist nun »ungehalten über diesen Sachverhalt« und »wisse nicht, wie er sich verhalten solle«.

Wäre das ZK der SED nicht damit beschäftigt gewesen, Politik zu machen, hätten die Genossen ihre ideale Bestimmung darin gefunden, Verwechslungskomödien zu schreiben, was sie ja ansatzweise auch taten. Anfang 1976 schlägt das MfS vor, Hermann Kant anläßlich seines 50. Geburtstages mit der »Medaille für Waffenbrüderschaft in Silber« auszuzeichnen, da er seit 1957 »auf der Basis der Überzeugung mit dem MfS zusammenarbeitet« und dabei »seine Zuverlässigkeit, Verschwiegenheit sowie hohe Einsatzbereitschaft und Ehrlichkeit« bewiesen hat. »Er war immer einsatzbereit und dem MfS treu ergeben.«

Vier Jahre später, im Oktober 1980, schreibt ein IM »Dölbl« eine »Information über politisch-negative Verhaltensweisen des Präsidenten des Schriftstellerverbandes der DDR, Hermann Kant«, der während einer Lesung in der Akademie der Künste gesagt habe, »in der DDR werde der Literatur etwas zugetraut, was sie gar nicht vermag, weder im Guten noch im Bösen«, und außerdem erklärt habe, Literatur »dürfe keine Angelegenheit des Angriffs durch bewaffnete Organe sein«.

Einen Monat später, im November 1980, teilt der stellvertretende und für Literatur zuständige Minister, Genosse Höpcke, dem MfS »mit der Bitte um Diskretion« mit, »daß er persönlich immer mehr zu der Auffassung gelangt, daß Hermann Kant beim nächsten Verbandskongreß nicht wieder als Präsident des Schriftstellerverbandes der DDR vorgeschlagen werden sollte«. Als Gründe nennt Höpcke »eine Reihe von Begebenheiten und öffentlichen Auftritten von Kant«, z. B. Kants »unkritisches Engagement für politisch-negative Schriftsteller, sein ständiges Beschwichtigen und Vermittelnwollen zwischen Schriftstellern und Staat ...«

Zwei Jahre darauf, im Juli 1982, macht der Sekretär des Schriftstellerverbandes der DDR das MfS darauf aufmerksam, »daß sich die Situation um den Präsidenten des Schriftstellerverbandes der DDR, Hermann Kant, immer weiter zuspitze«. Aus diesem Grunde müsse geprüft werden, »ob eine Verlängerung der Amtszeit Kants ... noch politisch zweckmäßig und für den Schriftstellerverband der DDR ein Gewinn ist«. Als Grund für seine Einschätzung nennt der Sekretär eine Reihe von Beobachtungen, u.a.: »Kant wird immer unzuverlässiger bei der Durchsetzung und Einhaltung getroffener Festlegungen undimmer unberechenbarer in seinen Handlungen ...«; »Die bei Kant schon immer vorhandene Eigenliebe und Selbstsucht steigert sich in der letzten Zeit ins Maßlose ...«; »Kant spekuliert darauf, die Funktion des Chefredakteurs der Zeitschrift ›Sinn und Form‹ zu übernehmen«, um die Zeitschrift »für oppositionelle Kräfte zum Publikationsorgan« zu machen.

Unabhängig vom Wahrheitsgehalt solcher Feststellungen kann man davon ausgehen, daß Hermann Kant Anfang der achtziger Jahre aufgehört hatte, ein ideologisches Paradepferd im Kulturstall der SED zu sein. Aus dem stets einsatzbereiten und treu ergebenen Genossen war ein Kantonist geworden, an dessen Loyalität und Zuverlässigkeit man immer stärkere Zweifel hatte. Zehn Jahre zuvor, 1971, lagen die Dinge noch ganz anders. Da war IM Martin, wie es in einer MfS-Einschätzung heißt, »persönlich stark berührt, daß z. B. Genosse Honecker Wert darauf legt, daß er einen Artikel für das ND schreibt. Martin brachte zum Ausdruck, daß es für ihn immer eine Ehre war, für das Zentralorgan des ZK der SED zu schreiben, daß es aber besonders Ansporn sei, wenn man weiß, der 1. Sekretär des ZK legt Wert auf einen Artikel zu einem bestimmten Problem ...« Dabei wäre er gewiß, »daß ihn der Genosse Honecker wissen läßt, ob Martins Artikel den Vorstellungen des Gen. Honecker und somit der Parteiführung entsprach oder nicht«. Solche Hinweise wären für ihn »ein Gradmesser, wo er weiter an sich arbeiten muß, um seine Arbeit zu verbessern«.

Keine Frage, Kant *hat* an sich gearbeitet, auch wenn die Ergebnisse seiner Mühen nicht immer über den Kreis der Eingeweihten hinaus sichtbar wurden. Könnte es sein, daß er ein intellektuelles U-Boot war, das mal hier, mal dort auftauchte? Daß er dem Deutschlandfunk ein Interview gab, in dem er sich relativ kritisch über die Kulturpolitik der DDR äußerte, nachdem er gerade eben eigenhändig die DDR-Dichter zu Disziplin und Ordnung aufgerufen hatte?

»Was soll man denn machen, wenn sich eine Gruppe von Leuten gegen das Statut eines Verbandes, dem sie angehört, stellt und dieses Statut für sie als für nicht verbindlich erklärt?« rief er bei einer Mitgliederversammlung der Berliner Sektion des DDR-Schriftstellerverbandes im Juni 1979 aus, um den Ausschluß von neun Autoren, an denen ein Exempel statuiert werden sollte, zu rechtfertigen. »Was soll man da machen? Selbst im Molkereiverband kann man nicht bleiben, wenn man das Statut nicht anerkennt. Das ist mit Statuten und Verbänden so! ... Wer einen anderen Verband will als diesen Verband der Schriftsteller der Deutschen Demokratischen Republik, der schließt *sich* aus, der hat sich ausgeschlossen. Das sind die Tatsachen. Anders kann man sie nicht sehen.«

Inzwischen sieht sogar Kant die Tatsachen etwas anders. In einem Interview, das er dem ND im März 1991 gab, sagte er: »Unser Statut war auf ein Entweder-Oder gestellt, und anstatt da eine Änderung zu suchen, war ich von der Alternative besetzt: Wenn der Verband, der ja keineswegs von allen DDR-Befugnisinhabern geliebt wurde, sich nicht an seine gültigen Regeln hielt, könnte er entweder von innen ... oder von außen zerschlagen werden ...« Im Laufe dieses Interviews mit dem ND äußerte Kant Einsichten, die man ihm kaum zutrauen mochte: »Wir, oder besser: unsere Witwen und Waisen, stünden besser da, wenn wir uns mit Hilfe eines Kanisters Minol auf handlichere Formate gebracht hätten ... Doch es ist schon wahr, zwischen der Selbstverbrennung und dem, was wir unternahmen, steckten noch viele Möglichkeiten, die jemand wie ich gar nicht erst bedachte, weil er dem, was kurz ›der Westen‹ hieß, keine Freude machen wollte ...«

Bravo, Hermann! möchte man da rufen. Bravo! Nur leider ein paar Jahre zu spät. Was hat diesen klugen Kopf, aus dem ein anständiger Zyniker hätte werden können, daran gehindert, schon früher solche Einsichten zu entwickeln? Die wichtige Aufgabe, die er übertragen bekam? Die Privilegien, die er nicht verlieren wollte? Die Möglichkeit, ins kapitalistische Ausland zu reisen und westliche Zeitungen zu lesen? Sein Stammplatz am Katzentisch der Mächtigen?

Er habe sich übernommen, gestand Kant dem ND, er habe sich »allen Ernstes als Mittelsmann zwischen Staat und Schriftstellern, Literaten und Politikern« gesehen und dabei »erfahren müssen: Wer der Herren zween dient, kriegt es mit der Herren zween zu tun.« Weise geworden, erklimmt er die Ruinen seines Lebenswerks, um sie als Aussichtsturm zu benutzen. Nur »am Stehbuffet« des ZK sei die Welt in Ordnung gewesen, da konnte man sich »gegen alles Unbehagen vormachen, man sei doch nicht nur Teil vom Klopfbrett für höhere Sprüche«.

Selbstüberschätzung also, kleinbürgerlicher Größenwahn und revolutionärer Übermut. Oder vielleicht doch ein eher klinisches Phänomen? »In jedem von uns wohnen ein Jekyll und ein Hyde«, antwortet Kant auf die Frage, ob es einen Widerspruch gebe zwischen dem Autor und dem Politiker Kant.

In welcher Gestalt auch immer der ehemalige Präsident der DDR-Dichter seine Erfüllung finden mag, die Frage bleibt, warum er sich so verbissen dagegen wehrt, als Mitvollzieher der Vertreibung der Schriftsteller aus der DDR bezeichnet zu werden, warum er gegen Verlage und Autoren klagt, die ihn der Kollaboration mit den Sicherheitsorganen der DDR beschuldigen, obwohl die Aktenlage eindeutig ist, warum er — trotz der Einsichten in seine Fehler und Versäumnisse — den Zusammenhang zwischen den Ursachen, die er mitgeschaffen hat, und den Folgen, für die er sich unzuständig erklärt, nicht wahrnehmen will. Er wäre getrieben worden von »dem Willen und der Sehnsucht, deutsche Geschichte anders verlaufen zu lassen«. Kein unehrenwertes Motiv, nur hätte Hermann Kant bei seinem Bemühen, die deutsche Geschichte auf das richtige Gleis zu bringen, den Satz seines Namensvetters Immanuel Kant bedenken sollen: »Es ist eine herrliche Sache um die Unschuld, nur ist es auch wiederum sehr schlimm, daß sie sich nicht wohl bewahren läßt und leicht verführt wird.«

Biermann und die Flaschen

Im November 1976 gab Wolf Biermann ein Konzert in Köln, gleich darauf wurde er von der Regierung der DDR ausgebürgert. Er durfte nicht mehr in seine sozialistische Heimat, der er auch im Exil noch eine Weile kritische Loyalität zollte, zurückkehren. Seitdem beschäftigt der »Fall Biermann« die Intellektuellen in Ost und West.

Warum wurde der Künstler ausgebürgert? Wer gab die Order zu der Maßnahme? Welchen Nutzen versprachen sich die Regierenden in der DDR vom Rausschmiß eines Kritikers, dessen Stimme um so mehr Gewicht bekam, je mehr er in die Rolle eines Märtyrers gedrängt wurde?

Im Mai 1991 setzte der Schriftstellerverband (VS) auf dem ersten gesamtdeutschen Schriftstellerkongreß in Travemünde eine »Geschichtskommission« ein, die u.a. auch den Hintergrund des wohl spektakulärsten Ereignisses der DDR-Kulturpolitik aufklären sollte. Im Februar 1992 fand in der »Literaturwerkstatt Pankow« im ehemaligen »Otto-Grotewohl-Haus« in Ost-Berlin eine öffentliche Diskussion über den »Fall Biermann« statt. Teilnehmer der Runde waren: Klaus Höpcke, ehemals stellvertretender Minister für Kultur in der DDR und zuständig für Literatur und Zensur, inzwischen Abgeordneter für die PDS im thüringischen Landtag; Peter O. Chotjewitz, Schriftsteller, ehemals Vorstandsmitglied im Schriftstellerverband (VS) der Bundesrepublik; Bernt Engelmann, Schriftsteller, ehemals Vorsitzender des Schriftstellerverbandes (VS); Hermann Kant, Schriftsteller, ehemals Vorsitzender des Schriftstellerverbandes der DDR; Angela Hoffmann, ehemals Vorstandsmitglied im VS; die Diskussion wurde moderiert von Klaus Dieter Sommer, Vorstandsmitglied im VS der Bundesrepublik und auch des Berliner Schriftstellerverbandes.

Als erster sprach Hermann Kant, zum Zeitpunkt der Ausbürgerung Biermanns Vizepräsident des Schriftstellerverbandes der DDR. Er sagte: »Die Ausbürgerung Biermanns hat den Verband, soweit ich bisher in Erfahrung bringen konnte, und derjenige, von dem ich es sehr genau weiß, bin ich selbst, ebenso überrascht wie jeden Bewohner dieser Erde, der sich für Kultur und ähnliche Dinge und gar die DDR interessierte. Das ist das erste. Das zweite: In den ersten spontanen Reaktionen auch der Leitung des Verbandes auf diesen Vorgang war entschieden mehr Entsetzen als Begeisterung. Die Leute mit etwas politischer Phantasie, und an denen hatten wir keinen Mangel, konnten ungefähr die Tendenz dessen erahnen, was nun folgen würde. Und was da folgen sollte, konnte nicht im Interesse einer Verbandsleitung wie der des Schriftstellerverbandes sein ...« Dann wären »alle möglichen Aktivitäten in Gang« gekommen, »um andere Aktivitäten in Gang zu setzen.« Kant war klar, »daß dies das Ende einer bestimmten Bemühung darstellte, und insofern konnte ich nicht im geringsten davon begeistert sein«.

Frage aus dem Saal: »Warum haben Sie dann nicht protestiert?«

Kant: »Wer mich so was fragt, läuft Gefahr, zurückgefragt zu werden: Woher wissen Sie denn?«

Monika Maron versuchte eine Wortmeldung: »Warum haben Sie denn nicht ...«, wurde aber von Kant erkannt und gestoppt: »Moment, Sie sind noch nicht dran, Sie haben schon oft gesprochen, ich habe hier eine Frage zu beantworten ...«

Angela Hoffmann, die neben Kant auf dem Podium saß, griff ein: »Ich glaube, wenn Frau Maron sprechen will ...«

Kant ließ auch sie nicht ausreden: »Wenn Frau Maron spricht, haben alle übrigen zu schweigen, oder was ist dann?«

Hoffmann: »Die Zeiten, daß Sie jemandem das Wort abschneiden und anderen zuteilen, sind wohl vorbei ...«

Kant: »Ich bin doch im Gespräch mit jemand!«

Hoffmann: »Frau Maron wollte das ergänzen, und ich denke, sie hat das Recht dazu.«

Kant blieb hart: »Frau Maron hat eine solche Durchsetzungskraft, daß sie sich schon zu Worte melden wird, wenn es an der Zeit ist, im Moment hab ich noch ein Gespräch mit jemand anderem.«

Hoffmann: »Und wann es an der Zeit ist, wollen Sie bestimmen.«

An dieser Stelle intervenierte der Moderator: »Ich möchte jetzt als Versammlungsleiter doch darum bitten, wer redet, redet, und wer redet, äußert sich auch gegenüber einem Einwurf freundlich und verständnisvoll und sagt nicht, daß der andere kein Recht hätte. Bei diesem Gegenstand wird ein Aufbrausen aus der Situation durchaus möglich sein, wir müssen das gegenseitig hinnehmen.«

Kant: »Lieber Kollege Sommer, Sie werden doch gestatten, daß ich versuche, zunächst eine Frage zu beantworten ...«

Sommer: » ... das wollte ich damit sagen.«

Kant: » ... und ich verstehe ja einen gewissen Eifer, von dessen Ergebnissen ist ja auch dann nachzulesen, aber er muß auch hin und wieder gezügelt sein. Nun will ich also zurückkommen ...«

Angela Hoffmann: »Die Parteidisziplin!«

Kant: »Frau Hoffmann, Sie schreiben so schöne Gedichte, nun sparen Sie doch Ihre Energie dafür ...«

Hoffmann: »Danke, Herr Vorsitzender!«

Sommer: »Entschuldigen Sie bitte, meine Damen und Herren, ich bitte diesen Abend, und das ist jetzt an Hermann Kant und alle Folgenden gerichtet, nicht feuilletonistisch geraten zu lassen.«

Hoffmann: »Welches Feuilleton?«

Sommer: »Hermann Kant hat völlig recht, daß er jetzt weiterreden möchte, meine Bemerkung gilt aber auch.«

Nach diesem lustigen Anfang der Diskussion kam Hermann Kant wieder zum Thema zurück. »Woher wissen Sie, daß ich nicht protestiert habe?« fragte er zum zweitenmal und gab sogleich bekannt, er habe sich doch geäußert. Was er damals dem »Neuen Deutschland« »mit äußerster Zurückhaltung anvertraut« habe, war das, was er »in diesen Tagen und den Jahren danach immer wieder gesagt« habe, nämlich »daß hiermit ein Stück Katastrophe begonnen hatte«. Das war aber noch nicht alles. »Und ich habe es entsprechend den Leuten, von denen ich vermutete, sie hätten mit der Maßnahme zu tun gehabt, sie seien da initiativ geworden, ebenfalls mit dieser Meinung nicht hinter dem Berge gehalten. Daß ich allerdings ein paar Leute noch weniger mochte als diese, habe ich ebenfalls bekanntgegeben.«

Monika Maron meldete sich noch einmal: »Ich wollte die Frage nur ergänzen. Ich wollte fragen, Herr Kant, was hat Sie damals gehindert, die Erklärung der anderen, von Christa Wolf und Heiner Müller, mit zu unterschreiben, wenn Sie doch so dagegen waren?«

Diese Erklärung, sagte Kant, habe er »entschieden später als die jetzt von Ihnen Genannten ... zur Kenntnis bekommen«, dazu noch »aus westlichen Medien, ... und das hat meine Neigung, ihr zuzustimmen, keineswegs verstärkt«.

Kant hatte also gegen die Ausbürgerung von Biermann bei den zuständigen Stellen protestiert, wenn auch mit äußerster Zurückhaltung, so daß kaum jemand seinen Protest bemerkt hatte. An dieser Stelle wollte jemand aus dem Publikum wissen, ob es Kant nicht möglich gewesen wäre, unabhängig von den anderen »genauso zu handeln«. Man könne, antwortete Kant, »den Vorgang Biermann und die Folgen, die Schriftsteller und die DDR« heute nicht diskutieren, ohne zu bedenken, »daß es damals noch etwas heftiger zuging hinsichtlich des Interesses, das die Medien anderer Teile der Welt an unseren Auseinandersetzungen nahmen. Es war meine Überzeugung, zu der ich übrigens sehr halte, es war meine Überzeugung, daß ich denen kein Futter zu liefern hatte. Meine Erfahrung in diesen Jahren bestand darin, daß man nicht die leiseste Kritik äußern konnte, ohne sie verstärkt gegen die Sache, die man gerne verbessern wollte, zurückschlagen zu sehen. Das wollte ich nicht. Es war schlicht und einfach etwas sehr Altmodisches. Ich habe die Partei jener ergriffen, die auf meiner politischen Seite standen.« Daß die »eine politisch hochgradige Idiotie begangen hatten, änderte nichts an der Tatsache, daß sie eher meine Genossen und Freunde waren als die Vertreter vom RIAS oder vom SFB«, die »um diesen Vorgang versammelt waren«.

Damit war klar, daß Kant keinen Beifall von der falschen Seite riskieren, den kalten Kriegern im Westen keine Argumente liefern wollte, die diese gegen die DDR hätten verwenden können. Der Diskussionsleiter stellte sodann an den ehedem für Literatur zuständigen Minister Klaus Höpcke die Frage, wie er die Tage im November 1976 erlebt habe. Ob er vor dem 16. November »von diesen Dingen« gewußt habe? Ob er »in irgendeiner Weise eingebunden« gewesen wäre?

Höpcke antwortete: »Eingebunden und vorher gewußt: null, null. Und überrascht hat mich das Ganze auf folgende Weise: Wir hatten eine gemeinsame Arbeitsgruppe UdSSR/DDR zur gegenseitigen Herausgabe/Übersetzung von Literatur. Und wir waren an dem besagten Tag, wo das gemacht wurde und dann abends übern Fernseher kam, in Weimar. Die Arbeitsgruppe tagte in Weimar in der schönen Atmosphäre. Und abends kommen die und sagen, horcht mal schnell zu, da kommt was Schlimmes übers Fernsehen. Ich hab ähnliche Emotionen gehabt wie Hermann ...«

Die Mitglieder der Arbeitsgruppe hätten zusammengesessen und sich gegenseitig gefragt: »Wie beurteilst du denn das?« Höpcke konnte sich nicht erinnern, »ob ich den Ausdruck Idiotie gebraucht habe, aber auf jeden Fall, daß es eine ganz dumme, unkluge Handlung war«; außerdem habe er darauf aufmerksam gemacht, »daß es insbesondere in Deutschland, insbesondere gegenüber einem Autor mit dieser Familientradition eigentlich nicht hinnehmbar ist«. Dann ist Höpcke nach

Berlin gefahren, »um die Frage, die Sie mir jetzt gestellt haben, meinem Minister zu stellen: ›Hast du irgendwas gewußt? Warum hast du den nicht gefragt, der für Literatur bißchen zuständig ist?‹ Und Hoffmann hat mir gesagt, das ist auch an ihm absolut vorbei ... (Lacher), Sie brauchen darüber nicht zu lachen ...«

Ein Zwischenrufer unterbrach den ehemaligen Vize-Kulturminister: »Sie waren doch elf Jahre vorher der Scharfmacher im ND, der genau das, was dann passiert ist, vorbereitet hat ...«

Höpcke blieb ernst: »Zu dieser Sache brauchen Sie wirklich nicht zu lachen, es ist inzwischen sogar erwiesen, daß selbst der in dieser Verlautbarung benannte Innenminister es durch die Zeitung erfahren hat ...«

Hermann Kant, der 1976 immerhin im Präsidium des Schriftstellerverbandes der DDR saß, wurde erst post factum über die Ausbürgerung Biermanns informiert; der stellvertretende Kulturminister erfuhr es »übers Fernsehen«, der Minister erfuhr es von seinem Stellvertreter und der Innenminister aus der Zeitung. Ob sich Biermann vielleicht »selbst ausgebürgert« hatte, wollte jemand aus dem Saal wissen. Die Frage blieb unbeantwortet. Der Diskussionsleiter (»Also gut, versuchen wir weiter Ordnung zu halten.«) gab das Wort an Peter Chotjewitz, der erklären sollte, wie sich »dieses Geschehen um die Ausbürgerung von Biermann im Bundesvorstand des VS abgespielt« hat, wie also die Organisation der Schriftsteller in der Bundesrepublik auf die Maßnahme reagiert hat.

Chotjewitz antwortete: »Für uns war das eine Sache, die sehr, sehr schwierig war, denn wie Hermann Kant, dem ich in diesem Punkt durchaus zustimmen möchte, sagt, diese Dinge wurden ja nun im Westen von einem Teil der Medien sehr verstärkt zurückgegeben, eben im Sinne einer, wie ich es heute noch empfinde, Fortsetzung des Schlagabtausches im Kalten Krieg.«

Jemand aus dem Saal wollte wissen: »Wer war es eigentlich? Es waren weder Honecker noch Mielke, es muß irgendwie ein Weltgeist gewesen sein.«

Klaus Höpcke äußerte eine Vermutung: »Es konnte unmittelbar aus dem Politbüro kommen. Ich habe in der Runde nicht gesessen, ich kann nicht sagen, wer der Initiator war.«

Kant ergänzte: »Der Verband hatte mit der Phase vor der Ausweisung nichts zu tun. Wir hatten keinerlei Informationen, keine Absichtserklärungen, keine Wenn-Dann-Äußerungen oder dergleichen vernommen.« Rein formal gesehen hatte das durchaus seine Logik, »weil sich bestimmte Prozesse immer daran orientierten, ob jemand Verbandsmitglied war oder nicht. Biermann war bekanntlich kein Verbandsmitglied, also ging es uns nach Ansicht mancher Leute nichts an«. Er habe mehr als einmal versucht, »herauszufinden, wie die Sache gelaufen ist«, bei allen Gesprächen kam immer »die etwas verwaschene Auskunft: ›Wir haben ihm vorher gesagt, wenn du, dann werden wir uns entsprechend einzurichten wissen ...‹ Das war das Konkreteste, was man in dieser Angelegenheit erfahren konnte.« Und außerdem, so Kant mit souveränem Understatement, »scheint mir dies nicht der einzige Punkt in der derzeitigen Welt zu sein, wo niemand eine Antwort weiß; also: ich weiß es nicht, wer was wann in dieser Angelegenheit vorbereitend und durchführend unternommen hat.«

An dieser Stelle meldete sich Bernt Engelmann, der bis dahin müde geschwiegen hatte, zu Wort, um »etwas zur Aufklärung« beizutragen: »Was die Einladung in den Westen betrifft, hatte der Schriftstellerverband, also der VS, gar nichts mit zu tun. Ich war zwar damals noch nicht Vorsitzender, aber ich weiß ...«

Zwischenruf: »Die IG Metall hatte ihn eingeladen ...«

Engelmann: » ... ich wollte grade sagen, ich bin auch Mitglied der IG Metall seit dreißig Jahren, und ich weiß, daß der Bundesvorstand der IG Metall ... den Wolf Biermann nach

Köln eingeladen hatte. Und das konnte natürlich nur ganz offiziell geschehen sein, auf einem Gewerkschaftsdraht. Was da im Osten gelaufen ist, das weiß ich nicht. Ich kann nur sagen, daß die Veranstaltung in Köln, insbesondere auch mit ihrem ungeheuren Überziehen der Zeit und der großen Aufmerksamkeit, die sie gefunden hat, alle gespannt gemacht hat, wie wird man darauf reagieren. Aber daß man mit dieser Dummheit reagiert, das hatten wir alle nicht erwartet.«

»Warum wird eigentlich Biermann nicht gefragt?« wollte Kant wissen, »er ist doch so aussagekräftig und bereit. Warum wird er nicht gefragt, wer ihm was an Auflagen, Bedingungen, Drohungen oder dergleichen vorgetragen hat?«

Die Frage von Hermann Kant blieb unbeantwortet im Raum hängen. Monika Maron ergriff noch einmal das Wort: »Da Hermann Kant bis '89 offenbar eine nicht verantwortliche Person war, frage ich ihn nach einer Sache, die er nach '89 gemacht hat und die er, in einer Freiheit, die wir nun seitdem alle haben, nämlich die Freiheit der eigenen Tat, selbst getan hat. Sie haben Rainer Kunze verklagt für seinen Band ›Deckname Lyrik‹ und sind wohl dabei, zu erwirken, daß dieser Band nicht mehr verkauft werden darf wegen eines Zitats, das Kunze darin anbringt, ein Zitat aus einer Stasi-Akte, in der Ihr Freund Henniger über Sie etwas sagt, nämlich daß Sie Kunzes Ausweisung oder Austreibung befürwortet und auch mitbetrieben haben. Ich möchte von Ihnen eigentlich nur wissen, wie Sie sich fühlen, jetzt noch gegen Leute wie Kunze gerichtlich vorzugehen, nachdem Sie immer eine ganze Staatsmacht hinter sich hatten gegen Leute wie Kunze, wie mich. Wie ertragen Sie das eigentlich morgens vorm Spiegel?«

Kant verzog keine Miene: »Ich komme damit ganz gut zurecht. Aber an Ihrer Frage und dementsprechend aus ihr abgeleiteten Folgerung stimmt dies und jenes nicht. Ich habe, um es sehr klar zu sagen, keineswegs eine Klage eingereicht, um zu erwirken, daß dieser berühmte Fischer-Band nicht weiter erscheine.« Er habe lediglich vor Gericht erklärt, daß die Behauptung, er habe vorgeschlagen, Kunze auszuweisen, »ganz und gar falsch ist«. Außerdem habe er dem Fischer Verlag »vorgeschlagen, er möge in die nächsten Auflagen diese meine Erklärung mit aufnehmen. Weiter überhaupt nichts.« Von irgendeinem Bestreben, »den Vertrieb dieses Buches, den Weiterdruck zu verhindern«, könne nicht die Rede sein. »Ich will lediglich, daß ich in einer fundamentalen Frage, mich zum Erfinder der Ausweisungspolitik zu ernennen, daß ich in dieser Frage Einspruch und Widerspruch laut machen darf. Weiter hatte ich nichts im Sinn, und darauf beharre ich auch ... Man muß geschützt sein durch Wahrheit und Beweis, wenn man eine solche Behauptung, die an den Lebensnerv geht, verbreitet.«

Angela Hoffmann erklärte, worum es geht: »Ich weiß nicht, ob es klar ist, daß es sich bei dem Buch von Rainer Kunze ›Deckname Lyrik‹ um eine reine Dokumentation handelt, eine Dokumentation aus vorliegenden Stasi-Akten. Nun sagt Herr Gerhard Henniger, der langjährige Erste Sekretär des DDR-Schriftstellerverbandes, das heißt, er gibt eine eidesstattliche Versicherung ab, daß Hermann Kant diese Äußerung nicht getan hätte. Es läuft also darauf hinaus, das, was in den Stasi-Akten protokolliert ist, sei angeblich nicht richtig. Schauen Sie sich einmal an, wer gibt hier für wen eine Erklärung ab. Ich empfinde es so, daß das Opfer im nachhinein beweisen muß, wer der Täter war. Herr Kant, wenn man Ihre Referate liest, ist es nicht so, daß Sie das Opfer noch einmal zum Opfer machen mit dieser Klage? Mußte diese Klage wirklich sein?«

Kant zögerte keinen Augenblick klarzustellen, wer sich in diesem Fall zur Wehr setzen muß: »Das Opfer mag ein Opfer sein, hat aber nicht das Recht, jemand anderem eine Tat zu unterstellen oder zu unterschieben, die der nicht begangen hat. Im übrigen, Frau Hoffmann, wenn Sie nun referieren, dann tun Sie es bitte gründlich und genau. Es handelt sich darum, daß in diesen Akten behauptet wird, Henniger habe das behauptet. Und Henniger hat daraufhin diese Erklärung abgegeben, also, es tut mir wahnsinnig leid, aber ich sage jedermann und jederfrau, die die Absicht haben, so einen Unfug in die Welt zu bringen: Es ist mit meiner Antwort zu rechnen, und ich mache das natürlich mit den Mitteln, die mir zur Verfügung stehen, und da ist das Gericht doch wohl ein zulässiges Mittel. Ich sehe gar nicht, warum nun plötzlich jemand nicht Recht suchen darf, nur weil man ihn nicht mag. ... Wenn Herr Kunze eine Behauptung wiedergibt, die sich auf eine andere Behauptung stützt, und ich sage, beide Behauptungen sind falsch, dann muß man mir einräumen, daß ich Mittel und Wege suche, dagegen anzugehen. Ganz einfach. Kann jedem nur raten, sich ähnlich zu verhalten.«

Bernt Engelmann, der zwischendurch eingenickt war, hob die Hand, um anzuzeigen, daß er etwas sagen wollte. Er wäre »um sechs Uhr früh aufgestanden, um herzukommen«, und käme sich nun »überflüssig vor«, deswegen wollte er folgendes sagen: »Für die meisten hier ist die Situation in Ost-Berlin oder Ostdeutschland zu dieser Zeit durchaus gegenwärtig. Was ihnen aber überhaupt nicht gegenwärtig ist und was man mit einbeziehen muß, wenn man Reaktionen im Westen einschätzen will, war die damalige Situation der Intellektuellen und insbesondere der Schriftsteller in Westdeutschland. Damals war die sogenannte Sympathisantenhetze auf dem Höhepunkt. Von Böll bis Zwerenz, einer sitzt hier am Tisch, ich bin auch verdächtigt worden, daß ich besser mit einer Kalaschnikow umgehen könne als mit der deutschen Sprache; wir alle waren Terroristen, weil wir für den Rechtsstaat eingetreten sind. Die Zeitungen, die uns dieses vorwarfen, waren zur selben Zeit das Forum für Leute, die von uns als Kollegen begrüßt worden waren, wie Rainer Kunze, und die dann anschließend dort hingingen. Wir konnten ihnen nicht den Service bieten, den der riesige Schriftstellerverband der DDR ihnen bieten konnte. Wir konnten allenfalls gute Worte einlegen, und wir konnten bei der VG Wort versuchen, Darlehen zu bekommen, und wir konnten sagen, wir versuchen mal auf einer Veranstaltung ein Honorar für euch zu bekommen, mehr nicht. Wer alles mit Rainer Kunze damals verhandelt hat, das ist alles aktenkundig, wir haben ihm freundliche Vorschläge gemacht, er hat sie zurückgewiesen und ist zu unseren damaligen Gegnern übergegangen ...«

Siegmar Faust, wie Kunze aus der DDR gekommen, fühlte sich angesprochen und rief aus der Tiefe des Raumes: »So ein Quatsch, da muß ich auch mal was dazu sagen ...«

Engelmann reagierte wie ein bekannter bayerischer Politiker, über den er mehrere Schwarzbücher verfaßt hatte: »Jetzt rede ich, ich bin sehr weit gefahren, jetzt rede ich meinen Satz zu Ende ...«

Ein Zwischenrufer nutzte eine der langen Pausen, die Engelmann beim Sprechen macht, für eine weitere Frage: »Wieso fordern Sie eine Grundloyalität ein?«

Engelmann blockte ab: »Sie können das alles bei uns nachlesen. Was meinen Sie, was wir bepöbelt worden sind, anders kann man das gar nicht ausdrücken ...«

Zwischenruf: »Mit Recht oder nicht?«

Engelmann schnaufte vor Empörung: »Natürlich nicht! Was sind denn das ... Mit Recht! Was soll denn das für eine Zwischenbemerkung sein? Ich dachte, wir sind hier sachlich. Sie haben ja diese Zeit nicht miterlebt.« Alle kritischen Geister, von Böll bis Jens, wären als Terroristen diffamiert worden. »Wir waren Pinscher, und wenig später waren wir Ratten und Schmeißfliegen.«

Nun war Siegmar Faust an der Reihe. Mit bebender Stimme wies er Engelmann zurecht: »Ich komme ja nun aus dem Biermann-Kreis, bin aus der Haft freigekauft worden, 1976, und habe erlebt, wie unsolidarisch der Schriftstellerverband gegen uns war, die wir unsere Erlebnisse im Westen schildern wollten. Wir wurden ja von euch ausgegrenzt und diffamiert! Aber dermaßen extrem, wir wurden überall in die Ecke gedrängt!«

Darauf Engelmann, kühl und ruhig, wie jener bayerische Politiker, der von Zwischenrufern wissen wollte, ob sie Abitur hätten: »Von wem? Wo? Wann?«

Faust, immer aufgeregter: »Am meisten wurden wir diffamiert ... Und wenn Sie vom Kalten Krieg reden ... Also, wissen Sie, es ist eine Beleidigung für uns, die wir hier verhaftet gewesen sind. Ich bin ein Arbeiterkind, bin aufgewachsen in diesem Staat, bin nie einer faschistischen, rassistischen, inhumanen Erziehungsdeformation im Tal der Ahnungslosen ausgesetzt gewesen und bin hier zweimal als Verbrecher behandelt worden und habe in über zwei Jahren Keller-Einzelhaft den Sozialismus kennengelernt. Noch nie hat es so eine Vertreibung von Schriftstellern, Künstlern gegeben wie in den letzten Jahren von Honecker! Was gibt's denn da zu rechtfertigen?«

Engelmann, besorgt: »Ich habe Fragen an den Faust ... Ich hätte gerne mal gewußt, wer Sie diskriminiert hat, wann das geschehen ist, welcher Landesverband, das können Sie doch nicht einfach behaupten.«

Faust: »1977 brachte ich einen Antrag ein, daß sich der Verband mit Jürgen Fuchs solidarisiert, der (in der DDR) im Gefängnis saß, und es kam für diesen Antrag keine Mehrheit zustande. Aber für Peter-Paul Zahl, für den wurde eine einmütige Resolution verfaßt, und die für Jürgen Fuchs wurde abgelehnt... Und Zahl hatte auf Polizisten geschossen, und das war ein Delikt, dafür wäre er in der DDR nicht lebend rausgekommen. Dann waren wir auch diejenigen, die für die deutsche Einheit schon ein bißchen eher eingetreten sind, für demokratische Strukturen in der DDR und die Opposition unterstützt haben und nicht mit der Regierung gekungelt haben, wie der offizielle Verband. Und das waren die Dinge, die uns trennten ...«

Engelmann, erhaben: »Also, '77 kann Sie niemand nieder-gemacht haben im Berliner Verband, das glaube ich nicht, ist doch absurd.«

Der Historiker Manfred Wilke holte zu einem Exkurs aus: »Der damalige Vorsitzende des Berliner VS, Schwenger, hat versucht, Leonard Mahlein dafür zu gewinnen, daß die IG Druck und Papier als Gewerkschaft im Rahmen ihrer guten Ostpolitik Autoren in der DDR schützt. Daraufhin hat Leo-nard Mahlein, und das liegt in unseren Akten, geschrieben, daß er sich nicht daran beteiligt, fünfte Kolonnen in den realsoziali-stischen Ländern aufzubauen. Und das ist der politische Streit, um den es hierbei geht und den Engelmann in seiner bewährten Weise einfach vom Tisch wischen will ...«

Engelmann, beleidigt: »Also, ich weise das mit Entschie-denheit zurück. Ich bin seit dreißig Jahren, solange ich den-ken kann, Mitglied der SPD. Und ich weise es zurück, daß Sie Leonard Mahlein verleumden.«

Zwischenruf: »Es ist entweder richtig oder falsch, was Wilke gesagt hat.«

Engelmann: »Aber selbstverständlich kann er ihn verleum-den, wenn er ihn falsch zitiert.«

Wilke: »Also, wissen Sie, es ist in der ganzen Zeit, seit ich publiziere, es hat mir noch nie jemand vorgeworfen ...«

Engelmann: »Dann bin ich jetzt der erste ...«

Wilke: »Herr Engelmann, das ehrt mich außerordentlich ... Es hat mir noch nie jemand vorgeworfen, daß ich ein Zitat erfinde ...«

Engelmann: »Nicht das Zitat, aber den Hintergrund des Zitates.«

Wilke: »Wir diskutieren jetzt nicht die Ostpolitik des VS und der IG Druck und Papier, das werden wir an anderer Stelle sowieso noch tun. Ich greife gerne auf, was Hermann Kant vor-hin gesagt hat in seiner bewährten polemischen Art, aber ich bin mit ihm ganz einverstanden. Es war ein politischer Kampf, der hier ausgetragen wurde. Es war acht Monate vor der Gründung der Charta 77 in Prag. Es war ein Jahr nachdem die polnischen Intellektuellen mit den Arbeitern zusammen gegen die stalinistische Staatsmacht vorgegangen sind. Das waren die Fragen, die hinter diesem Streit um Biermann stehen. Und wir sollten nicht so tun, als wenn das reinweg Schriftstellerangelegenheiten wären. Es ging um diesen politischen Streit.«

Engelmann ergriff das Wort zu einer weiteren Klarstellung: »Ich halte es für absolut ausgeschlossen, und das werden Sie auch nicht beweisen können, daß Loni Mahlein auf ein humanitäres Anliegen geantwortet haben soll, wir bauen keine fünften Kolonnen auf. Das ist ausgeschlossen. Dafür habe ich den Mann nun wirklich ein Leben lang gekannt; er wird auf einen anderen Vorschlag so etwas möglicherweise geantwortet haben, was ich nicht weiß, auch kaum glauben kann. Aber wenn Sie es sagen, daß das Zitat echt ist, muß ich das glauben. Nur — man muß den Hintergrund dazu kennen. Und den kennen wir doch nicht. Es ist doch völlig verkürzt, wenn Sie das auf etwas Humanitäres abstellen. Sie versuchen jetzt, Dinge miteinander zu verquicken, die gar nichts miteinander zu tun haben. Unser Eintreten für die Menschenrechte — und zwar überall, nicht nur, was die DDR anbelangt —, da brauchen wir uns nicht für zu schämen, im Gegenteil ...«

Peter O. Chotjewitz tat etwas, womit niemand gerechnet hatte. Er fiel seinem Freund Engelmann in den Rücken: »Ich bin etwas aufgewacht, als der Siegmar Faust diese heftige Philippika hier losgelassen hat. Was Bernt Engelmann darauf geantwortet hat, ist sicher richtig ..., trotzdem sagt der Faust da etwas, das in der Zeit, in der ich dem Bundesvorstand angehört habe, das war von 1976 bis 1983, sich als ein immer größeres Problem des West-VS dargestellt hat.« Hinter den Kulissen fanden Versuche statt, die Situation verfolgter Autoren nicht nur in der DDR zu verbessern, ihnen zu helfen. »Auf der anderen Seite wurden die Angriffe genau in der Art, wie Siegmar

Faust es hier vorgetragen hat, massiver und führten dann, ab Sommer 1982, zu dieser Austrittswelle, wobei in erster Linie Westautoren austraten unter deutlichem Hinweis darauf, sie solidarisieren sich da mit den sogenannten Dissidenten.« Etwa ab 1982 sei ihm klargeworden, »daß wir, ich will nicht sagen: etwas falsch machten, aber etwas versuchten, was wahrscheinlich gar nicht ging. Ich habe das vorhin schon angedeutet, ich habe in den siebziger Jahren, noch in der Phase der Biermann-Ausbürgerung, den Standpunkt vertreten, wir müssen einerseits dagegen protestieren, andererseits dürfen wir nicht jetzt der Propaganda des Kalten Krieges Material liefern. Das halte ich heute noch für richtig. Wir müssen versuchen, zu guten Beziehungen zu den Schriftstellerverbänden des Ostens, also zum Beispiel zum DDR-Schriftstellerverband zu kommen. Das geht nicht so weiter, daß wir so tun, als gäbe es da keinen Schriftstellerverband. Ich erinnere mich an eine Begegnung in Florenz, wo Hermann Kant am Nebentisch saß, und wir hatten einfach überhaupt keine Beziehung, und Ingeborg Drewitz und ich fragten uns, dürfen wir dem jetzt ›guten Tag‹ sagen. Wir wollten einerseits versuchen, mit den Schriftstellerverbänden der sozialistischen Länder zu guten Kontakten zu kommen; auf der anderen Seite hatten wir dieses Problem, daß da die Autoren aus dem Osten bei uns waren; und wir wußten eigentlich nicht so recht, jetzt, wo sie aus der größten Not raus waren, was fangen wir jetzt noch mit denen an? Es ist sicher richtig, daß wir sie auf unseren Mitgliederversammlungen zum Teil auch einfach als Störenfriede empfunden haben. Wir wollten unsere Tagesordnung haben, wir hatten unsere Probleme, da ging es um Verbandsgeschichten und alles mögliche, und dann kam eben ein Banater Schwabe oder ein Siebenbürger Sachse, und die wollten jetzt über ihre Situation in Rumänien sprechen, auch über die Freunde und Kollegen, die noch da saßen, und wir wollten über unsere Geschichten reden.«

Zwischenruf: »Ihr wolltet eure Illusionen behalten!«

Chotjewitz: »Das ist eine Interpretation, die du vielleicht mir vorwerfen kannst, meine Illusionen über die DDR, aber ich würde sagen, die meisten haben gar keine gehabt ... Wir konnten einfach das Problem nicht lösen, daß wir die offiziellen Beziehungen wollten, auf der anderen Seite aber genau wußten, wenn wir qua Verband jetzt hier diese Sachen machen, dann sind die offiziellen Beziehungen wieder in Frage gestellt ...«

Zwischenruf: »Ihr wolltet Politik spielen ...«

Chotjewitz: »Ja, das kann man ruhig ein bißchen so sehen ... Sicher haben wir als Autoren uns ein bißchen übernommen. Ich habe den Eindruck, das war ein ganz wichtiger Punkt, daß wir auch nicht wollten, daß die verschiedenen VS-Gremien jetzt gewissermaßen zur Plattform von Verlautbarungen in der Abfolge des Kalten Krieges werden. Das heißt, wir konnten das, was die Leute, die aus dem Osten kamen, von uns wollten, einfach gar nicht wahrnehmen, nämlich, daß wir sie sprechen lassen konnten über ihre Verhältnisse. Und da gebe ich Siegmar Faust vollkommen recht. Wenn er das so erlebt hat, dann ziehe ich mir diesen Schuh auch an, das wollte ich auch nicht, daß der VS gewissermaßen zum Sprachrohr eurer politischen Aussagen wird. Dieses Problem ist mir sehr, sehr spät klargeworden, und da hab' ich mich zurückgezogen, weil ich gesagt habe, das kann ich für mich persönlich nicht lösen.« Es wäre Aufgabe der Geschichtskommission, festzuhalten, daß »wir die politische Sprachlosigkeit der Ausgebürgerten, der Ausgewiesenen aus den Ostblockländern, nicht hinreichend lindern geholfen haben ... Wir haben das nicht geleistet. Wir haben sie, was ihre persönlichen Belange, das Reden über ihre Erfahrungen betrifft, sprachlos gelassen, auch in unseren Verbänden. Wir haben sogar Leute gehabt, die haben jetzt noch Ämter, die haben sie sogar dafür beschimpft und denunziert, wenn sie das gesagt haben. Ich will keine Namen nennen.«

Zwischenruf: »Doch, sag doch die Namen!«

Chotjewitz: »Die Geschichtskommission sagt's dir dann, wer da auf verschiedenen VS-Delegiertenkonferenzen diese Leute auch noch denunziert hat.«

Zwischenruf: »Ihr spielt wieder ZK!«

Chotjewitz: »Also gut, man kann in der ›FAZ‹ oder in der ›FR‹ eine Rede von Erasmus Schöfer nachlesen, die er auf dem VS-Kongreß '83 in Mainz gehalten hat, und die würde ich zu diesen Beispielen von denunziatorischer Argumentation zählen. Das ist aber nicht der Regelfall. Der Regelfall ist sicher der, daß wir ihnen nicht die Möglichkeit zu sprechen gegeben haben, die sie wollten.«

Hermann Kant folgte den Worten von Chotjewitz mit einem Gesicht, als würde er in Gedanken schon eine Anklage wegen Hochverrats vorbereiten. Doch dann wandte er sich an den letzten Zwischenrufer: »Ich hab' zunächst mal an Herrn Broder eine Frage, von dessen Rolle ich jetzt nicht ganz weiß, sind Sie Teilnehmer, oder sind Sie Journalist, oder sind Sie teilnehmender Journalist oder was, ja, ich meine Sie ...«

Broder: »Ich bin vom Mossad.«

Kant: »Ich nehme Ihre Auskunft mit Interesse zur Kenntnis, so ist es nicht. Aber ansonsten ist es so, ich fand Ihren Zwischenruf etwas spießig, muß ich sagen: ›Ihr wollet Politik spielen.‹ Sind Sie der Meinung, daß das Schriftsteller nichts anging? Sind Sie der Meinung, daß wir uns nicht hätten politisch betätigen sollen? Was soll denn so ein Unfug? Was soll denn das, Herr Broder?«

Nach dieser Belehrung kam Kant wieder auf den Ausgangspunkt zu sprechen, nämlich den Fall Biermann und seine, Kants, Grenzen: »Sie müssen auch akzeptieren, daß es eine Möglichkeit ist, daß wer was nicht weiß. Ich weiß in der Sache Biermann — wer hat es angeordnet, wer hat es vorbereitet, wer hat denn sozusagen die Stempel geschwungen etc. —, ich weiß davon nicht mehr, als ich Ihnen jetzt gesagt habe. Was nicht bedeutet, daß ich dem nicht immer nachgefragt hätte. Ich deutete vorhin an, daß Kurt Hager da unlustig wurde, um es milde auszudrücken, wenn er das gefragt wurde. Ich kann aus allem möglichen, das sich als wirklich winzige Indizien dort ergab, nur schließen, daß es wirklich ein relativ einsamer Beschluß war ... Wer auf jeden Fall etwas weiß, ist natürlich Honecker, denn ohne ihn fiel hier kein Stern zu Boden, das ist doch wohl klar.« Die Biermann-Ausweisung würde für ihn »neben der Mauer zu den kapitalen Fehlern, auch das ganz mild gesagt, der DDR-Regierungs-Mächtigen zählen«, der Verband habe die Zeche zahlen müssen. »Nein, unser Interesse ist damit nicht bedient worden... Wenn Sie die berühmte Frage stellen, wer hatte den Gewinn, wer hatte den Verlust, kommen Sie zu der Antwort, der Schriftstellerverband hatte den Verlust, die Literaten hatten den Verlust, und die Literatur hatte den Verlust. Und ich war in dieser Beziehung dieser und jener Art ein Sprecher von diesen genannten Gruppen. Also, ich hatte ein Wahnsinnsinteresse daran, das herauszufinden, aber es ist mir bis heute nicht gelungen, obwohl ich sozusagen bis in Einzelheiten über Leberbefunde manchmal unterrichtet wurde. Aber das hat man mir nicht gesagt.«

Der politische Kopf Hermann Kant, der beim ZK ein und aus ging wie andere im HO-Laden, ein Duz-Freund von Erich Honecker, gestand, daß auch er gelegentlich gegen »Wände und Mauern« rennen mußte, wie ein ganz gewöhnlicher DDR-Bürger. Die Besucher der »Literaturwerkstatt Pankow« hatten mit allem, nur nicht mit einer solchen Offenbarung gerechnet. Auch wenn nicht geklärt werden konnte, wer für die Ausbürgerung Biermanns verantwortlich war, allein Kants Auftreten hatte den weiten Weg nach Pankow gelohnt. So wie das Licht längst verglühter Sterne noch immer auf der Erde gesehen werden kann, so strahlte auch er authentischen DDR-Charme aus. Gegen Ende der Veranstaltung wurde er von einem Besucher mit einem Zitat aus einer Resolution, die mit

Kants Namen unterschrieben war, konfrontiert. »Machen Sie sich doch nicht so wichtig!« herrschte Kant den Mann an. Eine Frau, die aussah wie eine alt gewordene FDJ-Funktionärin, raunte daraufhin ihrem Begleiter zu: »Er ist noch immer der alte!«

So wurde es für einige Besucher der Pankower Literaturwerkstatt doch noch ein schöner Abend.

Außer der Reichsbahn und der Bundesbahn gibt es noch zwei weitere Institutionen, die im Zuge der Wiedervereinigung nicht zusammengelegt wurden: das PEN-Zentrum Ost und das PEN-Zentrum West. Beide Zentren wollen ihre Selbständigkeit behalten, wobei sicher auch der Wunsch eine Rolle spielt, jene Peinlichkeiten zu vermeiden, die bei dem Versuch der Verschmelzung der beiden Berliner Akademien der Künste produziert wurden. Dennoch ist das PEN-Zentrum Ost damit beschäftigt, seine Vergangenheit aufzuarbeiten.

Zu diesem Zweck finden öffentliche »Gespräche zur Selbstaufklärung« statt. Das erste stand unter dem Motto »Dagebliebenen—Weggegangen«, das zweite hatte kein Thema vorgegeben, die Namen der Gesprächspartner waren Programm genug: Hermann Kant, Ex-Präsident des Schriftstellerverbandes der Ex-DDR, und Friedrich Schorlemmer, Pfarrer in Wittenberg und prominenter Bürgerrechtler, der im Jahre 1983 ein Schwert zu einer Pflugschar umbiegen ließ. Schorlemmer und Kant wurden eingeladen, miteinander ein öffentliches Gespräch zu führen, weil sie auch nach dem Ende der DDR noch immer auf verschiedenen Seiten der Barrikade standen.

Das PEN-Zentrum Ost wollte Schorlemmer als Mitglied dazuwählen. Daß es nicht dazu kam, lag u.a. an Hermann Kant, der in der Debatte über die Zuwahl Schorlemmers erklärt hatte, es würde ihm, Kant, an der »notwendigen Seelenstärke« mangeln, davon abzusehen, daß Schorlemmer ihn, Kant, neben Honecker und Mielke zum Objekt eines »Tribunals zur Bewältigung der DDR-Geschichte« machen wollte. Die Zeitungen hatten, den Tatbestand ein wenig verkürzend, geschrieben: Kant habe die Zuwahl Schorlemmers »verhindert«. Die Nichtzuwahl Schorlemmers führte zu einem mittleren Skandal, den Kant seinerseits dadurch zu entschärfen suchte, daß er aus dem PEN Ost austrat, sich sozusagen opferte. Schorlemmer seinerseits wurde vom PEN-Zentrum-West rehabilitiert, das den Pfarrer aus Wittenberg postwendend in die Gemeinschaft der »poets, essayists and novellists« aufnahm.

An einem Tag im April 1992 saßen sich Kant und Schorlemmer dann in der »Literaturwerkstatt Pankow« gegenüber, um eine deutsche Vereinsposse und zugleich ein Stück deutscher Geschichte zu bewältigen. Kurz vor dem Gespräch hatte Schorlemmer in Interviews erklärt, Kant müsse zur Verantwortung gezogen werden, weil er »die Vertreibung der Schriftsteller aus der DDR mitvollzogen« hat. Diesen Vorwurf wiederum wollte Kant nicht auf sich sitzen lassen. Schorlemmer begann das Gespräch mit einer tiefen Verbeugung vor dem verehrten Dichter:

» ... Ich finde es gut, daß wir hier miteinander reden und nicht übereinander. Ich will mit Ihnen jetzt nicht rhetorische Klingen kreuzen, ich hoffe, daß wir beide uns davor bewahren.« Kant wäre für ihn als Schriftsteller wichtig gewesen; »Der Aufenthalt« und »Die Aula« hätten ihm, Schorlemmer, viel bedeutet. Er habe aber ganz große Schwierigkeiten damit gehabt, wie Kant seine »große literarische und rhetorische Begabung« in den Dienst einer »kruden Ideologie dieser kleinkarierten, machtbesessenen Ritter der Dienstagsrunde« habe stellen können. Immerhin habe Kant zu denjenigen gehört, mit denen die DDR sich international sehen lassen konnte: mit Katarina Witt auf dem Eis, mit Schalck-Golodkowski bei den Devisengeschäften, mit Markus Wolf als Meisterspion und eben mit dem Schriftsteller Hermann Kant. Indem er seine Intellektualität in den Dienst des Apparats gestellt habe, sei er schuldig geworden. »Sie haben wesentlich den Sozialismus auf dem Gewissen und damit auch die Plausibilität eines linken demokratischen Gedankenguts«, rief der Pfarrer aus Wittenberg dem Dichter vom Dienst zu. »Und ich, ein gestandener Konterrevolutionär hier in der DDR, will es doch nicht aufgeben, hier etwas gelernt zu haben, was nicht aufgegeben werden darf, wenn denn die Welt eine Zukunft haben will. Eine alternativlose Welt wäre vielleicht noch schlimmer als eine, die im Wettkampf der Systeme uns an den Rand des Abgrunds gebracht hat. Wir könnten ihn jetzt, wenn sie alternativlos wird, überschreiten.«

Kant schaute ihn mit dem kühlen Blick eines Philosophielehrers an, dem ein Abiturient gerade erklärt, er, der Lehrer, habe ihm, dem Schüler, den Spaß an Plato und Popper verdorben. Statt mit Schorlemmer den Rand des Abgrunds einer alternativlosen Welt auszuloten, stellte er erstmals klar, was er von der Tribunal-Idee des Pfarrers hielt: nämlich nichts. Schorlemmer als »literarischer Mensch« müsse doch wissen, daß so ein Begriff mit Geschichte aufgeladen sei. »Am Ende von Tribunal-Veranstaltungen fielen gelegentlich Köpfe in Körbe oder wurden Hälse in Schlingen gesteckt ..., denn ein Tribunal ist kein Gespräch, ein Tribunal ist keine Einrichtung zum Dialog, ein Tribunal ist nichts, das eine Möglichkeit zu leben schaffen will, sondern Tribunal ist Abrechnung, Endrechnung, ist Ende.« Er, Kant, wolle nicht bestreiten, daß man sich »mit aller geistigen Schärfe auseinandersetzt und daß man einander befragt, allerdings: einander, einander!« Auch wäre es furchtbar, wenn die Dinge irgendeiner Gerichtsbarkeit überlassen blieben; nur — so wie Schorlemmer es möchte, so ginge es nicht. »Vielleicht ist dies alles, was Sie da vorschlagen, nichts weiter als ein notwendigerweise hilfloser Versuch, etwas Gutes zu tun. Das soll ja vorkommen. Und dann höre ich Ihnen natürlich um so freundlicher zu.«

Schorlemmer merkte nicht, von welcher Art Kants freundliches Angebot war, und setzte seinen hilflosen Versuch, etwas Gutes zu tun, unbeirrt fort. Ob Kant deswegen gegen ein Tribunal wäre, weil er selber mal eines mitveranstaltet habe und sich dafür schämen würde? Wenn dem so wäre, dann könne man über »den Verzicht auf dieses Wort besser reden...«

Kant ließ Schorlemmer nicht weit kommen. Das Tribunal, auf das Schorlemmer anspiele, sei »eine äußerst böse, eine äußerst mißliche, eine äußerst schmerzhafte Veranstaltung« gewesen, auf deren Wiederholung er nicht scharf wäre. Doch zunächst mal wäre es »ganz sachlich eine Mitgliederversammlung« des DDR-Schriftstellerverbandes im Jahre 1979 gewesen, bei der neun Schriftsteller aus dem Verband ausgeschlossen wurden. Der Begriff »Tribunal« würde es ihm, Kant, von vorneherein schwermachen, »sachlich in die Debatte darüber zu gehen«. Und wenn Schorlemmer von ihm »ein öffentliches Bekenntnis der Reue, des Bedauerns« wolle, dann wäre »das eine Forderung, die läuft einem Zug, der schon am Horizont ist, entschieden hinterher«. Er habe »auf zwei sehr öffentlichen Veranstaltungen«, dem letzten Schriftstellerkongreß des DDR-Verbandes, bei dem er noch Präsident war, und bei der Mitgliederversammlung des Berliner Verbandes, die diesem Kongreß vorausging, »so offen und öffentlich wie nur denkbar mein tiefes Bedauern über diesen Vorgang geäußert ...« Und deswegen müsse er nicht Jahre später aufgefordert werden, etwas zu sagen, was er längst gesagt habe. »Aber ich tu's ganz gerne, wenn Sie wollen, kann ich das natürlich noch mal verlesen. Bloß ich finde es einfach ein bißchen unangebracht zwischen uns, wenn Sie Dinge einfordern, von denen Sie eigentlich wissen müßten, sie sind bereits geliefert!« Es ginge doch nicht an, daß man einem Menschen, »der ein Stück Leben in einer guten Absicht in einen Verband eingebracht hat«, daß man dem dieses Stück Leben »mit einem unseligen Abend« auskreuze. Im übrigen würde er sich wünschen, Schorlemmer käme »auf die Hauptsache an einem Schriftsteller zurück, nämlich auf seine Bücher«.

Kant führte Schorlemmer regelrecht vor, mal an der kurzen, mal an der langen Leine. Der mußte einräumen, daß er sich auf das Gespräch schlecht vorbereitet hatte: »Also, ich habe das nicht wahrgenommen, was Sie da gesagt haben, es würde mich schon interessieren, mir das mal anzuschauen.« Dann kam er wieder auf seinen »Hauptvorwurf« an Kant zurück, daß er dazu beigetragen habe, daß Menschen »dieses Land verlassen haben, die eigentlich gerne geblieben wären«. Völlig unvermittelt wechselte Schorlemmer auf einmal die Front und argumentierte gegen sich selbst. Manche hätten nicht gehen müssen, das auszusprechen, wäre »heute schon sehr schwierig geworden, weil alle, die rübergegangen sind, eigentlich das Heldenabzeichen erwarten, und diejenigen, die hiergeblieben sind und hier gelebt haben und vielleicht sogar ein bißchen Geld verdient haben, die müssen sich sagen lassen, daß sie Staatsdichter waren oder in irgendeiner anderen Weise Vorteile in Anspruch genommen haben«, auch Herr Stolpe und Herr Vogel müßten sich »inzwischen rechtfertigen für das, was sie für Menschen getan haben, sogar für Menschen, die hier nicht mehr sein wollten«. Dann schlug Schorlemmer auf seinem klaren Zickzackkurs einen Haken und kam wieder auf das ursprüngliche Thema zurück. Warum denn Kant mit seiner »engen Beziehung zur Staatsmacht« nicht ein Wort für Menschen eingelegt hätte, »die hier nicht mehr schreiben und nicht mehr atmen konnten«; statt dessen habe er denen, die gegangen seien, »hinterher noch einen Tritt« gegeben, »und das tut weh, wenn jemand weiß, wie schwer es manchen gegangen ist, dies Land und uns und auch ihre Vorstellung von einer gerechteren Welt aufzugeben und wegzugehen...«

Kants Gesicht nahm den Ausdruck eines Menschen an, der bei den Worten »Kraut und Rüben« nicht automatisch an ein Tellergericht denkt. Gewiß habe er mehr Möglichkeiten als andere gehabt, erwiderte er, doch die wären ihm »nicht eines Tages durch eine berittene Kavalkade an den Vogelherd getragen worden, sondern das war das Ergebnis von Arbeit«. Andererseits habe er keine Entscheidungsfreiheit gehabt. Er war »Teil einer Unternehmung, die für mich eine sozialistische war, ein disziplinierter Genosse, jemand, der wußte, ohne bestimmte

Einhaltung der Kampfregeln gehe dieses Leben nicht, werde man nicht mit ihm fertig.« Es wäre total albern, anzunehmen, die als vollkommen und allmächtig geltende DDR-Maschinerie habe »dort ihre Wirkung nicht gehabt, wo der Kant war«. Er habe versuchen müssen, »sehr schlau zu sein im Umgang mit prekären Lagen und bin sicher manchmal — das ist ein sehr zitierfähiges Wort — viel zu schlau gewesen«. Seine Mittel, etwas zu ändern, wären beschränkt gewesen. »Einreden waren mir möglich, und meine Entscheidungsfreiheit bestand allenfalls darin, daß ich anderen Leuten in ihren Entscheidungsmut und Übermut fallen konnte und ihnen sagen konnte, denkt darüber noch mal nach. Und soweit ich mich des Autors Kant und auch des Funktionäres Kant erinnere, das muß natürlich nicht übereinstimmen mit dem, was andere davon halten, war diese Art, Einsprüche zu halten und zu sagen: haltet doch mal einen Augenblick die Luft an und überlegt noch einmal und fragt euch, ob das richtig ist, was ihr da vorhabt. Das war meine Art, das hab ich gemacht.« Kant holte zu einer großen Geste aus. »Nein! Es tut mir sehr leid, Herr Schorlemmer, Ihre Darstellung dessen, was mein Leben war, ist horrend falsch.« Er könnte »einen mittleren Raum mit Leuten füllen..., die dem Vertreibungswillen, den andere durchaus hatten, nicht nachgeben mußten«. Er sei kein Anhänger einer Bewegung gewesen, »die aus dem Lande heraus in ein anderes Land verlief«, vielmehr war er immer der Meinung, »es kommt darauf an, in der DDR Verhältnisse zu schaffen, die niemanden, der in ihr wohnt, auf den Gedanken bringen, diese Verhältnisse gegen andere eintauschen zu wollen. Das war meine Formel, die nun nicht gerade die Formel eines Vertreibers ist, sondern es war die Formel eines Veränderers.« Dies habe man ihm »hier nicht sehr wohlwollend abgenommen, denn man war ja weitgehend der Ansicht, soweit man Macht hatte, die Verhältnisse seien so, daß es geradezu unverständlich schien, wenn man sie gegen andere eintauschen wollte«. Allerdings: In der Debatte, die »das

Tribunal« genannt wird, da konnte er gar nicht anders, »als eine Entfernung der in Frage stehenden Kollegen von dem geschriebenen Gesetz des Verbandes zu konstatieren«.

Und dann überraschte Hermann Kant alle im Saal. Er legte ein Teilgeständnis ab. »Das tut mir ja nun wahnsinnig leid, daß das dieses Ergebnis hatte, und mein wahrscheinlich wirklich gravierendster Fehler in dieser Sache war eben der, daß ich diese vorhin apostrophierte Schlauheit nicht eingesetzt habe, um einen Punkt zu finden, wo man hätte sagen können: Paß mal auf, wir gehen heute abend nicht ans Paragraphenwerk, sondern wir lassen das sein, wir gehen alle mal nach Hause und überlegen uns von unseren verschiedenen Standpunkten her noch einmal, wie wir herauskommen aus der Lage. Daß ich das nicht versucht habe, weil ich glaubte, schon dieser Versuch werden den Verband erledigen, das ist der Punkt, den muß ich sofort akzeptieren. Da habe ich versagt. Ich habe gesagt, wenn wir diese Sache nicht selber zu Ende bringen, sind wir am Ende. Man wird uns aus sehr unterschiedlichen Interessenlagen heraus innerhalb dieser Pression zerquetschen. Das war meine Überzeugung. Es ist wahrscheinlich eine falsche gewesen, möglicherweise hätte es doch etwas verfangen, wenn ich gesagt hätte, also mit mir nicht, ich will das nicht haben, ich gehe nach Hause, ich mache nicht weiter. Ich hab's in anderen Fällen auch so gehalten, und da hat es auch gewirkt. Aber die Vertreibung ist keine Zielsetzung, die Sie mir auf die Rechnung setzen sollten.«

Schorlemmer schaute wie ein Kaninchen, dem eine Schlange soeben gesagt hat, Haferflocken wären ihr Lieblingsessen. Sichtlich verwirrt, setzte er seinen Kurs fort: »Die DDR hat 1961 die Mauer gebraucht. Wir haben gedacht, nach einer kurzen Repressionsphase könnten wir uns jetzt entfalten...« Doch es wäre anders gekommen. Menschen, die rausfahren durften, atmeten auf, sobald sie die Grenze hinter sich hatten, und wenn sie wieder zurückkamen, bekamen sie Atemnot.

Kant habe eine privilegierte Position gehabt, er durfte sogar ausländische Zeitungen lesen. »Sie — nicht ich! Ich hätte gern, schon lange, statt des ›Neuen Deutschland‹ die ›Frankfurter Rundschau‹ gelesen. Und ich glaube, es hätte unserem Land gutgetan, wenn Menschen die ›Frankfurter Rundschau‹ hätten lesen können... Diesem Politbüro und dieser Linie als treuer Mann gedient zu haben, das ist, denke ich, ein Teil der Vernichtung einer Gesellschaftkonzeption, in der Demokratie und Sozialismus eine konstruktive Verbindung eingehen... Wo haben Sie gelebt, in welcher Welt?« Kant schaute, als wäre er im Begriff, dieselbe Frage an Schorlemmer zu stellen. Ob er, Schorlemmer, wirklich meinen würde, die Zulassung der »Frankfurter Rundschau« hätte »unserem Land gutgetan«, ob die »Frankfurter Allgemeine« nicht besser gewesen wäre. Doch er verkniff sich die Frage und hörte Schorlemmers Klagen weiter geduldig zu. Nicht nur die »Frankfurter Rundschau«, auch Hermann Kant hätte Gutes bewirken können!

»Weil ich mir mal vorstelle, Hermann Kant, wir hätten Sie hier gehabt als sprachbegabten Dialektiker mit einer so konsequent antifaschistischen Grundeinstellung, die aber gleichzeitig eine grunddemokratische gewesen wäre, der bereit gewesen wäre, hier alles dranzusetzen — und sei es Bautzen. Ich erwarte nicht von jedem, daß er ein Held wird, aber ich hätte erwartet, daß Sie hier Ihre intellektuelle Kraft darauf gesetzt hätten, was in diesem Land mit Menschen, mit der Natur, mit der Industrie, mit der Wissenschaft, mit dem Verlagswesen, mit uns passiert ist. Wir stehen jetzt vor dem Fiasko.«

Nach dieser öffentlichen Liebeserklärung wußte Kant, woher der Ausdruck »schorlemmern« kommt. Freundlich, fast zärtlich erwiderte er: »Ich sag das ungern, aber bißchen ist das Enttäuschung für mich. Warum greifen Sie anstelle des Versuches, das Gespräch zu finden, warum greifen Sie zu außerordentlich abgebrauchten und im übrigen eigentlich unpassenden Klischees?« Was die Mauer angeht, so habe er nie einen

»Hymnus auf diese Einrichtung« geschrieben, sondern immer die Ansicht vertreten, »man müßte diese Mauer überflüssig machen durch Veränderung im Lande«. 1961 sei er nicht einmal der Verfasser irgendeines Buches gewesen; sein erstes Buch, eine Erzählung, sei erst 1962 herausgekommen. Seitdem habe er in dem Maße seiner Möglichkeiten gehandelt und gesprochen. Und dann machte Kant noch einen Grund für sein Verhalten geltend: »Ich habe in diesen vierzig Jahren kaum jemals den Eindruck gehabt, ich sei in einer beliebigen Welt, in der ich mich beliebig verhalten könne, sondern ich sah immer, was des einen Vorteil, war des anderen Nachteil. Und ich sah eine große Konfrontation, auf deren einer Seite ich stand und deren anderer Seite ich keine Dienste leisten wollte, auch nicht durch unbedachtes Herumfuhrwerken an meiner Seite. Das war eine Quelle ganz sicher auch fehlerhaften Verhaltens... Damit hat man sich auch manches verkniffen, was man sich nicht hätte verkneifen können, nur wogegen ich mich unbedingt richtig verwahre, ist eine Darstellung, die im Grunde auf den Jasager Kant hinausläuft. Nein! sage ich. Ich habe zu diesem Vorgang DDR ja gesagt, grundsätzlich ja, und ich habe sehr heftig aber gesagt. Ich bin der literarische Verteidiger des Abersagens gewesen, ist Ihnen das ganz und gar entgangen?... Ich war für diesen Staat. Aber ich sagte *aber* in ihm zu dem, von dem ich meinte, das dürfe nicht sein... Ich halte den Gedanken, ich könnte ganz am Ende meines Weges befragt werden, ob ich mich in summa richtig verhalten und richtig zu meinen Aufgaben gestellt habe, ich halte diesen Gedanken sehr gut aus. Und muß zugleich aushalten, daß Sie das so nicht mögen. Aber ich halt's aus.«

Schorlemmer antwortete, dies wäre ihm »nicht entgangen«, sprach dann von der Notwendigkeit konspirativer Gespräche »mit Offiziellen und Offiziösen« und bekannte, auch solche Gespräche geführt zu haben, um darauf vom Speziellen wieder zum Allgemeinen zu kommen: »Es gibt Lebenssituationen, zu denen gehörte das Leben in der DDR, da durfte man nicht zuerst fragen, was ist möglich. Sondern auch, was ist nötig. Und die Frage, was ist nötig, mußte auch gestellt werden, damit man überhaupt was erreichte, aber sie wurde häufig verschluckt durch die Frage, was ist möglich. Und dies hat uns diesen verlogenen Opportunismus der Menschen beschert, die dann am 18. März 1990 sich einem anderen schnell in die Arme warfen. Diese Lebenseinstellung, die nur nach dem Möglichen fragt, die hat uns dann auch diese Schizophrenie beschert. Und ich meine, wir müßten uns jeder wieder dafür einsetzen, daß es möglich bleibt, das Nötige zu sagen und zu tun. Das ist auch in der Demokratie nötig.«

Bei dem notwendigerweise hilflosen Versuch, Hermann Kant den Zusammenhang zwischen dem Nötigen und dem Möglichen klarzumachen, gelang Schorlemmer eine bemerkenswert pompöse Bauchlandung. Kant antwortete, er habe versucht, seine »Parteilichkeit einzusetzen für bestimmte für vernünftig gehaltene Ansichten und Vorsätze«. Und es sei nicht so gewesen, daß er sich bestimmte Vorsätze gemacht hätte, »einfach weil sie mir so einfielen und weil mir langweilig war«. Es waren Reaktionen auf Geschichte, Repliken auf Erfahrungen. »Diese DDR war doch keine Installation aus Jux und Dollerei, sondern es war eine historische, eine gesellschaftliche Antwort. Und das lassen Sie heute abend ein bißchen weg. Und das wird über Tag fast von jedermann weggelassen. Die Geschichte beginnt sozusagen '45. Nein, für mich hat die Geschichte 1926 begonnen, da wurde ich geboren, und sie ging weiter spätestens 1933, da kam ich in die Schule und Herr Hitler an die Macht. Und sie ging weiter im Jahre 1944, als Sie geboren wurden, da wurde ich Soldat. Und ich habe dann vier Jahre an einer Stelle zugebracht, wo man entweder das Denken überhaupt aufgab oder das Nachdenken lernte...« Es wäre unproduktiv, »die Leute, die hier etwas versucht haben, voraussetzungslos in die geschichtliche Landschaft« zu stellen. Allerdings wäre es richtig zu fragen, was dann passiert ist. »Das muß unbedingt besprochen werden, was haben wir mit der Macht angefangen? Und das ist in der Tat eine grausige Vorstellung, daß ein guter Vorsatz — und für mich war es ein guter Vorsatz, ich wollte ein wirklich besseres Leben, bei dem mich die Leute nicht anspuckten, weil ich Deutscher war —, daß aus diesem guten Vorsatz dann das geworden ist, mit dem man sich heutzutage rumschlagen muß, das ist nun wirklich nicht des allbösen Feindes Gemache gewesen, sondern das ist vor allem unsere absolute Unfähigkeit, mit der uns gegebenen oder von uns genommenen Macht umzugehen. Ich hoffe nur, daß es anderen, die demokratische Macht jetzt haben, beim Umgang mit ihr besser ergehen wird als mir. Und ich will sie sogar darin heftig unterstützen.«

Da mußte Friedrich Schorlemmer, der Pfarrer aus Wittenberg, erst einmal kräftig schlucken. Dann sagte er, er wäre mit Kant weitgehend einig, nur dürfe man sich »nicht rausreden auf größere gesellschaftliche Zusammenhänge«. Er wäre froh, den roten Militarismus der DDR hinter sich zu haben, schlimm wäre nur, »daß nach so vielen Jahren soviel kaputt ist, daß es sehr, sehr lange dauern wird, ehe wir in der Lage sein werden, eine funktionierende Demokratie zu werden, weil sie voraussetzt, daß Menschen sich in die gesellschaftlichen Verhältnisse einbringen und die Mühsal als eine Lust empfinden, sich einzubringen. Und das ist sicher eines der großen Vergehen dieses Systems, daß es Opposition nicht zugelassen hat, deswegen sind wir jetzt so schwach auf der Brust und werden zum Teil auch so kolonisiert...«

Kant wartete nicht ab, bis Schorlemmer seine Drohung wahrmachte und sich noch mehr einbrachte. Er kam dem drohenden Desaster zuvor: »Lieber Herr Schorlemmer, ich fordere Sie hiermit richtiggehend auf, gucken Sie sich meine Bücher an. Ich sage noch einmal, das ist nun einmal die Hauptsache bei einem Schriftsteller. Und dann gucken Sie nach, wo ist hier der Autor, der sozusagen der Verfestigung einer dämlichen Macht das Wort geredet hätte, wo ist gar jener, der versucht hätte, das Verbrechen entweder zu installieren oder zu rechtfertigen? Oder ist es nicht so, daß der Literat Kant genau dem entsprochen hat, was Literatur ist. Literatur ist Differenzierung. Und mein Versuch zu schreiben, war ein Versuch, gegen die Verkrustung anzuschreiben.«

Schorlemmer unternahm einen weiteren Anlauf, Kant schlechtes Gewissen einzureden: »Es waren nicht Ihre Bücher heute das Thema, sondern die Haltung Hermann Kants, die Möglichkeiten, die verpaßten Möglichkeiten und die nicht verpaßten Möglichkeiten, anderen etwas zu verpassen...« Für ihn würden Person und Werk zusammenhängen, wenn Kant nur Bücher geschrieben, aber nicht als Verbandspräsident fungiert hätte, »wäre das etwas anderes«. Er habe mit Kant »insofern etwas auszumachen, als ich mich als ein Leidtragender eines gescheiterten gesellschaftlichen Experiments hier mit vorfinde...« Daran wäre nicht nur die historische Gesamtsituation schuld, sondern auch das Versagen des Systems, dessen »nicht unwesentlicher Träger« Kant war.

An dieser Stelle verpaßte Kant, schon ein wenig müde, das Stichwort, das Schorlemmer ihm frei Haus geliefert hatte. Statt zurückzufragen, ob ein kritischer Pfarrer, der noch immer »unser Land« sagt und von einem »gesellschaftlichen Experiment« spricht, als wäre es ein Versuch zur Feststellung der Fallgeschwindigkeit gewesen, nicht genauso ein »nicht unwesentlicher Träger« des Systems war wie ein parteilicher Verbandspräsident, statt also darauf aufmerksam zu machen, daß es Schorlemmer genauso wie Kant um eine »bessere« DDR ging und nicht um die Abschaffung des Prinzips, erwiderte er nur, er wolle weder Schorlemmer noch sonst jemand »den Gefallen tun, mich hier als Jekyll und Hyde darstellen zu wollen«. Er habe Motive gehabt und er bestehe darauf, »daß das keine finsteren waren«. Er bestehe auch darauf, nicht »reduziert zu werden auf den Autor einiger Reden, sondern ich sage: Nehmt die Reden, aber nehmt das andere hinzu, und dann versucht nicht, einen Gegensatz daraus zu machen...«

Auf Schorlemmers Erklärung, er habe 1978 aufgehört, Kant zu lesen, sagte Kant, dies wäre Schorlemmers »gutes Recht«, an dem er weiterhin festhalten könne, nur wäre ihm dadurch »dies und jenes entgangen«, darunter »eine nicht ganz unerhebliche Menge Äußerungen zum Menschen Kant«.

Kant verwahrte sich gegen den Vorwurf, ein »unsäglicher Staatsdichter« gewesen zu sein, nannte dies »eine angestrengte Formulierung, die so gar nicht zutrifft« und stellte fest, daß er »ein verständlicher Autor war, dem man hin und wieder in seinen Gedanken folgen konnte und der nicht ganz langweilig gewesen ist«. Und gab Schorlemmer noch einen milden Verweis mit auf den Weg: »Wer sich irgendwann entschließt, von jemand Abschied zu nehmen, dem kann man keinen Vorwurf machen, allenfalls den, daß sein Urteil unvollständig ist.«

Damit war der Disput eigentlich am Ende. Schorlemmer hatte die alte Erkenntnis bestätigt, daß es nicht genügt, keine Gedanken zu haben, sondern einer auch unfähig sein muß, sie auszudrücken. Und Kant hatte gezeigt, daß ein gelernter Dialektiker einem Moralisten auch dann überlegen bleibt, wenn der Moralist auf der geschichtlichen Überholspur anrollt. Zum Schluß stellte der Moderator des Gesprächs die Frage, inwieweit Kompromisse nötig waren, »um einen solchen Verein der Meinungsbildung zu erhalten ... War es so, daß aus Angst, es würde dem Verband das Maul verbunden, er sich selber das Maul verbunden hat? Das ist ja eine bekannte Haltung gewesen in unserem Lande. Es hat solche Überlegungen dauernd gegeben: Ich kann das nicht sagen, ich darf das nicht tun, damit mir die Gelegenheit gegeben bleibt, etwas zu sagen.«

Daraufhin sagte Kant: »Das kenn' ich nun langsam schon. Man bekennt sich zu dieser und jener Feigheit, und plötzlich ist man mehr oder minder ein Feigling, was ich gar nicht sein möchte und was ich auch nicht sein muß. Ich glaube, ich halte die Frage aus, ob in Situationen, wo es eines gewissen Mumms bedurfte, eines gewissen Mutes oder manchmal auch einer gewissen Tollkühnheit, ob ich da sozusagen ganz unanwesend gewesen sei. Es war wohl nicht immer so, sondern er (Kant) hat hier und da was Richtiges getan und gewußt, und hier und da hat er nichts Richtiges getan und hat sich unangemessen und auch feige verhalten. Das habe ich zu akzeptieren. Ich halte nur dafür, daß jemand, der so etwas von sich sagt, sich umgucken darf und fragen darf, ob er mit dieser Haltung ganz alleine ist oder ob es noch den einen oder anderen gibt, der sich ähnlich beschreiben könnte oder müßte.«

Worauf der Schriftsteller F. C. Delius aufstand und die Frage stellte: »Haben Sie das Gefühl, eine Frage beantwortet zu haben?«

Kant zögerte keinen Moment mit der Antwort: »Herr Delius, sicher kaum eine Frage zu Ihrem Gefallen, nicht auf eine Weise, die Ihnen einleuchtet. Ich kenne das, was Sie an Urteilen über unsereins haben, Sie sind ja überhaupt nicht ein Mann, der als verbohrt oder sonst was gelten könnte, nur beim Urteil über Leute meiner Couleur kommen Sie in Schwierigkeiten. Also sage ich: Ich gehe davon aus, daß Ihnen keine meiner Antworten eingeleuchtet hat. Ich habe durchaus das Gefühl, auf meine Weise geantwortet zu haben, und ich kann Ihnen versprechen, dabei wird es auch bleiben. Solange man mich antworten läßt, werde ich antworten, wie ich glaube, antworten zu sollen. Und wenn ich das nicht darf, kann jede Veranstaltung, heiße sie nun Gespräch oder heiße sie Tribunal, wirklich auf mich verzichten. Dort, wo ich zu reden habe, wie andere es erwarten, wird man mich nicht finden.«

Das deutsch-jüdische Patientenkollektiv

Vor einigen Jahren hatte der Bremer Senator für Jugend und Soziales die Idee, schwer erziehbare bzw. gestrauchelte Jugendliche in einen Kibbuz zu schicken. Dort sollten sie resozialisiert werden. Die Atmosphäre, insbesondere der Gemeinschaftsgeist, der in einem Kibbuz herrscht, verbunden mit regelmäßiger Arbeit und einem »gesunden« sozialen Umfeld, würden sich positiv auf die Jugendlichen auswirken. Leider mußte das Experiment aus Gründen, die mehr mit Bremer Lokalpolitik als mit den Regularien des Kibbuz-Lebens zu tun hatten, vorzeitig abgebrochen werden, bevor weitere Jugendpolitiker dem Beispiel des Bremer Senators folgen konnten. Einige Beobachter erinnerte diese Art der Sozialarbeit an die in Deutschland beliebte Praxis, die eigenen Probleme jenseits der Landesgrenzen — gegen Entgelt — zu entsorgen. Haushaltsmüll wurde in die damals noch existierende DDR verfrachtet, radioaktiver Abfall nach Rumänien geschafft, und soziale Härtefälle sollten in einem Kibbuz weicherzogen werden.

Vor etwa zwanzig Jahren lernte ich eine junge, politisch aktive Frau kennen, die gerade das Tagebuch der Anne Frank gelesen hatte und entsprechend »erschüttert« war. Das Schicksal des Amsterdamer Mädchens ließ ihr keine Ruhe, bis sie eines Tages beschloß, einen Teil der deutschen Schuld abzuarbeiten, im wahrsten Sinne des Wortes abzuarbeiten. Sie fuhr nach Israel und half ein paar Wochen lang in einem Kibbuz bei der Orangenernte. In dieser Zeit machte sie die unvermeidliche Erfahrung, daß Juden ganz normale Wesen sind. Sie hatte erwartet, Heilige zu treffen, die durch die Verfolgung geadelt worden waren. Und sie begegnete Menschen, die sich bei Tisch schlecht benahmen, ihr im vollbesetzten Bus zu nahe kamen und vom Leben im Kollektiv weniger begeistert waren als die aus Europa angereisten Erntehelfer. Die schlechte Behandlung der Palästinenser durch die Israelis tat ein übriges — ernüchtert und von allen Schuldgefühlen befreit, fuhr sie nach Deutschland zurück. Wäre sie damals nicht nach Israel gekommen, würde sie heute noch immer unter Schuldgefühlen leiden. Der kurze Israel-Aufenthalt hat ihr gutgetan. Keine Selbsterfahrungsgruppe hätte ihr eine bessere, eine effektivere Therapie vermitteln können.

Eine ähnliche Erfahrung kann man bei vielen Israel-Touristen aus der Bundesrepublik beobachten. Kommen sie noch mit gedecktem Blick und gebeugtem Gang im Lande an, so verlassen sie den Staat der Juden nach kurzer Zeit erhobenen Hauptes und mit durchgedrückter Wirbelsäule: Von diesen Barbaren am östlichen Rand des Mittelmeeres lassen sie sich, was Anstand und Moral angeht, nichts mehr sagen. Die sollen erst mal vor der eigenen Tür kehren, bevor sie den Deutschen Eitzes geben, wie sie mit ihrer Geschichte und ihren Gastarbeitern umzugehen haben. Der therapeutische Prozeß der inneren Entschuldung kann dann als erfolgreich abgeschlossen werden, wenn einfache Touristen kurz nach dem Start in Tel Aviv, etwa auf der Höhe von Rhodos, anfangen, sich Judenwitze zu erzählen, die sie für »jüdische Witze« halten, und wenn Politiker und Journalisten, die im öffentlichen Auftrag nach Israel gereist sind, nach ihrer Rückkehr laut darüber nachdenken, ob denn »die Juden aus ihrer Leidensgeschichte nichts gelernt haben«. Spätestens dann, wenn die Rede auf die »besondere deutsche Verantwortung für die Palästinenser, die Opfer der Opfer«, kommt, wird der Beweis erbracht, daß der Patient, wie bei jeder ordentlichen Therapie, in die Lage versetzt wurde, seine Hemmungen in produktive Einsichten zu verwandeln.

Im Frühjahr 1993 fand eine unheimliche Begegnung der empirischen Art in Israel statt. Eine Gruppe von neun Kindern gewesener Nationalsozialisten kam ins Land, um sich mit neun Kindern von Überlebenden der Endlösung zu treffen. Die Begegnung wurde von einem israelischen Sozialwissenschaftler organisiert, der sich seit langem mit den Biographien von Nazi-Kindern beschäftigt. In einer Art Laborversuch wurden die Kinder der Nazis und die Kinder der Überlebenden aufeinander losgelassen, das heißt, sie wurden vom Versuchsleiter dazu angehalten, sich miteinander zu unterhalten. Über den Inhalt der Konversation wurde Schweigen vereinbart. Bekannt wurde nur die Reaktion des wohl prominentesten Teilnehmers dieses Treffens: Martin Bormann jr., inzwischen 63 Jahre alt, Sohn des Hitler-Stellvertreters Martin Bormann, der auch für die Durchführung der »Endlösung« zuständig war. Er habe gelernt, sagte der Sohn des Vize-Führers, zwischen seinem Vater als Menschen und als politischer Gestalt zu differenzieren. Der Vater sei ein großartiger Mensch gewesen, über den Politiker könne nur Gott ein Urteil fällen.

Da dies inzwischen geschehen sein dürfte, können wir uns der Frage zuwenden, worin der eigentliche Reiz solcher Begegnungen begründet liegt. Worüber sollen sich der Sohn des Henkers mit der Tochter des Gehenkten im Beisein eines Dritten unterhalten? Der Sohn des Henkers könnte z. B. sagen: Glaub mir, nach der Hinrichtung war mein Vater fix und fertig. Die Tochter des Gehenkten könnte antworten: Meiner auch. — Damit hätten sie einen gemeinsamen Nenner gefunden. Aber das kann nicht alles sein. Begegnungen solcher Qualität müssen vor dem Hintergrund einer langen, komplizierten, unheilvollen und noch nicht abgeschlossenen Beziehung gesehen werden.

Wir schenken uns einen Exkurs in die Tiefen der deutsch-jüdischen Geschichte, überspringen die deutsch-jüdische Symbiose wie auch die Frage, ob es sie überhaupt gegeben hat, und

166

setzen da an, wo eigentlich alles vorbei war — die deutsch-jüdische Symbiose, der deutsche Humanismus und das jüdische Prinzip Hoffnung —, im Jahre 1945. Da standen sich die Deutschen und die Juden als klar definierte Kollektive gegenüber: die Täter und die Opfer, die Verfolger und die Verfolgten. Die Lager waren klar, die Grenzen, die nicht überschritten werden durften, auch. Zwei Generationen später gibt es die alten Kollektive noch immer, aber sie definieren sich anders: Aus den Tätern wurden die Patienten, aus den Opfern die Therapeuten. Metaphorisch gesprochen könnte man sagen, die Juden haben eine riesige Couch hingestellt, und die Deutschen nehmen nun massenweise auf dem Möbel Platz. Nicht umsonst gilt die Psychoanalyse als eine jüdische Erfindung, geht man, so man einen nötig hat, zu einem jüdischen Therapeuten. Für die deutschen Teilnehmer dieses interaktiven Vorgangs gibt es mehrere Arten der Behandlung mit unterschiedlichen Intensitätsgraden. Als Einstieg genügt es, die Brutalitäten der Israelis in Palästina in der »Tagesschau« zu verfolgen, um daraus den Schluß zu ziehen, gegenüber solchen Menschen brauche man kein schlechtes Gewissen zu haben. Wenn die Israelis den Palästinensern das antun, was die Nazis den Juden angetan haben, was eine überaus populäre Formel in Deutschland ist, dann muß der Kampf gegen den Nazismus den israelischen Verbrechen gelten und nicht der Bewältigung der deutschen Geschichte.

Als nächster Schritt empfiehlt sich der Eintritt in eine Ortsgruppe der christlich-jüdischen bzw. deutsch-jüdischen Gesellschaft. Hier hat man die Möglichkeit, leibhaftigen Juden zu begegnen, die allein durch ihre Anwesenheit den deutschen Teilnehmern signalisieren: Unsere durch Stacheldraht geteilte Vergangenheit führt uns geradewegs in eine gemeinsame Zukunft. Und die Deutschen ergreifen die jüdische Hand nur zu gern, um sich aus dem Sumpf ihrer Geschichte heraushelfen zu lassen. In besonders hartnäckigen Fällen hilft eine Israel-Reise, bei der sich ein israelischer Politiker wie Menachem Begin oder

Dov Schilanski weigert, die deutsche Delegation zu empfangen oder auch nur einem Deutschen die Hand zu geben. Eine solche Kränkung zeigt, daß die Juden nicht versöhnungsbereit sind, was die deutsche Seite von der Pflicht zu weiterer Reue-Exerzitien entbindet. In jedem dieser Fälle tritt eine mentale Entspannung ein. Das Bewußtsein, das Unmögliche versucht zu haben, tröstet über die Erfolglosigkeit des Bemühens hinweg.

Dazwischen gibt es eine Vielzahl anderer Möglichkeiten. Junge Menschen können an einem Klezmer-Workshop mit Giora Feidmann teilnehmen, der nicht nur die Technik des Klarinetten-Spiels lehrt, sondern auch eine Botschaft der Versöhnung verbreitet. Verteidiger der Menschenrechte sind bei der Tel Aviver Anwältin Felicja Langer an der richtigen Adresse, die seit einiger Zeit von Tübingen aus Israel als faschistischen Staat entlarvt — Wasser auf die Mühlen des schon geschilderten deutschen Entschuldungsverlangens. Deutsche Patrioten wenden sich dem Historiker und Co-Patrioten Michael Wolffsohn zu, der die Juden in der Bundesrepublik immerzu ermahnt, nicht mit der »Auschwitz-Keule« um sich zu schlagen. In jedem Fall ist es stets von Vorteil, sich darauf berufen zu können, ein jüdischer Freund, Kollege, Journalist oder Professor habe dies oder jenes gesagt, was man selber als Nichtjude nicht sagen dürfe.

Was die deutschen Patienten in die Arme der jüdischen Therapeuten treibt, ist klar: das Verlangen nach Absolution. Wie bei einigen Naturvölkern die Angehörigen des ermordeten Opfers das Recht haben, den Mörder zu erlösen, ihn vor dem Henker zu retten, so suchen auch die Deutschen ihr verlorenes Seelenheil bei ihren Opfern. Was die Juden dazu bewegt, in diesem Spiel den ihnen zugedachten Part des Erlösers zu übernehmen, ist ebenso eindeutig: Zum erstenmal, seit sie sich den gelben Stern an die Kleider nähen mußten, bekommen sie die Gelegenheit, den Deutschen als Überlegene entgegenzutreten. Sie können die Absolution erteilen oder verweigern, sie sind in der Lage, die guten von den schlechten Deutschen zu separieren, sie haben jede Schlacht seit 1933 verloren und doch den Krieg moralisch gewonnen. Und so ist an die Stelle der ehemaligen alldeutschen Volksgemeinschaft ein deutsch-jüdisches Patienten-Therapeuten-Kollektiv getreten, dessen Angehörige aufeinander angewiesen sind, wie ein Blinder und ein Tauber bei dem Versuch, gemeinsam eine sechsspurige Schnellstraße zu überqueren. Einige kommen dabei unter die Räder, andere erreichen erschöpft und verwirrt das rettende Straßenufer. Wie jener nach dem Krieg geborene Jude, der mit der Tochter eines ehemaligen SS-Mannes namens Adolf ein Kind namens Sarah produziert hat. Er hält es für seine Aufgabe, die Tradition des deutschen Judentums fortzusetzen, der deutsch-jüdischen Symbiose neues Leben einzuhauchen.

In diesem Sinne gibt es noch viel zu tun. Packen wir es an!

Unser Kampf

Wieder einmal sind die Deutschen von der Geschichte betrogen worden, diesmal auf eine besonders perfide Weise. Sie haben einen Krieg verloren, an dem sie nicht einmal richtig teilgenommen haben. Gemeinsam mit der geschlagenen irakischen Armee zogen sich auch die »edlen Seelen« der deutschen Friedensbewegung vom Schlachtfeld zurück.

Wie merkwürdig: Während überall in der Welt die Menschen erleichtert aufatmeten, während die irakischen Soldaten den amerikanischen GIs, von denen sie gefangengenommen wurden, aus Dankbarkeit um den Hals fielen, machte sich in Deutschland eine klammheimliche Enttäuschung breit. Was im Golfkrieg geschehen war, war schlimm, aber eben nicht schlimm genug. Die erwartete Apokalypse fand nicht statt, allen Ängsten und Hoffnungen zum Trotz kam es nicht zu einem Dritten Weltkrieg, auch die globale Klimakatastrophe blieb aus. Und vor allem: Der Ölteppich aus dem Golf konnte schon weit vor Sylt gestoppt werden.

Der ganz normale Alltag kehrte zurück. Die schmuddelig gewordenen Bettlaken wurden von den Balkonen wieder eingeholt, die noch nicht verteilten Nachrufe auf »unsere geliebte Mutter, die Erde« landeten im grünen Altpapier-Container, die Frage »Wann sind wir die Wüste?« verschwand vom Eingangsportal der Humboldt-Universität, die Aufforderung »Hupt gegen Krieg!« stand ganz plötzlich verloren im sinnleeren Raum. Dennoch hatte die deutsche Friedensbewegung ihr wichtigstes Kriegsziel erreicht, sie war vom ersten bis zum letzten Kriegstag moralisch sauber geblieben. Einige, die sich auf einen längeren Krieg eingerichtet hatten, wurden vom jähen Ende der Kämpfe um den Lohn ihrer Mühen gebracht. Die genau 1118 »Richterinnen und Richter, Staatsanwältinnen und Staatsanwälte, Rechtsanwältinnen und Rechtsanwälte und andere Juristinnen und Juristen« zum Beispiel, die in ganzseitigen Anzeigen »Schluß mit dem Krieg am Golf« gefordert und zu einem »Friedensforum der Juristinnen und Juristen« aufgerufen hatten, durften sich, von einem Tag auf den anderen wieder der Pflege des Straf- und Zivilrechts zuwenden. Auch die rührigen Frauen der »Aktion Scheherezade« konnten ihr Ziel einer »Welturabstimmung jetzt!«, bei der »jeder einzelne Mensch in dieser Welt in dieser Frage auf Leben und Tod angehört werden« sollte, nicht mehr in die Tat umsetzen. Ersatzweise reisten zwei Scheherezade-Frauen nach New York, um UN-Generalsekretär Perez de Cuellar eine Liste mit 40 000 Unterschriften zu überreichen.

Aber das Unterschriftenpaket war irgendwo »auf der Strecke geblieben«, und der Generalsekretär schickte seinen Pressesprecher, dem die Frauen ihren Alternativvorschlag unterbreiteten: Ein »außerparlamentarischer Frauenweltsicherheitsrat« sollte etabliert werden und das Recht haben, »alle Resolutionen des Weltsicherheitsrates zu blockieren, die gegen Menschen und Frauenrechte oder gegen friedliche Konfliktlösungen gerichtet sind«. Der UN-Pressesprecher, so eine der Frauen nach ihrer Rückkehr aus New York in die AL-Fraktion des Berliner Abgeordnetenhauses, habe sich von dem Vorschlag »sichtlich beeindruckt gezeigt«.

Mit dem Rückzug der Protagonisten aus der internationalen Arena in den heimatlichen Sandkasten könnte das Kapitel »Der Krieg am Golf und die deutsche Friedensbewegung« eigentlich geschlossen werden. Da wären nur noch einige besonders wertvolle Äußerungen aus der Zeit zwischen dem 15. Januar und dem 28. Februar 1991, die festgehalten zu werden verdienen, ein paar Fußnoten zur Geschichte sozusagen. Lassen wir also einige Zeitgenossen noch einmal im Originalton zu Worte kommen, Gerhard Schröder etwa, SPD-Politiker, derzeit Ministerpräsident von Niedersachsen.

Kurz nachdem Saddam Hussein angedroht hatte, er werde Israel in ein großes Krematorium verwandeln, lehnte es Gerhard Schröder ab, an einer Solidaritätskundgebung für Israel teilzunehmen, da in dem Aufruf zu der Kundgebung ein Waffenstillstand nicht gefordert wurde. Am 3. Februar 1991 hatte Gerhard Schröder Gelegenheit, seine Position in der SAT-1-Sendung »Talk im Turm« zu erklären. Er sagte u.a.: »Ich habe nein gesagt, weil man zugleich von mir verlangte, Solidarität mit Israel zu sagen, aber für den Krieg zu sein. Und ich bin nicht für ihn und kann nicht für ihn sein ... Ich glaube, daß derjenige, der in der Logik des Krieges bleibt, sich darüber klarwerden muß, was das heißt. Das heißt nämlich, daß, wenn Saddam Hussein Giftgas einsetzt, auf der anderen Seite, bei den westlichen Alliierten, über Atomwaffen diskutiert werden wird, und wenn man es zu Ende denkt, ist der Einsatz atomarer Waffen nicht auszuschließen. Dies aber würde ein Kriegsszenario sein, das alles zerstört im Nahen Osten, Israel eingeschlossen, und uns und die Lebensgrundlagen der jungen Leute ...«

Gefragt, wie er das Verhalten der Briten beurteilt, sagte Gerhard Schröder: »Ich find das ein tolles Land, und ich hab, weil die Kneipen da immer um halb elf zumachen, wenn ich da war, mir manchen unsinnigen Fernsehfilm angeschaut, das hat mich aufgeregt, wie wir vierzig Jahre lang abgemalt worden sind als besonders kriegerisch und kriegslüstern, und ich hab das nie richtig gefunden und auch nie das richtige Bild der Deutschen. Aber jetzt, jetzt sagen die Deutschen in ihrer Mehrheit ›Wir sind gegen den Krieg‹, und jetzt ist das wieder nicht richtig. Wissen Sie was, mich ärgert diese britische Kampagne, und ich halte es für würdelos, wie aus Deutschland darauf reagiert wird, nämlich eingeknickt und in der Einschätzung, die hätten da recht. Die haben da nicht recht, die Briten verarbeiten nicht nur diesen Konflikt, sondern ein paar andere Dinge gleich mit, und es ist wirklich an der Zeit, daß man ihnen mal sagt, und ich tu das sehr gerne: organisiert mal 'ne vernünftige, sozial gestaltete Gesellschaft, dann können wir uns als Europäer von gleich zu gleich auch kritisch über solche Fragen auseinandersetzen.«

Nun gut, die SPD hat es noch immer nicht verwunden, daß sie im Ersten Weltkrieg den Kriegskrediten zugestimmt und anschließend dem Kaiser die Rente ins Ausland nachgeschickt hat. Die Partei möchte ihre historischen Fehler nicht wiederholen, das spricht für sie. Aber muß sie deswegen so weit gehen, Gerhard Schröder zu Fragen von Moral und Politik Stellung nehmen zu lassen? Man sollte mit Saddam Hussein schonend umgehen, meinte Schröder, damit der kein Giftgas einsetzt, damit die Amerikaner keine Atomwaffen einsetzen, damit es zu keinem radioaktiven Fallout in seinem Wahlkreis kommt. Das wäre dann die eigentliche Katastrophe. Und wenn der Pazifist Schröder, der für Israel nicht auf die Straße gehen mag, nationale Interessen vertritt, dann muß es ihn auch stören, wie »würdelos«, wie »eingeknickt« aus Deutschland auf die »britische Kampagne« gegen Deutschland reagiert wird. Was für ein Glück, daß die Deutschen, statt eingeknickt zu reagieren, nicht mehr ein paar V-2-Geschosse rüberschicken können, um den Briten einen Begriff von Würde zu vermitteln, da man mit ihnen, zurückgeblieben, wie sie nun mal sind, nicht »von gleich zu gleich« reden kann. Friedlich geworden, gibt sich der deutsche Oberlehrer damit zufrieden, nur noch wissenschaftliches Know-how für die Herstellung von B- und C-Waffen zu exportieren und anschließend andere die Drecksarbeit erledigen zu lassen. So wird auch die deutsche Sozialdemokratie nicht nur mit der Geschichte, sondern auch mit jedem Konflikt zwischen Bagdad und Buxtehude fertig.

Ein anderer Protagonist der neuen deutschen Friedenssehnsucht mit einem unverarbeiteten Groll im Herzen auf die alten und die neuen Alliierten ist Alice Schwarzer, Herausgeberin der Zeitschrift »Emma«. In einem Interview mit Günter Jauch im »stern-TV« am 23. Januar 1991 sagte sie u.a.: »Generationen von arabischen Völkern sind zu Sklaven erniedrigt worden von den weißen Herren, und die haben's einfach hier (Hand in Nasenhöhe), die sind fertig. Danach kam die Periode, wo die Blöcke, West und Ost, sich diesen ganzen Raum aufgeteilt haben, und das ist nun, wie wir wissen, ins Rutschen geraten, und so gerät auch die Dritte Welt ins Rutschen und die arabische Welt ... Und der Einmarsch in Kuwait ist sicherlich problematisch, aber so ganz absurd nicht. Es gibt den Staat erst ungefähr seit dreißig Jahren, das war wirklich mal irakisch. Wie auch immer, es ist ein Konflikt. Aber ich bin der Meinung, daß die Amerikaner besser zu Hause geblieben wären. Sie haben uns in den letzten Jahrzehnten, ich hab ein gutes Gedächtnis, schon eine Menge Konflikte beschert, wo sie meinten, sich einmischen zu müssen, warum auch immer, und wo es Millionen Tote gegeben hat auf beiden Seiten ...«

Und auf die Frage nach den irakischen Raketenangriffen auf Israel sagte Alice Schwarzer: »Die sind sehr dramatisch, die sind an sich dramatisch, also gefährdete und tote Menschen sind, ist immer schlimm, die sind in bezug auch für uns Deutsche, denn die Tatsache, daß Israel existiert und Gott sei Dank existiert, hat ja auch etwas mit dem Holocaust und dem Faschismus zu tun, besonders schmerzlich. Aber ich glaube, daß das sicherste auf die Dauer für Israel wäre eine friedliche Koexistenz mit seinen Nachbarländern, alles andere bringt Israel nicht weiter ...«

Wer die Eloquenz kennt, mit der die »Emma«-Herausgeberin ansonsten auftritt, konnte sich über diese Stotterstrecke nur wundern. Läßt man die Verlegenheitseinschübe weg, bleibt eine Aussage übrig. Die Raketenangriffe auf Israel waren »für uns Deutsche besonders schmerzlich«. Schon wieder sind die Juden bevorzugt worden! Während ihnen nur die

Scud-Raketen um die Ohren flogen, kam »uns Deutschen« gleich der Holocaust wieder hoch.

Hat unsere Protagonistin deswegen, was Israel und die Juden angeht, mit einer gewissen Befangenheit zu kämpfen, kann sie sich zu anderen Fragen ganz ungeniert äußern. Dabei gerät ihr nicht nur die Dritte Welt ins Rutschen. Der Einmarsch in Kuwait, erfahren wir, war »sicherlich problematisch, aber so ganz absurd nicht«, also ungefähr so wie die Vergewaltigung einer Frau, die sich den Avancen eines Verehrers widersetzt und dann eben mit Gewalt genommen wird. Problematisch, aber nicht ganz absurd. Daß es Kuwait als Staat »erst ungefähr seit dreißig Jahren« gibt, ist ein Argument von ähnlichem Charme. Zum einen ist die Bundesrepublik als Staat gerade zehn Jahre älter, zum anderen gibt es eine Reihe von Staaten, die noch jüngeren Datums sind. Die Amerikaner, meint sie, wären besser zu Hause geblieben, und der Kontext, in den sie ihre Meinung einbettet, der Verweis auf die »Menge Konflikte« und »Millionen Tote« läßt vermuten, daß sie nicht nur die letzte Intervention meint, sondern auch jene, die schon 45 Jahre zurückliegt. In diesem Falle würde Alice Schwarzer nicht »Emma«, sondern bestenfalls eine Zeitschrift der NS-Frauenfachschaft redigieren, was im Detail, z. B. was die Beurteilung des US-Imperialismus angeht, keinen großen Unterschied ausmachen würde. Der Gedanke, wo sie heute wäre und was sie machen würde, wenn die Amerikaner damals zu Hause geblieben wären, trübt ihr nicht die Weltsicht, obwohl sie doch ein so gutes Gedächtnis hat. Alice Schwarzer lehnt sich zufrieden zurück und sagt ganz gelassen: »Ich bin sehr froh, daß die Amerikaner keinen Grund haben, uns hier zu helfen.«

In der März-Ausgabe von »Emma« legte Alice Schwarzer noch einmal nach. »Seit dem 17. Januar befinden wir uns im Dritten Weltkrieg« jubelte sie und mochte sich ebenfalls die Analogie zum Zweiten nicht verkneifen: »Allein in der ersten Nacht fallen mehr Bomben auf Bagdad als auf Dresden im ganzen Zweiten Weltkrieg.« Zu dem Zeitpunkt, als der Artikel erschien, war der »Dritte Weltkrieg« zwar vorbei, doch für den Fall, daß demnächst ein Vierter ausbrechen sollte, deponierte Alice Schwarzer einen Hinweis, wer für das ganze Drama eigentlich verantwortlich ist: Die Juden und ihre Verbündeten im Weißen Haus: »Seit langem hat Israel eine Rechtsaußen-Regierung, die täglich neues Öl auf den lodernden Haß der Araber gießt. Sollte die Existenz Israels darum eines Tages gefährdet sein — was schrecklich wäre! —, so wäre das vor allem diesen Falken, den Schamirs, den Bushs und den Schwarzkopfs zu verdanken. Und: Israel ist nicht nur Zuflucht und Heimat für Juden. Israel war und ist auch ein Vorposten des Westens in der arabischen Welt... Als Vorposten wird Israel weiter unter dem Vorwand eines bigotten Prosemitismus hochgerüstet, bis zur Atombombe ...«

Was immer man bzw. frau Alice Schwarzer auch vorwerfen mag, eine »Prosemitin« ist sie auf keinen Fall, allenfalls ein wenig bigott. Auf der einen Seite proklamierte sie den Beginn des »Dritten Weltkriegs«, auf der anderen Seite meinte sie, die Existenz Israels wäre nicht akut bedroht, sondern nur eines fernen Tages, und auch dann aus eigenem Verschulden.

Diese neue deutsche Unschuld, die linke Variante der Gnade der späten Geburt, hat auch Hans Christian Ströbele dazu gebracht, einen Satz zu sagen, den er noch heute inhaltlich für richtig und nur für unglücklich formuliert hält: »Die irakischen Raketenangriffe auf Israel sind die logische, fast zwingende Folge der israelischen Politik.« — Nur ein paar Tage bevor er diesen Satz, ebenfalls ganz gelassen, aussprach, sagte er in einem Telefongespräch mit dem grünen Kreistagsabgeordneten von Tübingen, Christian Vogt-Moykopf: »Wenn ich eine Eskalation des Krieges damit verhindern könnte, daß eine Million Juden sterben müßten, würde ich das in Kauf nehmen.« — Anlaß für das Telefonat und die Äußerung war ein Brief, den einige baden-württembergische Grüne, darunter auch Vogt-Moykopf, an den israelischen Botschafter in Bonn geschrieben und in dem sie sich für die Lieferung von »Patriot«-Raketen an Israel ausgesprochen hatten. »Nach dem Bekanntwerden unseres Briefes rief mich Ströbele im Landtag an. Er sagte, ich sei doch sonst immer ein ›so vernünftiger Mensch‹ gewesen, und er verstehe gar nicht, wie ich die Lieferung von Patriots und in bestimmten Fällen die Entsendung von Truppen ›in diesen Staat‹ befürworten könnte ... Jede Waffenlieferung nach Israel würde eine ›Eskalation des Krieges und der Konflikte im Nahen Osten überhaupt‹ nach sich ziehen ... Ich fragte ihn weiter, ob ihm das Leben von möglicherweise Tausenden von Menschen gleichgültig sei, worauf er wörtlich antwortete: ›Wenn ich eine Eskalation des Krieges damit verhindern könnte, daß eine Million Juden sterben müßten, würde ich das in Kauf nehmen.‹«

Nachdem auch diese Äußerung bekannt geworden war, bekam Vogt-Moykopf von Ströbeles Anwalt eine Aufforderung zugeschickt, »es künftig zu unterlassen zu behaupten, Herr Ströbele hätte gesagt ...« In dem Anwaltsschreiben heißt es u.a.: »Herr Ströbele hat eine solche Äußerung nicht abgegeben. Im übrigen berichten Sie öffentlich unter Berufung auf ein Gespräch, das zwischen Ihnen beiden vertraulich geführt worden ist ... Herr Ströbele hat Sie nicht ermächtigt, angebliche Einzelheiten aus dem vertraulichen Gespräch öffentlich zu verbreiten.«

Handelte es sich um ein vertrauliches Gespräch mit angeblichen Einzelheiten oder um ein angebliches Gespräch mit vertraulichen Einzelheiten? Versteht man die Feststellungen des Ströbele-Anwalts richtig, wenn man sie dahingehend interpretiert, es habe ein Gespräch unter vier Ohren stattgefunden, bei dem Ströbele sich darauf verlassen habe, sein Gesprächspartner werde den Inhalt für sich behalten? »Bei antisemitischen Äußerungen gibt es keinen Schutz der Vertraulichkeit«, sagt Christian Vogt-Moykopf, »schon gar nicht, wenn es sich um Äußerungen von Politikern handelt, die sonst immer Öffentlichkeit herstellen wollen.«*

Die Frage, ob Ströbele seine Meinung vertraulich oder versehentlich kundgetan oder — wie schon Kohl, Jenninger, Fellner und andere vor ihm — Ansichten vertreten hat, die seine eigentliche Meinung nicht wiedergeben, muß man späterer Forschung überlassen. Fest steht, daß er in jedem Fall die Haltung eines Teils der grünen Basis wiedergegeben hat. Nach seinem im Interesse der Partei vollzogenen Rücktritt meldete sich nicht nur der bekannte DKP-Künstler Degenhardt mit einem Leserbrief in der »taz« zu Wort (»Lieber Ströbele, ich gratuliere Dir herzlich ...«). Es kamen auch Solidaritätsadressen von weniger bekannten Friedensfreunden, denen Ströbele aus dem Herzen gesprochen hatte. »Der erste Politiker der grünen und bundesdeutschen Prominenz überhaupt, der sich traut, der unerträglichen Schwarzweißmalerei einige klare Worte zur Politik Israels entgegenzusetzen«, schrieb ein »taz«-Leser. »Ströbele hat doch völlig recht mit seinem Spruch von der notwendigen Konsequenz«, sekundierte ein zweiter. »Ströbele hat doch recht! Ohne die israelische Politik der vergangenen Jahre würde es die irakischen Angriffe wahrscheinlich nicht geben«, bekräftigte ein Dritter.

Viele Leserbriefe in der »taz« lasen sich wie die Leitartikel in der »Nationalzeitung«. Und manche waren genau von der Art, die Adorno und Horkheimer einmal zu der Erkenntnis veranlaßt hat, das Problem in Deutschland wären nicht die Nazis, sondern deren Gegner. »Das heuchlerische Getue von Joschka Fischer, Teilen der sogenannten Friedensbewegung und anderer ist ja nicht mehr zu ertragen. Wann machen wir uns endlich

---

* Hans-Christian Ströbele hat inzwischen Christian Vogt-Moykopf gerichtlich untersagen lassen, zu behaupten, er, Ströbele, habe jemals gesagt, er würde den Tod einer Million Juden in Kauf nehmen. Zugleich hat Ströbele eine Erklärung verbreitet, sein Rücktritt als Vorstandssprecher der Grünen wäre das Ergebnis geheimdienstlicher Umtriebe.

von einer Vergangenheit los, die uns ein freies Urteil nicht mehr erlaubt? Gerade die Protestbewegung in Deutschland zeigt doch, daß ›wir Deutschen‹ aus der Vergangenheit etwas gelernt haben, doch das ist den Kriegsbrüdern Shamir und Bush zu unbequem.«

So wurde die rechte Losung, die Deutschen müßten endlich aus dem »Schatten von Auschwitz« heraustreten, auf linke Bedürfnisse hin zurechtgetrimmt. Und galt früher mal die Parole »Die Juden sind unser Unglück!«, so verständigte sich die Friedensbewegung diesmal auf das Motto: »Die Juden sind an ihrem Unglück selber schuld!«

Daß Saddam Hussein seit langem die Vernichtung Israels angekündigt hatte, wurde entweder ignoriert oder bagatellisiert. Man habe keine Zeit gehabt, auf die Bedrohung Israels hinzuweisen, erklärte Brigitte Erler am Vorabend der großen Bonner Friedensdemo. Als die ersten irakischen Raketen in Tel Aviv einschlugen, da wären die Aufrufe zu der Kundgebung schon gedruckt gewesen ... Und hatte früher jeder anständige Deutsche wenigstens einen Juden zeitweise versteckt, so hatte jetzt fast jeder deutsche Friedensfreund einen israelischen oder jüdischen Freund, dem er in einem offenen Brief das richtige Verständnis der Zusammenhänge vermitteln mußte. »Es sind auf lange Sicht nicht die Raketen, die das Recht Israels auf ein Leben in Frieden am schärfsten bedrohen, sondern das ungelöste Palästinenserproblem, die Feindschaft der arabischen Nachbarn«, rief ein Friedensfreund aus der Bundesrepublik in der »Zeit« einer Israelin zu, der diese reifen, klugen Sätze ein großer Trost gewesen sein müssen, während sie mit ihren Kindern mit aufgesetzten Gasmasken in einem abgedichteten Zimmer auf den nächsten Raketeneinschlag wartete und sich Gedanken über die Zukunft machte.

Und wo die reale Gefahr beim besten Willen nicht mehr geleugnet werden konnte, da mußte wenigstens Ursache und Wirkung vertauscht werden. »Ist nicht Israel gerade erst durch die militärische Antwort der USA auf die irakische Besetzung Kuwaits gefährdet worden?« fragte Andreas Buro die Teilnehmer der Bonner Friedensdemo. Es war, natürlich, eine rhetorische Frage, wie der anschließende Satz bewies: »Seit dieser Zeit schlagen die Scud-Raketen ein und die Angst vor Giftgas geht um.« — Mit derselben Logik könnte man auch bei einem Bankraub mit Geiselnahme zu Recht behaupten, erst das Eingreifen der Polizei habe die Geiseln wirklich in Gefahr gebracht, bis dahin sei alles ziemlich harmlos gewesen. So war es dann die logische, fast zwangsläufige Folge dieser Haltung, wenn die Frage gestellt wurde, welchen Preis die Aufrechterhaltung des Friedens wert war bzw. wer diesen Preis zahlen sollte. »Nicht einmal die gewissenlose Aggression Husseins, nicht einmal seine Bereitschaft zu weiterem Völkermord, besonders an Israel, rechtfertigt einen Krieg«, sagte der Landessuperintendent der Lippischen Landeskirche, Ako Haarbeck.

Und sein ostdeutscher Bruder, der Bischof von Berlin-Brandenburg Gottfried Forck, machte an einem Beispiel aus dem täglichen Leben klar, wie man mit Saddam Hussein fertig werden könnte: »Dieser Wahnsinnige steht auf dem Dach eines Hauses mit einer Bombe in der Hand, die nicht nur ihn, sondern viele unbeteiligte Menschen töten könnte. Mein Ziel muß also sein, ihn durch kluge, freundliche Worte vom Haus herunterzubekommen, so daß ich ihn dann entwaffnen kann.« Darüber hinaus empfahl Bischof Forck noch ein anderes Mittel zur Entmachtung des irakischen Diktators: »Die Menschen im Irak müßten von uns ermutigt werden, sich gegen dieses Gewaltregime zur Wehr zu setzen ... Ich erinnere nur an den Widerstand gegen das SED-Regime bei uns in der DDR. Als wir damals auf die Straße gingen, hielt niemand eine so schnelle Auflösung dieses Systems für möglich. Wir waren alle am Ende erstaunt und fassungslos darüber, daß uns das gelungen war. Dieser Erfolg ist für mich ein Zeichen, daß man in der Tat noch mehr auf Gewaltlosigkeit setzen sollte.«

Bischof Forck war nicht der einzige, der unter dem Eindruck der irakischen Aggression über die Vorzüge gewaltlosen Widerstandes nachzudenken begann. Der Politologe Ekkehart Krippendorff nahm einen Aufsatz über Mahatma Gandhi und Martin Buber zum Anlaß, um darzulegen, wie das Dritte Reich aus den Angeln hätte gehoben werden können — nämlich durch passiven Widerstand der Juden gegen die Nazis: »Man stelle sich dieses Szenario vor: Kein deutscher Jude folgt den diskriminierenden Anordnungen der deutschen Behörden (Judenstern, getrennte Parkbänke, beschränkte Einkaufszeiten usw.) — wären sie gegenüber Hunderttausenden durchsetzbar gewesen? Man stelle sich vor, kein deutscher Jude wäre Befehlen gefolgt, sich zu Sammeltransporten bei den dafür vorgesehenen Sammelplätzen einzufinden — einige Dutzend, einige hundert, vielleicht auch einige zehntausend hätte die deutsche Polizei einzeln (passiver Widerstand!) aus ihren Wohnungen gezerrt und auf Lastwagen verladen; aber Hunderttausende?... Oder man stelle sich vor, die Kolonnen der Hunderte und Tausende auf dem Weg zu den Güterbahnhöfen hätten sich schlicht hingesetzt — ›Sitzstreik‹ nennen wir das heute —, hätten Polizei, SA, Wehrmacht und SS es gewagt, im Angesicht aller deutschen Zuschauer diese Menschen jeden Alters und Geschlechts zusammenzuschlagen und sie Körper für Körper, widerstandslos und doch mächtig, auf Lastwagen zu verfrachten?... Die Spekulation ist zumindest legitim, sich zu fragen, ob das Regime nicht an einem solchen massiven passiven Widerstand selbst zerbrochen wäre.«

Ja doch, die Spekulation ist legitim und die Antwort auch: Wer so was fragt, versteht vom Wesen totalitärer Herrschaft gerade so viel, daß es zu einer Professur am Otto-Suhr-Institut reicht. Was bleibt, ist die bizarre Unterstellung, das NS-Regime ist deswegen nicht zusammengebrochen, weil die Juden keinen Sitzstreik an der Verladelampe veranstaltet haben.

Die Tinte, mit der dieser Mega-Unsinn geschrieben wurde, war noch nicht trocken, da trat Krippendorff schon zur nächsten Runde im akademischen Sackhüpfen an. Als Antwort auf einen Artikel, in dem ich vorgeschlagen hatte, zur Vermeidung eines Krieges sollte sich der Papst nach Bagdad begeben und eine hochkarätige deutsche Delegation nach Tel Aviv, legte er schon wieder ein Szenario vor: »Man stelle sich vor, Israel würde sich noch heute bedingungslos aus den besetzten Gebieten zurückziehen, die einschlägigen UN-Resolutionen akzeptieren und den Palästinensern dort das Recht geben, ihre eigenen Repräsentanten zu wählen und einen selbstbestimmten palästinensischen Staat zu bilden: Das wäre die schwerste und langfristig wirklich entscheidende Niederlage für Saddam Hussein.« — Womit die nächste Schuldzuweisung ausgestellt war. Nicht nur haben es die Juden unterlassen, durch passiven Widerstand das Dritte Reich kaputtzumachen, sie haben durch die alberne Weigerung, »sich noch heute bedingungslos aus den besetzten Gebieten zuzückzuziehen«, den Krieg gegen Saddam Hussein heraufbeschworen. Noch bevor Ströbele den Israelis »selber schuld!« zurief, meinte Krippendorff, die Einschläge irakischer Raketen in israelischen Städten und der Jubel der Palästinenser darüber wäre »der Sturm, zu dem die Politik des Staates Israel den Wind gesät hat«.

Dabei versteht sich Professor Krippendorff als ein Freund Israels, so wie sich Walter Jens als ein Freund des jüdischen Volkes versteht, was er gern dadurch unter Beweis stellt, daß er Albert Einstein, Jeshajahu Leibowitz, Martin Buber und Gustav Landauer zitiert. O-Ton Jens: »Gerade die Freunde des jüdischen Volkes, sie zuallererst, die auch bereit sind, über die These des Romanciers Yoram Kaniuk nachzudenken, die da besagt, die Deutschen liebten immer nur die Opfer und mißachteten die Tatkräftigen unter den Juden..., gerade wir, wollte ich sagen, denen militante Rechte seit Jahr und Tag kruden Philosemitismus vorwerfen, sollten uns, meine ich, hüten, unentwegt Solidaritätserklärungen abzufassen, die jenen zuallerletzt anstehen, die zu Recht davon Abstand nahmen, ihren Abscheu vor Untaten der RAF immer aufs neue zu manifestieren.«

Gibt es jemanden in der Bundesrepublik, einschließlich der fünf neuen Länder, der uns erklären könnte, was Professor Walter Jens damit sagen wollte? Daß er sich nicht kruden Philosemitismus vorwerfen lassen möchte, schon gar nicht von militanten Rechten, auf die es ihm sonst so sehr ankommt? Daß zu Israel schweigen sollte, wer seinen Abscheu vor den Untaten der RAF manifestierte bzw. davon Abstand nahm? Meint Walter Jens die Rote-Armee-Fraktion oder die Royal Air Force? Ich weiß es wirklich nicht, ich weiß nur eins: Wer solche Freunde hat, der muß sich vor seinen Feinden nicht mehr fürchten.

Da schätze ich schon eher jene, die Klartext reden und sich nicht als Freunde des jüdischen Volkes verkleiden. Die Abgeordnete Vera Wollenberger etwa (Bündnis 90/Grüne), die nach ihrer Rückkehr von einer Informationsreise nach Syrien und Jordanien erklärte, Waffenlieferungen an Israel wären »ganz gefährlich, weil das die Stimmung in der arabischen Welt weiter verbittern wird«. Da möchte man der Abgeordneten Wollenberger für ihren Beitrag zum politischen Aschermittwoch danken, weil sie mit einfachen und doch klaren Worten auf einen kausalen Zusammenhang hingewiesen hat: Je besser Israels Überlebenschancen, um so mieser die Stimmung in der arabischen Welt. Da wird auch dem letzten Friedensfreund in Radebeul sofort klar, wie man die Verbitterung der Araber kurieren könnte.

Im gleichen Sinne, wenn auch mit anderen Worten, äußerte sich der PDS-Ehrenvorsitzende Hans Modrow. Er meinte: »Der einzig wirkliche Schutz für Israel ist, keine Waffen zu liefern.« — Das sagte ein PDS/SED-Funktionär, unter dessen Mitverantwortung die NVA der DDR den Freunden von der irakischen Armee den richtigen Umgang mit chemischen Kampfstoffen beibrachte.

Was lehrt uns das? Im normalen zwischenmenschlichen Verkehr kann absichtlich unterlassene Hilfeleistung als Beihilfe zur Tat gewertet werden. Wer einem Menschen, der von seinem Nachbarn akut bedroht wird, nicht zu Hilfe kommt und ihm statt dessen einen Vortrag hält, er sollte sich doch um ein gutnachbarliches Verhältnis bemühen; wer mit einem Menschen, der zu ertrinken droht, eine Diskussion darüber anfängt, ob man ihm einen Rettungsreifen zuwerfen sollte, wo er doch an seiner Lage selber schuld wäre, weil er nicht beizeiten schwimmen gelernt hätte — wer so handelt, der sollte wenigstens nicht die Pose des wohlmeinenden Freundes einnehmen. Für jede Heuchelei gibt es eine Schamgrenze. Wer so handelt, der muß sich auch die Frage stellen, ob er das Unglück, das er mit allerlei grundsätzlichen Überlegungen räsonierend begleitet, nicht zu gern passieren sehen möchte.

Nachdem die ersten irakischen Raketen in Israel eingeschlagen waren, meinte Joschka Fischer, die Raketenangriffe auf Tel Aviv hätten »nicht den Stellenwert in den Köpfen, den sie haben müßten«. Die Parole »Hände weg von Israel!« müßte genauso eine Forderung sein wie »Sofortiger Stopp des Krieges!«. Da lag Joschka Fischer aber gewaltig daneben. Die irakischen Angriffe auf Israel hatten genau den Stellenwert in den Köpfen der Friedensbewegten, den sie haben sollten. Daß sie nicht das Entsetzen und das Grausen auslösten, wie Fischer es sich gewünscht hätte, hatte einen einfachen Grund. Die mögliche Vernichtung Israels wurde nicht nur als die logische, fast zwangsläufige (also verdiente) Konsequenz der israelischen Politik billigend in Kauf genommen, es war diese Option, die Saddam Hussein jenen Sympathie-Bonus verschafft hat, den er mit seinem antiimperialistischen Gedröhne allein nicht erreicht hätte.

Daß ich ja richtig mißverstanden werde: Ich meine nicht, daß sich die Mehrheit der Deutschen die Vernichtung Israels wünscht. Ich meine, daß in einem quantitativ wie qualitativ erheblichen Teil der Friedensbewegung der unbewußte, aber überaus heftige Wunsch am Werke war, Saddam Hussein möge die historische Chance nutzen und den Job vollenden, den die Nazis nicht zu Ende bringen konnten. Dann, endlich, würden manche Restriktionen entfallen, kein Deutscher müßte es sich »angesichts der deutschen Geschichte« mehr verkneifen zu sagen, was er sagen möchte, aber eben nicht darf. »Wir«, das heißt die besseren Deutschen, wären endlich »eine Vergangenheit los, die uns ein freies Urteil nicht mehr erlaubt«. Mit anderen Worten: Mit der zweiten Endlösung der Judenfrage in Palästina würde die erste endgültig in den Kulissen der Geschichte verschwinden. Und ganz nebenbei wäre der Beweis erbracht, daß niemand mit den Juden in Frieden leben kann, nicht mal die Araber, die ja von Haus aus auch Semiten sind.

Krippendorff würde eine solche Überlegung ein »Szenario« nennen. Ich halte es für eine logische, fast zwangsläufige Konsequenz der Einsichten, die einem in den sechs Kriegswochen aufgedrängt wurden. Das muß man sich mal in aller Ruhe vergegenwärtigen: Während die Vernichtungsversprechen Saddam Husseins an die Adresse Israels nicht wahrgenommen bzw. bagatellisiert wurden, wurde zur selben Zeit das Szenario eines »Dritten Weltkrieges« entworfen, der »mehrere Millionen Opfer« (Vera Wollenberger) kosten würde. Junge Deutsche, die sich unter Parolen wie »Wann sind wir die Wüste?« und »Diesmal war's am Golf — und morgen?« zu Mahnwachen hinhocken, dabei Traueranzeigen für »unsere geliebte Mutter, die Erde« verteilen und zugleich den Israelis zurufen, sie sollen sich wegen der paar Raketen nicht so anstellen und sich lieber aus den besetzten Gebieten zurückziehen, mögen objektiv verwirrte Geister sein, sie wissen dennoch genau, was sie tun. Wenn ihnen dann vorgehalten wird, sie würden ihren Pazifismus auf Kosten Dritter pflegen, dann antworten sie, sie hätten eben die Lehren aus der deutschen Geschichte gezogen. Gewalt dürfe nie wieder Mittel der Politik sein. Sie kommen mir vor, wie ein restlos resozialisierter Gewalttäter, der seelenruhig zuschaut, wie ein Straßenräuber einen Passanten ausnimmt, und dabei nicht eingreift, weil er der Gewalt grundsätzlich abgeschworen hat und um keinen Preis rückfällig werden möchte. Daß die Friedensbewegung zu den Massakern der irakischen Truppen an den Kurden und den Schiiten ebenso vernehmlich schweigt, wie sie vor Beginn des Golfkrieges zu dem Überfall auf Kuwait geschwiegen hat, kann nur diejenigen irritieren, die der Behauptung ihrer Sprecher Glauben schenken, man wäre nicht von antiamerikanischen Ressentiments erfüllt.

Am 13. April 1991 erschien in der »Frankfurter Rundschau«, als Reaktion auf einen Artikel des »FR«-Redakteurs Reifenrath, ein Leserbrief von Dr. Andreas Buro. Der Sprecher des Komitees für Grundrechte in Bonn-Beuel bemühte sich um eine Antwort auf eine Frage, die sich in diesen Tagen so viele stellen: Warum geht die Friedensbewegung gegen den Massenmord an den Kurden nicht en masse auf die Straße? Dies könne von der Friedensbewegung nicht erwartet werden, meinte Buro, denn: »Was für Übermenschen sollen diese Demonstranten eigentlich sein, die ständig ... auf der Straße sein sollen, die gleichzeitig ihrem Broterwerb nachzugehen haben, aber auch gut leben wollen und viele Hobbys wie jeder andere Mann und jede andere Frau haben.« Schließlich gäbe es »durchgängig immer zehn bis zwanzig Kriege auf der Welt gleichzeitig«, es würde »ständig in vielen Ländern gefoltert und das Menschenrecht mit Füßen getreten ...«

Das leuchtet ein. Auch die engagiertesten Friedenskämpfer müssen ihr Geld verdienen, und es wäre nicht fair, von ihnen zu erwarten, daß sie dauernd wegen irgendwelcher Kriege ihre Bauchtanz- und Ikebana-Kurse versäumen sollen. Seien wir generös, lassen wir sie bei ihren Hobbys regenerieren und neue Kräfte sammeln. Beim nächstenmal, wenn es dann gegen den US-Imperialismus oder die zionistische Aggressionspolitik geht, werden sie wieder mit von der Partie sein.

Vom Untertan zum Oberlehrer

Am 15. Januar 1991, dem Tag, an dem das UN-Ultimatum an den Irak ablaufen sollte, schickte eine Gruppe deutscher Kulturschaffender ein Telegramm »An den UNO-Sicherheitsrat New York, Haus der Vereinten Nationen: Tief besorgt appellieren wir an den UNO-Sicherheitsrat, den die ganze Welt mit unausdenkbaren Folgen bedrohenden Krieg zu verhindern durch Annahme des französischen Sechs-Punkte-Plans oder durch Verlängerung des Irak-Ultimatums, um Zeit für eine friedliche Lösung des Golf-Konflikts zu gewinnen.« Unterschrieben war der Appell u.a. von Kurt Masur, Leiter des Leipziger Gewandhaus-Orchesters, Bischof Gottfried Forck, Pfarrer Friedrich Schorlemmer, den Schriftstellern Peter Härtling, Volker Braun, Christa Wolf und einigen Schauspielern und Regisseuren. Als gleich darauf, trotz der Einrede aus Deutschland, der Krieg doch noch ausbrach, war die Zeit der tiefen Besorgnis und der Appelle vorbei. Es mußte gehandelt werden. Da die Lichterketten noch nicht erfunden waren, beschloß der Luchterhand-Literaturverlag mit einem publizistischen Schnellschuß zu intervenieren.

Anfang März erschien die Luchterhand-Flugschrift »Ich will reden von der Angst meines Herzens« mit Stellungnahmen von »Autorinnen und Autoren zum Golfkrieg«, der gerade eben mit der Kapitulation der irakischen Armee zu Ende gegangen war. Wie so oft im wirklichen Leben hatte die Demonstration des guten Willens einen kleinen Schönheitsfehler: Sie hinkte dem Ereignis, dem sie ihren Aufbruch verdankte, hinterher. Dennoch oder gerade deswegen: »Ich will

reden von der Angst meines Herzens« bleibt ein Dokument
der Zeitgeschichte, das Aufschluß gibt über die kollektive »Befindlichkeit« jener Tage.

Der Aufmarsch der »edlen Seelen«, die ihre Texte dem Verlag honorarfrei überließen, der sich im Gegenzug verpflich-
tete, den Reinerlös aus dem Verkauf des Buches dem Roten
Kreuz »für zukünftige Hilfsaktionen im Kriegsgebiet« zu
überweisen; der Aufmarsch der »edlen Seelen« in der deutschen Etappe war alphabetisch organisiert, womit die Gleich-
wertigkeit der Beiträge angezeigt werden sollte. Vorneweg zog
Lothar Baier, der »im Interesse der Gegenwart« die Empfeh-
lung gab, »den Nationalsozialismus, Hitler, München und
Auschwitz für diesmal als historische Lektion zu vergessen«,
dicht gefolgt von Klaus Bednarz, der die Frage stellte, in welchen Redaktionen eigentlich »eine ernsthafte Diskussion darüber stattgefunden« habe, »wie inhaltlich und in welcher Ter-
minologie über den Krieg zu berichten« sei. Volker Braun
steuerte ein kurzes Gedicht mit dem Titel »Wüstensturm« bei,
in dem die Zeilen vorkommen:

Der Norden lehrt den Süden Mores GOTT
MIT UNS/DIE MUTTER DER SCHLACHTEN
Der Schwelbrand der Hemisphären
Entflammt mit billigem Öl
Und Bagdad mein Dresden verlischt

Allein mit diesen drei Beiträgen wäre das ganze Potential
des Vorhabens schon angemessen repräsentiert. Während der
eine den Nationalsozialismus als historische Lektion vergessen wollte, der andere die verbindliche Sprachregelung ver-
mißte, sah der dritte in Bagdad sein Dresden verlöschen. Ganz
offensichtlich muß eine irakische Scud-Rakete doch irgendwo
über dem Bundesgebiet explodiert sein und ihre Lachgas-
ladung gleichmäßig über die Landschaft verteilt haben.

Die Autorin und Filmemacherin Mechtild Curtius widmete ihren Text (»Im Dunkel«) nicht etwa den Einwohnern von Bagdad oder Tel Aviv, was zwar ein wenig kokett, aber noch annehmbar gewesen wäre, sondern »meinen Mitarbeitern vom Lausitz-Film«. Der Beitrag fängt mit diesen Worten an: »Von außen kein Ton. Von draußen kein Licht. Wir sitzen im Raum, schalldicht und blickdicht. Kampfflieger sehen und hören wir nicht. Wenn auf das Haus die Bombe fällt, kommt der Tod schnell zu uns, kein Gestank vorher, kein Krachen. Wenn sich die Decke über uns senkt, ist es zum Fürchten zu spät.« Erst im folgenden Absatz wird klar, daß die Autorin nicht in einem Luftschutzraum sitzt, sondern in einem Tonstudio, um einen Film zu betexten, der im übrigen mit dem Krieg am Golf nichts zu tun hat! Doch sie fühlt, als säße sie in einem Bunker, der jeden Moment über ihr zusammenbrechen könnte.

So ähnlich muß auch Walter Jens empfunden haben, der seinen Beitrag mit den Worten beschließt: »Die kleinen Leute in Kuwait und Israel, Juden und Araber zahlen die Zeche und sind wie immer die ersten, wenn Blut verlangt wird, Blut für Wahnsinnsträume in Bagdad und Blut fürs Geschäft. Wir sollten ihrer gedenken. Ihr Schicksal ist auch unseres.«

Gabriele Dietze (»Krieg den Gerechten Kriegern«) hält es dagegen nicht mit den kleinen Leuten, sondern mit den finsteren Mächten. Man dürfe sicher sein, meint sie, »daß die CIA und der Mossad in vereinter Anstrengung Hussein hätten ermorden können, wenn sie gewollt hätten«. Die Frage, warum die beiden Geheimdienste nicht getan haben, wozu sie nach Einschätzung der Berliner Übersetzerin in der Lage gewesen wären, bleibt vielsagend im Raum hängen. Dafür spricht sie eine andere mutig aus: »Was treibt also den ›gereiften‹ linken Mann in den Krieg, den er ungeachtet der Fakten als ›gerecht‹ bezeichnet?« Die Antwort kann mit der Frage Schritt halten, die linken Kriegstreiber sind »historische Verlierer«, die oft »aufs falsche Pferd gesetzt« haben. Der Sozialismus ist »ihnen unter den Händen zerbröckelt«, dann sind ihnen »auch noch die Karrieren wegquotiert worden«. Die Folgen sind klar: »Das Gefühl der Frustration und Impotenz sucht sich ein Ventil. Völkerrecht, Tyrannenmord sind die Legitimationsmuster. Das deutsche Trauma, den Holocaust nicht verhindert zu haben und jetzt zu glauben, man könne sich mit der Waffe in der Hand an der Seite der Opfer läutern, tut ein übriges ...«

Ich mag nicht kleinlich sein, mir aber an dieser Stelle auch nicht einen sachlichen Hinweis verkneifen. Falls es ein »deutsches Trauma« im Zusammenhang mit dem Holocaust gibt, dann nicht deswegen, weil die Deutschen den Holocaust nicht verhindert, sondern weil sie ihn begangen haben, was ein kleiner, aber doch relevanter Unterschied ist. Es stimmt zwar, daß sich einige Freiwillige in Deutschland zum Einsatz am Golf gemeldet haben, aber nicht, um »mit der Waffe in der Hand an der Seite der Opfer« zu kämpfen, sondern um Saddam Hussein zu helfen, zu dessen Aufrüstung die deutsche Industrie bereits maßgeblich beigetragen hatte.

Während mit deutschem Know-how nachgebesserte Scuds Kurs auf Riad und Tel Aviv nahmen, lehnten Sprecher der Friedensbewegung die Lieferung deutscher Gasspürpanzer nach Israel entschieden ab, da sie darin einen Beitrag zur Eskalation des Krieges sahen. Diese praktische Arbeitsteilung zwischen der deutschen Rüstungsindustrie und der deutschen Friedensbewegung ist dann von einigen »Bellizisten« gestört worden, deren wirkliche Motive nun von Gabriele Dietze aufgedeckt werden: abgebrochene Karrieren und zerronnene Träume.

Ähnlich wie sie argumentiert auch Christoph Hein: »Kein Krieg ist heilig, kein Krieg ist gerecht.« Er erinnert an »die Kriegsbegeisterung von 1914 und 1939« und »an den Schwur von Buchenwald ›Nie wieder Krieg‹«. — Da ist auch dem Kollegen Hein etwas durcheinandergeraten. Es waren die Überlebenden des Krieges, die den Schwur von Buchenwald leisteten, und sie verdankten ihr Überleben der Tatsache, daß die Alliier-

ten den Krieg gegen die Betreiber von Buchenwald nicht ge-
scheut hatten. Ausgerechnet die Überlebenden der Nazis zu
Kronzeugen dafür aufzurufen, daß es keinen gerechten Krieg
gibt, zeugt von einer Gedankenlosigkeit, die man auch einem
ehemaligen Bürger der DDR unter besonderer Berücksichtigung der antifaschistischen Erziehung, die ihm verpaßt wurde,
nicht durchgehen lassen kann.

Gleiches gilt auch für die Schriftstellerin Gabi Kachold, die
wie Christoph Hein in der DDR sozialisiert wurde. Sie
schreibt in ihrem Text »zum golfkrieg«: »ich hoffe als deutsche, daß die amerikaner nun aus deutschland rausgehen/ich
will aus der jüdischen, aus der russischen, aus der amerikanischen geschichte raus, die immer einen masochistischen oder
sadistischen nationalitäteneros schaffen mit anspruch auf welt-
herrschaft/ich will endlich zu meiner geschichte kommen ...«

Die Assoziationen und Reaktionen, die der Golfkrieg in
deutschen Köpfen auslöste, zeugten von einem gesamtdeutschen Melodram gigantischen Ausmaßes. Was hatten all diese
Menschen jahrelang verdrängt, zurückgehalten, niederge-
dacht, das nun mit Wucht aus ihnen brach? Während Gabi Kachold aus Erfurt endlich zu ihrer Geschichte kommen wollte,
um dem jüdisch-russisch-amerikanischen Anspruch auf Welt-
herrschaft zu entkommen, zelebrierte ihre westdeutsche Kol-
legin Anna Rheinsberg in Marburg eine »Menage à trois« der
besonderen Art: »Als dieser Krieg losbrach, in der Nacht vom
sechzehnten auf den siebzehnten Januar 1991, waren mein
Mann, ein gemeinsamer Freund und ich, im Haus. In der Nacht
sprachen wir über den Krieg und über den Tod, den der Mann
wieder und wieder in die Welt bringt ... und wir betranken uns.
Am Morgen weinten mein Mann und der Freund ...«, während
Anna, wollen wir zu ihren Gunsten mal annehmen, die Fla-
schen wegräumte und die Haustiere versorgte.

Wo nehmen diese Leute nur den Mut her, ihre gebrauchten
Tempo-Taschentücher an die Wäscheleine zu hängen? Gemes-

sen an Äußerungen dieser Art wirkten Banalitäten wie »Die Kränkung Arabiens ist real, nicht eingebildet« (Uwe Friesel) und »Der ganze Krieg — eine Folge von brutaler Ignoranz gegenüber jüdischer und arabischer Kultur« (Gert Heidenreich) wie ausgereifte philosophische Einsichten.

Die Luchterhand-Flugschrift »Ich will reden von der Angst meines Herzens — Autorinnen und Autoren zum Golfkrieg« gehört zusammen mit dem Otto-Katalog und der Speisekarte aus dem inzwischen liquidierten Ost-Berliner Nobellokal »Gastmahl des Meeres« zu den Dokumenten, die man atombombensicher verwahren sollte, um nachfolgenden Generationen einen authentischen Eindruck von der Stimmung in Deutschland im Jahre eins nach der Wiedervereinigung zu geben, als noch keine Pogrome auf Ausländer veranstaltet, keine Häuser, in denen Türken wohnen, angezündet und Tausende von Bettlaken zum Zeichen der symbolischen Kapitulation aus den Fenstern gehängt wurden, kurzum: als Deutschland noch ein friedliches Land war und seine Bürger es für ihre sittliche Pflicht und moralische Aufgabe hielten, sich Sorgen um den Frieden in der Welt zu machen.

In jenen Tagen kam es kurzfristig zur Bildung einer echten Volksgemeinschaft: Die Dichter und die Intellektuellen äußerten sich genauso wie die Vox populi, der sie normalerweise nicht über den Weg trauen. Wer von Luchterhand nicht eingeladen worden war, von der Angst seines Herzens zu reden, der fand leicht eine andere Möglichkeit, seine Innereien an die nationale Kläranlage anzuschließen.

»Das Neue Deutschland«, der antifaschistischen Tradition wie der historischen Wahrheit gleichermaßen verpflichtet, schrieb: »Erstmals seit 45 Jahren laden wieder anglo-amerikanische Bombengeschwader ihre tödliche Last ab.«

Die bayerische SPD-Vorsitzende und Vize-Präsidentin des Bundestages, Renate Schmidt, begann eine Rede mit dem Hinweis auf eine historische Analogie: »Heute, am 13. Februar, jährt sich der Angriff auf Dresden zum 46. Mal. Die Verletzten und die Toten, die Zerstörungen (im Irak) dürften das Inferno von Dresden in der Zwischenzeit übertreffen.«

Mitbürger und Mitbürgerinnen verwandelten freie Flächen in Anschlagtafeln. »Kein Blut für Öl« war die Standardparole; »Ab morgen 3. Weltkrieg« warnten Berliner Studenten; »Ich habe echt null Bock für Oil zu sterben«, klagte ein Kölner Oberschüler, und eine Hamburger Bürgerinitiative warf einen zornigen Blick nach vorn: »Bagdad brennt wie ein Christbaum. Damit bei uns die Lichter nicht ausgehen. Die Zukunft ist finster.« Autofahrer wurden von handgemalten Plakaten aufgefordert: »Hupt gegen den Krieg!« Und wer darüber hinaus noch etwas zu sagen hatte, der schrieb einen Leserbrief.

Auf meinen Artikel »Unser Kampf«, der im »Spiegel« erschien, bekam ich 500 Zuschriften, die sich — mit einer (1!) Ausnahme alle so lasen wie die Beiträge in der Luchterhand-Flugschrift. Die Annahme, daß die Dichter und die Intellektuellen genau das Publikum haben, das sie verdienen, kann also nun authentisch belegt werden. Ebenso die Befürchtung, daß der bekannte deutsche Untertan nach der Behandlung durch Franz Alt, Margarete Mitscherlich und Horst-Eberhard Richter als Oberlehrer verkleidet sein Unwesen treibt. In jedem Fall ist es aufschlußreich, einen Blick in das Innere der aufgewühlten Volksseele zu werfen:

»Schmierenjournalist, politische Dreckschleuder! ... Eine Frechheit! ... Perfide Argumentation! ... Billige Polemik von ganz rechtsaußen! ... Infame Unterstellungen! Zeugnis menschlicher Niedertracht! ... Vernichtung durch Wörter! ... Kübel aus Dreck und Geifer ... Unflat ... Häme und Infamie ... Zynismus und brutalisierte Phantasie ... Unflätige Ausfälle! ... Unappetitliches Geschmiere ... Hetze ... Denunziation und Verächtlichmachung! ... Stammtisch-Polemik in Form eines rhetorischen Amoklaufs! ... Üble Hetze, Rufmord, infame

Lüge! ... Hetzschrift gegen die deutsche Friedensbewegung ... Broder will der Friedensbewegung den Krieg erklären! Süffisant-zynischer Text in der Folge Goebbelsscher Demagogie! ... Eine Unverschämtheit!«

Zwei Briefe waren anonym, alle übrigen mit Namen und Adresse gezeichnet. Ein auffällig großer Teil der Schreiber führte einen Dr.-Titel oder einen anderen akademischen Grad in der Kopfzeile. Und nicht alle Absender schimpften nur, viele argumentierten auch:

»Aus solchem Holz sind die Schreibtischtäter, die ein friedliches Miteinander in der Welt verhindern wollen.«

»Die Kanalisation muß ein Leck haben. Sonst hätte soviel polemische Scheiße nicht auslaufen können.«

»Broder hat sich vom Opfer zum Täter entwickelt. Daß er sich dabei der propagandistischen Methoden derer bedient, die den Holocaust begangen haben, ist besonders peinlich.«

»Broder bedient sich der aberwitzigsten sprachlich-inhaltlichen Verzerrungen und miesester Diskriminierungsrhetorik mit all deren unlauteren Sprachgaunereien, wodurch jegliche Objektivität und jeder rational erkennbare Textgehalt auf primitiv-teuflische und wirklichkeits-pervertierende Weise bis zur Unkenntlichkeit entstellt wird.«

»Die Thesen Broders weisen in ihrer monomanisch-bramarbasierenden Verbissenheit und apodiktischen Übergeschnapptheit eine negative Energie auf, daß dem Leser die Empörung darüber im Halse steckenbleibt und einer Konsterniertheit weicht, die sich in der verblüfften Frage äußert: Wo nimmt der Mensch bloß diese Absurditäten her?«

»Das Wort von Hegel: Aus der Geschichte der Völker können wir lernen, daß die Völker aus der Geschichte nichts gelernt haben, gilt für das deutsche Volk seit 1945 nicht mehr. Die Deutschen ... haben ihre Lektion gelernt: die Sinnlosigkeit eines jeden Krieges.«

Sagt einer in Deutschland in einer Diskussion »Auschwitz«, bekommt er sofort »Dresden« zur Antwort. Sagt er »Endlösung«, erinnert ihn sein Gegenüber gleich an die Ausrottung der Indianer in Amerika. Und sagt einer Antisemitismus, dröhnt es ihm sofort »Israel« bzw. »Palästina« entgegen.

»Zu den israelischen Soldaten, die zehnjährige Palästinenserkinder erschießen, fällt Broder keine Charakterisierung ein!«

»Ich bin gegen jede Art von Faschismus, gegen den deutschen, gegen den irakischen, aber auch gegen den von Israel praktizierten!«

»Krieg ist für uns ein für allemal kein verhandelbares Mittel der Politik mehr! Fegen Sie also vor der eigenen Tür! Denn wenn Israel — und das ist auch die Meinung vieler meiner jüdischen Freunde — den Frieden wirklich wollte, dann hätte es ihn längst!«

»Vielleicht sorgt der israelische Staat ... erst einmal für Frieden und Völkerrecht in den eigenen Reihen, ehe er durch den Mund des H. Broder die deutsche Friedensbewegung angreift, die die Konfliktlösung mit friedlichen Mitteln in allen Regionen anstrebt und einfordert!«

»Broder vergißt, daß die israelische Regierung und das Militär dieselben Methoden den Palästinensern gegenüber anwenden, die das jüdische Volk durch die Nazis erfahren hat.«

»Kommen Sie sich nicht langsam zu blöd vor, ständig auf andere, nie auf Israel und seine Verbrechen zu deuten? Ich darf sagen, was ich will, obwohl ich Deutsche bin!«

»Trotz der tiefen und immerwährenden Scham über den Holocaust lasse ich mir das Recht auf Kritik an israelischer Politik von niemandem absprechen.«

Es scheint, als würde das Recht auf Israel-Kritik zu den relevanten politischen Rechten in der Bundesrepublik gehören, das, obwohl vom Grundgesetz nicht ausdrücklich geschützt, für das individuelle Wohlbefinden der Bürger wie für die politische Kultur des Landes unverzichtbar ist. Könnte es sein, daß jeden Morgen Millionen von besorgten Deutschen gleich nach dem Aufwachen ans Radio stürzen, um zu hören, ob es etwas Neues in Israel gibt, das sofort kritisiert werden muß? Und daß Millionen Deutsche abends kurz vor dem Einschlafen sich noch einmal fragen, ob sie von ihrem Recht, ja: ihrer Pflicht, Israel zu kritisieren, genügend Gebrauch gemacht haben?

Seit in der Bundesrepublik Ausländer gelegentlich bei lebendigem Leib verbrannt werden, hat das Interesse am Schicksal der Palästinenser etwas nachgelassen. Zur Zeit des Golfkrieges jedoch vertrat nicht nur der Berliner Grüne Hans-Christian Ströbele die Meinung, Israel habe sich selbst in die mißliche Lage gebracht, weil es die Palästinenser unterdrücken würde. Es war geradezu ein Vorrecht der Deutschen, die ja aus der Geschichte gelernt hatten, »Israel mit Lob und Tadel als Bewährungshelfer moralisch beizustehen, damit das Opfer nicht rückfällig werde« (Wolfgang Pohrt). Wo sich der Untertan durch Selbsthypnose in den Oberlehrer verwandelt, da mögen auch die Erben der Täter glauben, sie wären als Bewährungshelfer besonders qualifiziert – nicht trotz, sondern wegen der historischen Last im Gepäck:

»Sogar die unauslöschliche Schuld unserer Eltern/Großeltern wird uns ... nicht daran hindern, klar zu Menschenrechtsverletzungen Stellung zu beziehen ... Wir lassen uns weder von Ihnen noch sonst jemandem einen Maulkorb umhängen – diese Lehre folgt aus den Verbrechen unserer Eltern/Großeltern.«

»Für die Palästinenser einzutreten ist nicht nur aus Gründen des Mitgefühls in Deutschland besonders nötig. Weil Deutsche sehr wohl begriffen haben, welches Grauen von hier ausgegangen ist, wollen sie Israel warnen, dasselbe zu tun.«

Einige der Bewährungshelfer legten dar, unter welchen Umständen sie bereit wären, den Juden zu vergeben. Ein in den siebziger Jahren bekannter linker Schriftsteller, von dem man lange nichts mehr gehört und gelesen hatte, meldete sich von seinem Altersruhesitz auf Mallorca mit einer Stellungnahme, in der er darlegte, was ich eigentlich sagen wollte, also die Botschaft analysierte, die in meinem Text »nicht ausgesprochen, aber durch die Haltung des Autors vermittelt wird«. Nämlich:

»Die Deutschen haben sechs Millionen von uns ermordet. Deshalb traut sich niemand, gegen uns vorzugehen. Das ist eine historisch einmalige Gelegenheit, die wir bis zur Neige ausnützen werden. Da muß uns verlogene Argumentation zugestanden werden in der Verteidigung unserer Interessen: Brutalität, Gewalt und Grausamkeit nach Belieben. Uns ist soviel Unrecht geschehen, wir haben ein unerschöpfliches Recht auf Unrecht erworben. Wir sind ermächtigt, Arabern ihre Heimat zu stehlen und alle völkerrechtlichen Übereinkommen zu verhöhnen. Wir haben das Recht auf Barbarei mit sechs Millionen Leichen erkauft. Frevelhaft übermütige Willkür ist das Wenigste, was wir als Entschädigung verlangen dürfen. Wer unsere Verbrechen Verbrechen nennt, schändet das Andenken von sechs Millionen erschlagener, erschossener, vergifteter Juden.«

Jean Amery hätte diesem Stück linker »Stürmer«-Prosa einen Ehrenplatz in seiner Sammlung des »ehrbaren Antisemitismus« eingeräumt. Da läßt einer einen Juden reden, so wie sich ein Antisemit ein jüdisches Selbstgespräch vorstellt. Der Jude nutzt seinen historischen Vorteil hemmungslos aus, praktiziert Brutalität, Gewalt und Grausamkeit »nach Belieben«, verteidigt sein Recht auf Barbarei mit frevelhaft übermütiger Willkür ... Und niemand wagt es, das an sich Notwendige zu tun und gegen ihn »vorzugehen«. So haben die Juden praktisch einen Freifahrtschein für alles. Unser Schriftsteller i. R. nennt das einen »Larmoyanz-Vorteil«. Doch er ist fair und bereit, den frevelhaften Juden noch eine Chance zu geben, die sie eigentlich verwirkt haben:

»Die Juden, denen die Menschheit soviel verdankt, könnten durch den Verzicht auf ihren Larmoyanz-Vorteil das politische Klima in der Welt stärker verändern als irgendein anderes Volk auf der Erde. Die Völker würden ihnen geben, was sie mehr brauchen als alles andere, sie würden sie lieben ...«

Das Anmutige an dieser Argumentation ist, daß hinter dem erhobenen Zeigefinger des Oberlehrers, der den Juden den Verzicht auf ihren Larmoyanz-Vorteil nahelegt, damit er sie lieben kann, obwohl es schon reichen würde, wenn er sie nur in Ruhe ließe, daß hinter dem erhobenen Zeigefinger die geballte Faust sichtbar wird. Folgen die Juden nicht dem gutgemeinten Rat, machen sie mit dem Larmoyanz-Vorteil weiter ihre miesen Geschäfte, müssen sie mit weiterem Liebesentzug rechnen. Was das bedeutet, weiß jeder Jude aus Erfahrung: heute eine Sanktion und morgen ein Pogrom. So läßt unser pensionierter Schriftsteller, der vor vielen Jahren auf eine kluge Weise beschrieb, »wie eine Meinung in einem Kopf entsteht«, die Pädo-Sau vom Haken: Selber schuld, wenn die Itziks nichts dazugelernt haben. Sie werden schon sehen, was sie davon haben.

Mit dieser Meinung steht er nicht allein da.

»Broder gelingt es, den Prozeß einer tatsächlichen Normalisierung zwischen Juden und Nichtjuden zu sabotieren.«

»Das jüdische Volk darf sich bei Ihnen bedanken. Mit diesem Artikel dürften Sie wieder ein gewisses Stück neuer Ressentiments verursacht haben.«

»Warum druckt ›Der Spiegel‹ einen Mann, der mit jedem seiner Auftritte die Feinde Israels um Tausende vermehrt?«

»Wer schützt die Juden vor Henryk M. Broder? ... Seine unerträgliche Mixtur aus Verdrehungen, Bösartigkeit und schlimmsten Beleidigungen produziert nur eins: Antisemitismus.«

»Wir sollten nicht länger Sympathie und Freundschaft mit Israel heucheln. Tragen wir doch unsere schlimme Vergangenheit mit Würde.«

»Nie habe ich begreifen können, wie Menschen in ihrem Haß gegen Juden bis zu deren physischer Vernichtung gehen konnten. Nach der Lektüre von Broders ›Spiegel‹-Beitrag beginne ich, dies erstmals zu verstehen.«

So habe ich — immerhin — ein paar Denkanstöße gegeben und Erkenntnisse befördert, die bis dahin in den Untiefen der Schuldgefühle geschlummert hatten. Die Oberlehrerriege, die sich bei mir gemeldet hat, um mir ihre Empörung über mein Geschmiere mitzuteilen, ist eine klar definierbare Truppe: humanistisch gebildet, das heißt, mit dem Großen Latinum bewaffnet, im Beamtenheimstättenwerk organisiert und jederzeit bereit, sich mit einem Rasenmäher den Weg durch die Menge zu bahnen — Mutanten eines Typus, der zu Unrecht lange als ausgestorben galt. Auf dem Weg vom Untertan, der vor jeder Autorität in die Knie geht, zum Oberlehrer, der die richtigen Konfliktlösungen »in allen Regionen anstrebt und einfordert«, taumeln sie Ratschläge erteilend und doch ratlos durch die Geschichte, um bei irgendeiner »Bewegung« zu landen, in der sie für alles Verantwortung übernehmen können, nur nicht für sich selbst.

Auf der Strecke vom Untertan zum Oberlehrer hat sich das deutsche Gemüt einmal im Kreise gedreht. Und wie bei jeder Rundfahrt liegen Start und Ziel dicht beieinander.

Der Heißluftballon als Präservativ

Gäbe es das Böse nicht in der Welt, wären die Verteidiger des Guten schlecht dran. Kriminalbeamte könnten tagelang Canasta spielen, Richter würden nur noch Verstöße gegen das Ladenschlußgesetz ahnden, und hauptberuflich gute Menschen wie Walter Jens, Robert Jungk und Uta Ranke-Heinemann müßten sich nach richtiger Arbeit umsehen. Am schlimmsten würde es aber die sogenannte Friedensbewegung erwischen. Noch ehe ihre Anhänger merken würden, daß sie von Kriegen so abhängig sind wie ein Alki von seinem Fusel, wäre ihnen schon der Boden unter den Füßen entzogen — politisch, moralisch und auch ökonomisch. Die Friedensbewegung kann ohne Krieg nicht existierten. So gesehen ist es ganz natürlich, daß die einzigen, die mit Militärexperten bei Diskussionen über Waffensysteme mithalten können, engagierte Friedensfreunde sind.

Nun wird die Friedensbewegung — nicht nur in Deutschland, sondern überhaupt — im Laufe von zwei Jahren zum zweitenmal auf eine politische und moralische Bewährungsprobe gestellt. Kaum hat sie, gemeinsam mit der irakischen Invasionsarmee, eine Schlappe erlitten, die zu ihrem vorübergehend spurlosen Verschwinden in der Etappe führte, wird sie wieder gezwungen, die Unterstände zu verlassen und abermals Flagge zu zeigen. Sie tut es diesmal weit zögerlicher, verhaltener als bei ihrem letzten Coming-out. Hatten zu Beginn der alliierten Intervention im Irak Hunderttausende es zu Hause vor ihren Fernsehgeräten nicht mehr ausgehalten und sich spontan auf den Straßen vereinigt, um ihrem Protest, ihrer

Empörung und ihrem Friedenswillen Ausdruck zu verleihen, so ließen sich dieselben Menschen durch Bilder und Berichte von dem Blutbad in Jugoslawien in ihren täglichen Pflichten und Vergnügungen nicht stören. Es gab keine Demos, keine Mahnwachen, es wurden keine weißen Bettlaken aus den Fenstern gehängt, kein Friedensfreund und keine Friedensfreundin begab sich nach Mostar, Vukovar oder Sarajevo, um dort ein Friedenslager auf einer öffentlichen Grünfläche aufzuschlagen, wie es die meist deutschen Friedensfreunde und Freundinnen in Bagdad taten, damit Saddam Hussein sich in seinem unterirdischen Führerbunker vor den Bomben der Alliierten ein wenig sicherer fühlen konnte. Jetzt herrscht dagegen die große Apathie. Jugoslawien liegt zwar vor der Haustür, scheint aber Lichtjahre entfernt. Die Ratlosigkeit der Friedensfreunde, wie sie sich derzeit auf der Meinungs- und Leserbriefseite der »tageszeitung« etwa artikuliert, ist um so größer, je kleiner die Entfernung zum Krisengebiet ist.

Einige Zeitgenossen sprechen in diesem Zusammenhang von einem Versagen der Friedensbewegung, werfen ihr Opportunismus und doppelte Moral vor. Die Vorwürfe sind unberechtigt, die Friedensbewegung verhält sich — innerhalb ihrer Parameter — logisch und konsequent. Der Pazifismus der Friedensfreunde ist nicht, wie gutgläubig unterstellt wird, Ausdruck einer politischen Haltung, es handelt sich vielmehr um eine säkulare Religion oder, besser gesagt: um einen Religionsersatz für Menschen, die nicht an Gott glauben und dennoch in der Tiefe ihrer Seelen Fundamentalisten geblieben sind. Natürlich ist die Ablehnung von Krieg und Gewalt politisch und moralisch richtig. Nur taugt der Pazifismus als sakrosanktes Prinzip soviel wie alle Prinzipien, die nicht an der Wirklichkeit überprüft werden. Im Spanischen Bürgerkrieg haben auch überzeugte Pazifisten mit den Republikanern gegen die Faschisten gekämpft. Sie konnten sich diesen kleinen Bruch ihrer Prinzipien nur erlauben, weil es damals keine Friedensbewegung wie heute gab. Nun heißt es in einem Aufruf zum Anti-Kriegs-Tag: »Waffen lösen keine Probleme, führen zu Eskalation von Konflikten und bedeuten unendlich viel Leid für die Bevölkerung ...«

Das ist ebenso gut gemeint wie falsch gedacht. Das Problem der Nazi-Präsenz in Europa *wurde* mit Waffengewalt gelöst, mit gutem Zureden hätten die Nazis ihre Stellungen nicht geräumt. Auschwitz wurde mit Waffengewalt geschlossen, nicht mit Resolutionen. Der Konflikt in Indochina wurde ebenso mit Waffengewalt entschieden wie der Kampf um Algerien. Und was die Eskalation von Konflikten und das Leid der Bevölkerung angeht: diese Logik, konsequent zu Ende gedacht, hätte die Alliierten davon abhalten müssen, den bewaffneten Kampf gegen die Nazis aufzunehmen. Auch die Juden im Warschauer Ghetto hätten, wären sie praktizierende Pazifisten gewesen, den Aufstand gegen die deutschen Besatzer nicht anfangen dürfen. Ihr Verhalten hat unzweifelhaft zu einer Eskalation des Konflikts geführt.

Nur wer an ein Leben im Jenseits glaubt, kann an einem solchen Gedanken Gefallen finden. Die Fundamentalisten der Gewaltlosigkeit praktizieren ihre Haltung durchaus wie ein Glaubensbekenntnis: Die Umzüge ähneln Prozessionen, die Demos erinnern an Feldgottesdienste, die Mahnwachen haben sakralen Charakter. Der quasi-religiöse Charakter der Friedensbewegung kommt aber nicht nur in ihren Ritualen zum Ausdruck, sondern auch in der Bereitschaft, andere den eigenen Grundsätzen zu opfern. Keine Religion kommt ohne Opfer aus, auch nicht die Friedensbewegung. Während des Golfkrieges wurde Israel immerzu ermahnt, auf die irakischen Raketenangriffe nicht zu reagieren, damit der Konflikt nicht weiter eskaliert. Diesmal sollen die Menschen in Jugoslawien geopfert werden, damit der Grundsatz der Unzulässigkeit einer militärischen Intervention nicht ins Wanken gerät. Einige friedensbewegte Aktivisten lassen inzwischen über die Möglichkeit einer bewaffneten Aktion in Jugoslawien mit sich reden, aber nicht, weil sie eingesehen haben, daß den Menschen geholfen werden muß, sondern weil ihnen von den allabendlichen Bildern in der Tagesschau ganz schlecht wird. *Sie* können das Blutvergießen in ihren Fernsehsesseln nicht mehr aushalten.

Es ist keine große Leistung, die Fundis der Friedensbewegung der Ignoranz und der Heuchelei zu überführen. Wenn sie erklären, militärische Interventionen wären sinnlos, »wichtiger wäre es, sich Gedanken darüber zu machen, welche friedlichen Wege der Konfliktlösung es gibt«, dann ist auch das eine Phrase von gigantischer Weltvergessenheit. Die einen kaufen sich eine Kalaschnikow, die anderen machen sich Gedanken. Und wie die katholischen Moralprediger der Überbevölkerung mit Appellen der Enthaltsamkeit anstelle von Geburtenkontrolle beikommen möchten, so möchten die Apostel der Friedensbewegung Nachdenklichkeit erzeugen, wo nur ein entschlossenes Eingreifen Menschenleben retten kann. »Tapferkeit muß sich durch Phantasie für den Frieden auszeichnen«, sagt Pfarrer Schorlemmer, während die Moslems in Gorazde massakriert werden. Die Kirche fordert von ihren Gläubigen Opfer, für deren Kosten sie nicht aufkommen muß, die Friedensbewegung betreibt ihren maroden Pazifismus auf Rechnung anderer.

Dabei können die Friedensfreunde, wenn sie nur wollen, sehr pragmatisch sein. Bei der Sitzblockade von Mutlangen nahmen sie allenfalls das Risiko auf sich, von einem Amtsrichter zu 20 Tagessätzen von je 50,- DM verurteilt zu werden, eine Ausgabe, die sich zwar als Werbungskosten nicht absetzen ließ, aber trotzdem als eine Image-Investition verbucht werden konnte. Wer heute noch nicht wegen Widerstands gegen die Staatsgewalt vorbestraft ist, der hat es schwer, als »mutig« und »engagiert« zu gelten. Keiner der Helden von Mutlangen hat sich zu einem Sitzstreik vor den Asyl-Unterkünften in Rostock niedergelassen, um Mut und Engagement unter den Bedingungen des real existierenden Fremdenhasses zu beweisen. Der Berliner Politologe, der vor kurzem noch laut darüber sinnierte, warum die Juden damals keinen Sitzstreik an den Verladerampen unternommen haben, um so den Deportationen zu entkommen und das NS-System durch passiven Widerstand aus den Angeln zu heben, hat es diesmal unterlassen, den Opfern der neuen Pogrome mit ähnlich guten Ratschlägen zu dienen. Fiel ihm nichts ein, oder will er erst ein wenig historische Distanz gewinnen, bevor er sich abgewogen äußert? Und der berühmte Rhetorik-Professor, der während des Golfkrieges zwei US-Deserteure bei sich aufnahm und sie mit deutscher Hausmannskost quälte, er hat noch keinem rumänischen Roma Zuflucht in seinem Reihenhaus angeboten.

Die Friedensbewegung hat jahrelang Spiele in einem Simulator veranstaltet, kostenlose Übungen in einem Sandkasten, sie hat eine Ideologie für den Export produziert, die in Angola, Palästina, Simbabwe, am Golf und am Kap der guten Hoffnung zum universalen Einsatz kommen sollte. Zum Hausgebrauch taugt diese schöne Ideologie sowenig wie ein Heißluftballon als Präservativ. Die Philosophie des Friedens in der Welt findet in den eigenen vier Wänden keinen Raum. Auf den Straßen geht es zu wie im Schlachthof, wer spätabends mit der U-Bahn unterwegs ist, braucht keinen Abenteuerurlaub mehr; in den Schulen herrschen Zustände, die im offenen Strafvollzug undenkbar wären. Und wie konnte es, trotz der Virulenz der Friedensbewegung, zu Rostock, Hoyerswerda, Mölln und Solingen kommen? Damit hat ein neuer Abschnitt in der friedlichen Geschichte der Bundesrepublik begonnen. Gesamtdeutschland ist das einzige Land der zivilisierten Welt, in dem Pogrome veranstaltet werden. Dem politischen Bankrott der regierenden Klasse folgt der moralische Bankrott der »besseren« Deutschen. So ist die nationale Einheit doch noch Wirklichkeit geworden.

Unterwegs im Ökoland

*I*st man bzw. frau, aus dem Ausland kommend, in der Bundesrepublik gelandet, hat man bzw. frau das Gefühl, eine große Volkshochschule zu betreten, in der nicht nur »das unbefugte Benutzen« der Personaltoiletten verboten ist, sondern auch alle sonstigen Handlungen einer strikten Kontrolle auf ihre Sozialverträglichkeit hin unterzogen werden. Da hat eine Sparkasse einen Bankomaten »nur für Behinderte und Mütter mit Kindern« hingestellt. Abgesehen davon, daß eine Mutter mit Kind nicht automatisch als »behindert« eingestuft werden sollte, wäre es ganz praktisch, Geldautomaten so zu konstruieren, daß Rollstuhlfahrer dran können, ohne aus dem Sitz zu fallen. Wenn man einen Automaten dermaßen behindertengerecht bauen kann, dann kann man alle so bauen. Ich zögerte einen Moment, den Apparat zu benutzen, als wäre ich im Begriff, einen der für Behinderte reservierten Parkplätze einzunehmen. Doch dann steckte ich die Sparkassenkarte in den Schlitz und tippte schnell meine Geheimzahl ein. Statt der von mir erwarteten Abfuhr — »Verpiß dich, oder wir zeigen dich wegen Mißbrauchs an!« — spuckte der Automat den von mir gewünschten Geldbetrag aus. Ich steckte das Geld ein und machte mich auf den Weg zu Karstadt, um ein paar Einkäufe zu erledigen.

Neben dem Eingang zu dem Warenhaus war ein Imbißstand eingebaut. Ich bestellte eine Bockwurst mit Brötchen und nahm einen der für solche Fälle vorgesehenen Stehplätze ein. Da fiel mein Blick auf eine kleine Tafel an der Wand: »Bitte, aus hygienischen Gründen die Tauben nicht füttern!« Weit und breit waren keine Tauben zu sehen. Lagen die hygienischen

Gründe vielleicht in der Zusammensetzung der Wurst, die ich gerade verzehrte? Gut, sie war sicher nicht koscher, aber daß aus hygienischen Gründen von einem Füttern der Tauben abgeraten wurde, machte mich doch stutzig. Um den fettigen Nachgeschmack loszuwerden, bestellte ich ein Glas Coca-Cola. Das Getränk wurde in einem Pappbecher serviert, für den die Verkäuferin 50 Pfennig Pfand berechnete. Seit wann denn auf Pappbecher Pfand erhoben würde, wollte ich wissen. Statt einer Antwort machte die Verkäuferin eine Kopfbewegung in Richtung eines Kastens am Eingang der Imbißhalle. Dies war der Pappbecher-Rückgabe-Automat. Stellte man den Becher — mit der Öffnung nach unten — in ein Fach und zog die Klappe runter, fielen 50 Pfennig heraus. Dies wäre ein wesentlicher Beitrag zum Umweltschutz, belehrte mich eine Plakette am Automaten: Die Pappbecher würden recycelt und kämen in Form anderer Produkte wieder auf den Markt. Beruhigt, daß der Pappbecher nicht als Bockwurst wieder in den ewigen Kreislauf der Natur käme, stellte ich das Trinkgefäß in das Fach, zog die Klappe zu und kassierte 50 Pfennig.

Was mag die Konstruktion dieses Apparates gekostet haben?, dachte ich für mich. Und was mag der Betrieb kosten? Das Ding verbraucht Strom, will gewartet werden. Und was wäre, wenn ich die Absichten der Betreiber sabotiert, den Pappbecher nach Hause mitgenommen und da einfach in den Mülleimer geworfen hätte? Wäre mir die Umweltpolizei auf die Schliche gekommen?

Ich war mit diesen Überlegungen noch nicht fertig, da fiel mir eine grell bemalte Straßenbahn auf mit lauter bunten Smarties drauf. Ich schaute genauer hin, und die Smarties entpuppten sich als ein Schwung farbiger Präservative, eine Vorratspackung, deren Inhalt über die Außenfläche der Straßenbahn gleichmäßig verteilt worden war. Irgendwo muß doch noch was kommen, dachte ich, ein dermaßen frivoles Bild kann nicht ohne einen pädagogischen Pferdefuß präsentiert werden.

Richtig gedacht!»Kondome versichern Ihr Liebesleben« stand da zwischen all die bunten Dinger gepinselt. Und was ist mit all den Menschen, die kein Liebesleben im eigentlichen Sinne des Wortes haben und dennoch ab und zu einzipfeln möchten? Dürfen sie keine Kondome benutzen? Müssen sie eine Zusatzversicherung bei der Barmer Ersatzkasse abschließen?

Noch mit dieser Frage beschäftigt, betrat ich eine Bäckerei, um mir ein Croissant zu kaufen. Über der Verkaufstheke hing ein Plakat mit dem Credo der Betreiber:»Anerkannt ökologischer Landbau. Konsequent kontrolliert und ehrlich!« Können mich denn diese Volkskommissare für die richtige Lebensweise nicht mal allein lassen? Wird gleich einer von ihnen den Laden betreten und kontrollieren, ob ich das anerkannt ökologisch angebaute Teilchen richtig kaue? Wie konsequent sind die Kontrolleure, wie weit gehen sie? Werden sie mich bis in meine Wohnung verfolgen, um zu überprüfen, ob ich die anerkannt ökologisch hergestellten Brötchen mit Schmalz von Mastgänsen entweihe?

Beeindruckt von dem Geldautomaten für Behinderte, dem hygienischen Taubenfütterungsverbot, dem Pappbecher-Rücknahme-Apparat, dem versicherten Liebesleben auf der Straßenbahn und der konsequent kontrollierten Ehrlichkeit des anerkannt ökologischen Landbaus trottete ich langsam heim. Es war Montag, und ich freute mich auf die »Gong«-Show im RTL, einen der letzten Freiräume, die noch nicht von Pädagogen, Ökologen und Sicherheitsberatern gesäubert worden sind. Da fiel mein Blick auf ein Plakat mit einem Aufruf zum 1. Mai:»Jede Köchin muß lernen, den Staat zu regieren!«

Es ist soweit, dachte ich, jetzt gilt es, die Koffer zu packen und zu verschwinden oder sich zu bewaffnen und Widerstand zu leisten. Einen dritten Weg gibt es nicht. In einem Land, in dem nicht die Politiker kochen lernen, sondern Köchinnen in die Politik drängen, sind Pappbecher-Recycling-Apparate nur Vorboten größeren Unheils.

Auf nach Auschwitz!

Das ehemalige Konzentrationslager Auschwitz (auf polnisch: Oswiecim) ist für die Gegend um Krakau ungefähr das, was der Nürburgring für die Eifel: Ersatzindustrie und touristische Attraktion ersten Ranges. Auf allen Bauzäunen in Krakau hängen Plakate, die für »Excursions to Auschwitz« werben, »Reservations not necessary«, und »Back in Cracow« wäre man »by 4 p.m.«. Die Fahrt erfolgt in vollklimatisierten Bussen, die »guides« sprechen deutsch, englisch und französisch. Fast jeder Tourist, der Krakau besucht, macht auch einen Tagesausflug nach Auschwitz.

Nun ist die historische Sehenswürdigkeit gefährdet, weil der polnische Staat kein Geld hat, die Anlage zu erhalten. Auch ein ehemaliges KZ will gewartet sein.

So fällt die Verantwortung wieder den ehemaligen Bauherren zu. Die Deutschen sollen Auschwitz wieder herrichten. Eine makabre Idee? Mitnichten! Irgendwo müssen noch die Original-Baupläne liegen. Geld dürfte kein Problem sein, und an tüchtigen Ingenieuren herrscht kein Mangel. Schon haben sich die ersten Initiativen für den Wiederaufbau des Lagers gebildet, die Redaktion von »Panorama« ruft die Zuschauer zu Spenden auf, in Bonn fand »Zum 50. Jahrestag des Aufstands im Warschauer Ghetto« in der Pfarrkirche St. Marien ein »Benefiz-Konzert« statt, dessen Erlös für den »Erhalt der Gedenkstätte Auschwitz« bestimmt war. Aufgeführt wurden das Requiem von Mozart und die Kantate »Ein Überlebender in Warschau« von Schönberg. Der VW-Konzern hat 500 000 D-Mark für Restaurierungsarbeiten gespendet.

Man muß anerkennen, daß sich heute für die Konservierung von Auschwitz als Gedenkstätte mehr Menschen einsetzen, als seinerzeit gegen den Betrieb als KZ aktiv wurden. Insofern kann man von einem Fortschritt in die richtige Richtung sprechen. Es ist auch klar, daß private Initiativen nicht das leisten können, wozu ein Staat alle seine Reserven mobilisieren mußte. Deswegen müssen jetzt Lindenberg, Grönemeyer, Katja Ebstein, Reinhard Mey und andere an die Benefiz-Front! Es kommt auf jede Spenden-Mark an! Denn Auschwitz hat nicht nur eine Vergangenheit, es hat auch eine Zukunft. Wo die Antifaschisten und Widerständler so gründlich versagt haben, bekommen die Restauratoren und Erzieher jetzt die große Chance.

Der »Arbeitskreis Fortbildung« des »Frankfurter Lern- und Dokumentationszentrums des Holocaust«, von dem noch immer nicht zweifelsfrei gesagt werden kann, ob die Teilnehmer der Arbeitskreise lernen, wie man einen Holocaust organisiert oder einem Holocaust entgeht, der Arbeitskreis Fortbildung des Frankfurter Holocaust-Zentrums veranstaltet im Oktober 1993 eine Woche lang »Workshops in Auschwitz«. Der Teilnehmerbeitrag beläuft sich auf 300 DM und »umschließt: Transfer, Unterkunft (in einem Hotel in Oswiecim), Verpflegung und Technik«. Was immer »Technik« in diesem Zusammenhang heißen mag — es handelt sich in jedem Falle um ein äußerst günstiges Angebot, bei dem den Partizipanten der Workshops einiges geboten wird, u.a. »Gruppenarbeit«, »Vorträge und Plenumsdiskussionen«, »Spurensuche und Erkundung auf dem Gelände von Auschwitz-Stammlager und Auschwitz-Birkenau«. Wer bei der Spurensuche auf dem Gelände des Todeslagers fündig wird und eine leere Blechdose ausgräbt, in der mal das bekannte Gas Zyklon B aufbewahrt wurde, muß »Bingooo« rufen, dreimal am Lagerzaun anschlagen und darf bei der nächsten Plenumsdiskussion eine kleine Prämie in Empfang nehmen, vermutlich eine Reproduktion des Auschwitz-Tores im Verhältnis eins zu zehn mit der Aufschrift »Arbeit macht frei — Fortbildung macht freier«. Die Erwartungen der Teilnehmer der Fortbildungswoche können mit der Vorfreude von Bergsteigern am Fuße der Eiger-Nordwand verglichen werden: »Wir sind gespannt auf die gemeinsame Erfahrung an diesem Ort...« So ähnlich müssen auch die Teilnehmer der ersten Workshops in Auschwitz vor fünfzig Jahren bei ihrer Ankunft an der Rampe empfunden haben.

Nun ist das Handeln unter Wiederholungszwang eine Art von Selbsterfahrung, die vom Recht auf freie Entfaltung der Persönlichkeit ebenso geschützt wird wie Bungee-Jumping oder U-Bahn-Surfen. Doch während solche Sportarten mit einem realen Risiko verbunden sind, haben Workshops in Auschwitz den Vorteil, daß sie nur eine virtuelle Bedrohung vermitteln. Aus der historischen Spurensuche wird ein hysterisches Freizeitvergnügen. Wer schon bei den Kopfjägern auf Borneo war, zu Fuß die Kalahari überquert hat und über den Niagara-Fällen mit einem Windgleiter geschwebt ist, der findet in Auschwitz, im Schatten der Krematorien, den ultimativen Kick. Wollte man freundlich sein, könnte man die Exkursionen nach Auschwitz mit »Ferien auf dem Bauernhof« vergleichen, wo zivilisationsmüde Städter »authentische« Erfahrungen machen können, für die sie sich bedanken würden, wenn sie täglich um fünf Uhr aufstehen und die Kühe melken müßten.

Die Anbieter der Auschwitz-Tours sehen das natürlich anders. Und weil Begründungen um so bombastischer ausfallen, je aberwitziger der Vorgang ist, der begründet werden will, meldet sich ein Sozialphilosoph mit der Feststellung zu Wort, bei Auschwitz ginge es »um die Natur des Menschen«. An dieses Wort von grundsätzlicher Bedeutung schließt er eine Frage an sich selber an: »Hätte ich ein Massenmörder werden können, oder wäre ich nur fähig gewesen, ein Mitläufer oder ein Opfer zu sein?« Keine Frage, einige der ursprünglichen

Workshop-Teilnehmer waren zu unbedarft, um Massenmörder zu werden, und haben sich mit dem minderen Status eines Mitläufers oder gar Opfers begnügt. Der Sozialphilosoph, bar jeder Gewißheit, was aus ihm geworden wäre, hätte er die Gelegenheit gehabt, zwischen einer Laufbahn als Massenmörder und als Opfer wählen zu können, findet Zuflucht in einer historisch gesicherten Tatsache: »Auschwitz hat es wirklich gegeben, und der Massenmord hat wirklich an diesem Ort stattgefunden.« Von da ist es nur noch ein kleiner Schritt zu der Moral von der Geschicht': »Je mehr Besucher nach Auschwitz kommen, um so besser — denn dadurch vernehmen immer mehr Menschen dessen Botschaft und nehmen ihre eigene geschichtliche Vergangenheit wahr. Auf diese Weise wird der Opfer gedacht, und sie sind nicht umsonst gestorben.«

Für die falsche Verwendung des Wörtchens »umsonst« anstelle von »vergeblich« hätte Karl Kraus den sofortigen Vollzug der Prügelstrafe gefordert. Wir aber, die wir nicht an erzieherische Maßnahmen und deswegen auch nicht an die positive Wirkung von Sanktionen glauben, wollen nur festhalten, daß ein paar zeitgeistig durchgestylte Aasgeier, bei denen es weder zu einem Taxi-Schein noch zu einer ordentlichen Professur gereicht hat, im Begriffe sind, Auschwitz in einen Freizeitpark mit pädagogischem Anstrich zu verwandeln.

Ein kompletter Verfall des Lagers wäre dagegen das kleinere Übel.

Gewalt geschrien

Wenn es zutrifft, daß es nur eine kleine, verwirrte Minderheit ist, die Ausländer angreift, Behinderte verprügelt und Obdachlose quält, dann stellt sich automatisch die Frage, warum die große, anständige Mehrheit, die sich nächtens nicht auf den Straßen rumtreibt — warum sie mit der kleinen, verwirrten Minderheit nicht fertig wird. Warum die vielen anständigen Deutschen sich den paar unanständigen nicht in den Weg stellen, sondern ihnen lieber mit Lichterketten heimleuchten. Wie immer im Leben gibt es auch hier nur zwei Möglichkeiten: Sie wollen nicht. Oder sie können nicht.

Nehmen wir mal zugunsten der anständigen Deutschen an, daß sie möchten, aber nicht können. Was ist es, das sie am Eingreifen hindert?

Es hat eine ganze Weile gedauert, bis sich die Einsicht durchgesetzt hat, daß die große Mehrheit — 70 bis 80 Prozent — der Randalierer keine verwahrlosten, arbeits- und obdachlosen Jugendlichen sind, daß sie nicht aus kaputten Familien stammen und daß sie nicht deswegen Ausländer abfackeln, weil es in der Nachbarschaft nicht genug Discos und Tischtennisplatten gibt. Daß nicht die gruseligen Skins das Problem sind, sondern die ganz normalen Jugendlichen. Im Jahre 1992 wurden über 6000 Straftaten gegen Ausländer begangen, bei denen »fremdenfeindliche Motive« eine Rolle gespielt haben. Von den rund 4000 ermittelten Tätern waren 86 Prozent zwischen 17 und 24 Jahre alt. Nur 326 gehörten einer rechtsextremen Organisation an. Der Satz eines ostdeutschen Bürgers über die Pogromveranstalter von Rostock: »Das sind keine

Nazis, das sind unsere Kinder«, gilt auch für den Westteil der Republik und kann ebensogut andersherum gelesen werden: »Es waren keine Nazis, es waren unsere Eltern, die uns zu dem gemacht haben, was wir sind.«

Einer der Mordbrenner von Solingen stammt aus einer Familie wie aus dem Bilderbuch des guten Deutschen: Der Vater, ein stadtbekannter Arzt, gehört zu der Vereinigung »Internationale Ärzte für die Verhütung des Atomkrieges«, die Mutter arbeitet in der »Solinger Hilfe für Minsk« mit, organisiert für Kinder aus Weißrußland Ferienaufenthalte in ihrer Heimatstadt. Zwei notorisch gute Menschen also, immer im Dienst der guten Sache, immer auf der richtigen Seite im ewigen Kampf zwischen dem Guten und dem Bösen. Wie kommen solche Eltern zu einem solchen Sohn? Man könnte sagen: Bei solchen Eltern konnte der Junge einfach nicht anders. Aber das wäre zum einen ungerecht und zum anderen zu einfach. Es muß noch ein paar Gründe außerhalb der häuslichen Hemisphäre geben, die aus einem behüteten Mittelstandskind ein gedankenloses Monster machen.

Vielleicht ist es das spezielle deutsche Verhältnis zur Gewalt. In keinem anderen Land haben Begriffe wie »gewaltlos«, »gewaltfrei« einen so hehren Klang wie in Deutschland; in keinem anderen Land wären »Revolutionäre« stolz darauf, eine »gewaltlose Revolution« geschafft zu haben. Nur: der beste Weg, aus einem Kind einen Alkoholiker zu machen, ist der, es in einer Abstinenzlerfamilie aufwachsen zu lassen, während regelmäßiger, aber mäßiger Alkoholkonsum der Eltern dem Kind als Beispiel dienen kann. Und wenn nie Alkohol auf den Tisch kommt und das Kind eines Tages dahinterkommt, daß sich die Alten heimlich größere Schlücke genehmigen, dann sind nicht nur Autorität und Glaubwürdigkeit der Eltern dahin, dem Kind bleibt kaum was anderes übrig, als selbst Alki zu werden. Gleiches gilt für Gewalt, die auch zum Repertoire der rauschfördernden Drogen gerechnet werden kann.

Deutschland schleppt eine grauenhafte Hypothek mit sich herum, die es nicht loswerden, nicht bewältigen und nicht begraben kann und die kein anderes Volk loswerden, bewältigen, begraben könnte. Ein Volk, dem es schwerfällt, die Kapitulation der Nazis vor den Alliierten als die eigene Befreiung zu begreifen, das die Massenmorde der Nazis nicht gutheißt, aber immer wieder dazu neigt, sie zu relativieren, gegen die Untaten anderer aufzurechnen, scheinrationale Erklärungen (»Zweierlei Untergang«) aufzustellen und die Täter auf Kosten der Opfer zu exkulpieren, ein solches Volk hat ein völlig gebrochenes Verhältnis zur Gewalt, es kann nur zwischen Hitler und Heilsarmee irrlichtern und immer wieder über die eigenen Füße stolpern.

Die Brände, in denen die Menschen in Mölln und Solingen verbrannten, waren auch ein Widerschein der Feuer, in denen die Menschen in Warschau und Lemberg verbrannt wurden. So wie es eine kollektive Erinnerung gibt, die Russen, Juden, Holländer zusammenzucken läßt, wenn sie sehen, wie ein Deutscher den rechten Arm hebt, und sei es nur, um einer Fußballmannschaft zuzujubeln, so gibt es auch einen kollektiven Sumpf der Gnadenlosigkeit, in dem die historisch schuldlosen Wiederholungstäter aufgewachsen sind. Der »zivilisatorische Erosionsprozeß, den in der liberalen westdeutschen Gesellschaft noch vor kurzem niemand für möglich gehalten hätte« (Thomas Medicus), ist auch eine späte Folge von Auschwitz, keine notwendige, unvermeidliche Folge, aber eine, die möglich wurde, als bestimmte Restriktionen und Bewährungsauflagen plötzlich entfallen waren. Mit der deutschen Wiedervereinigung wurde der Geist, der bis dahin in der Flasche eingesperrt war, freigelassen.

Es gab auch vorher Rassismus, Fremdenhaß, Hakenkreuzschmierereien. Aber es gab keine organisierten Menschenjagden, keine Feierabend-Pogrome unter dem zustimmenden Gejohle alkoholisierter Spießer. Und wer heute noch die Frage stellt, ob die DDR ein »Unrechtsstaat« war oder nicht, ob die »sozialen Errungenschaften« die fehlenden Bürgerrechte nicht aufwogen, statt sich mit dem Fakt zu begnügen, daß der Versuch, einen Wohnort außerhalb der DDR zu wählen, mit dem Tod bestraft wurde, der setzt nur die Diskussion über »Autobahnen« und »Kraft durch Freude« in zeitgemäßer Form fort. Wer wie der sonst als vernünftig geltende Oberbürgermeister von Stuttgart, Rommel (CDU), sagt, die Morde von Solingen sollten kein Anlaß sein, »um in eine Orgie der Selbstbesudelung einzutreten«, der hat dem nächsten Mordanschlag schon den Boden geebnet. Und wer wie der Kölner Oberbürgermeister Burger (SPD) sagt, er habe »lange für die Unantastbarkeit des Artikels 16 gefochten«, dann aber seine Meinung geändert, wobei »für mich die ausländerfeindlichen Krawalle eine große Rolle spielten«, der gibt zu, daß der Mob die Rolle der Avantgarde in der Politik übernommen hat und darüber die Entscheidung erzwingen kann, wer sich in Deutschland aufhalten darf und wer nicht. Heiner Müller, der große deutsche Dichter, bringt es auf die griffige Formel: »Im Meer der Überfremdung ist Deutschsein die letzte Illusion von Identität, die letzte Insel.«

Dieser nationale Schrebergarten wird entsprechend verbissen verteidigt. Es geht in der Gewaltdiskussion nicht um die Zulässigkeit und die Grenzen gewaltsamer Interventionen, es geht um das Grundrecht auf Gleichgültigkeit.

Wenn der Länderrat von Bündnis 90/Die Grünen nach schweren Auseinandersetzungen zu der Einsicht kommt, daß zum Schutz der bosnischen Bevölkerung »notfalls« auch militärische Gewaltanwendung durch UN-Truppen angebracht sein könnte, dann bricht ein Sturm der Entrüstung in der Partei aus, macht die Basis gegen »ein Einschwenken ins allgemeine Kriegsgeschrei« mobil und fordert die Einberufung eines Sonderparteitages, auf dem die »Zivilisierung der Außenpolitik und die Abschaffung der Bundeswehr« beschlossen werden sollen. »Deutschland befindet sich seit 14 Uhr im Krieg«, rief eine Rednerin auf einer Berliner Friedensdemo aus, nachdem die Bundeswehr einige Radarexperten zum Einsatz in amerikanischen AWACS-Maschinen über Bosnien-Herzegowina geschickt hatte. Die Entschlossenheit, mit der die friedensbewegten Deutschen, deren Ehre die Treue zu ihren Prinzipien ist, dem Völkermord an den Moslems im ehemaligen Jugoslawien zuschauen, hat etwas zu tun mit der Gelassenheit, mit der die Einwohner von Weimar die Transporte beobachteten, die nach Buchenwald rollten.

Dabei ist auf die funktionale Arbeitsteilung zwischen den deutschen Friedensfreunden und der deutschen Rüstungsindustrie Verlaß. Während die einen für das gute Gewissen zuständig sind, sorgen die anderen für einen ordentlichen Beitrag zum Bruttosozialprodukt: Nach Angaben des Stockholmer Friedensforschungsinstituts SIPRI ist Deutschland weltweit der drittgrößte Rüstungsexporteur.

Das Ganze hat auch eine komische Seite. Die »guten« Menschen sind dermaßen vom Bewußtsein ihres Gutseins erfüllt, daß sie völlig ausrasten, wenn ihre Intentionen nicht angemessen gewürdigt werden.

Eine große Wochenzeitung veröffentlicht einen Artikel über gewalttätige Jugendliche. Darin heißt es u.a.: »Jugendbanden spielen Krieg, Rechtsradikale führen Krieg gegen Fremde — Faschismus als Abenteuerspielplatz für gelangweilte Kids ...« Daraufhin trifft bei der Redaktion ein zweiseitiges, engbedrucktes Schreiben vom »Fachverband Offene Arbeit mit Kindern e.V.« ein, unterschrieben vom Referenten für Bildung und Öffentlichkeitsarbeit. Er verwahrt sich gegen die Verwendung des Begriffes »Abenteuerspielplatz«, dies wäre »Effekthascherei«. Die Verfasserin des Artikels habe wohl noch nie einen Abenteuerspielplatz gesehen und wisse auch nicht, »daß Abenteuerspielplätze in Deutschland seit ihres Bestehens eine eindeutige antifaschistische Tradition haben«. Der Bildungsreferent, der ein kleines Problem mit dem Genitiv hat, zählt dann 17 »pädagogisch-inhaltliche« Ziele von Abenteuerspielplätzen auf (»Primärerfahrungen ermöglichen«, »Konsumorientierung abbauen«), um sich anschließend »auf's Schärfste« gegen die erfolgte Mißdeutung abzugrenzen: »Bis heute ist in Deutschland noch keine Institution Abenteuerspielplatz bekannt geworden, die in die Nähe des Faschismus zu rücken wäre.«

Hat man sich früher vor denjenigen in acht nehmen müssen, die Kasernenhöfe für die wichtigsten Bildungseinrichtungen des Landes hielten, so muß man sich heute vorsehen, wenn man einen Abenteuerspielplatz nicht sofort als eine antifaschistische Sperrzone identifiziert hat. Alles wäre einfacher, wenn man das ganze Land zu einem Abenteuerspielplatz erklären und »Faschisten« ganz einfach des Platzes verweisen könnte. Das gegenwärtige Auswahlverfahren ist doch mit gewissen Schwächen belastet.

Am 5. Juni 1993 sollte in Solingen eine große Protestkundgebung gegen Faschismus, Rassismus und Fremdenfeindlichkeit stattfinden. Eingeladen war auch Wolf Biermann. Der hatte seine Gitarre schon gepackt, als ihn ein Fax folgenden Inhalts erreichte: »Lieber Wolf Biermann, zunächst noch einmal vielen Dank für Deine spontane Zusage. Bei der abschließenden Beratung zur Kundgebung am Samstag legten eine Reihe deutscher u. türkischer Gruppen des Trägerkreises ihr Veto gegen Deinen Auftritt ein, da sie sich nicht mit Deiner Haltung im Golfkrieg einverstanden erklärten. Mir persönlich tut das sehr leid, aber Du weißt ja: die Tiefebenen der Basisdemokratie, Ciao.« Da packte Wolf Biermann seine Gitarre wieder aus und schaute sich die Solinger Demo gegen Faschismus, Rassismus und Fremdenfeindlichkeit am nächsten Tag im Fernsehen an. Er sah Demonstranten, die aufeinander mit Holzlatten einschlugen, vermummte Steinewerfer und Polizisten, die von allen Seiten angegriffen wurden. »Da kann doch was nicht stimmen«, nuschelte Wolf Biermann vor sich hin, »ist denn außer mir niemand überprüft worden?« Ein wenig irritiert, aber doch erleichtert, daß ihm eine Straßenschlacht in den Tiefebenen der Basisdemokratie erspart blieb, machte er sich am frühen Abend auf den Weg an die Alster, wo eine »Ideenkette zum Thema Völkerverständigung und Gewaltlosigkeit« angekündigt war. Ein acht Kilometer langer »Roter Faden der Mitmenschlichkeit« war rund um die Alster gespannt worden, und an diesen Faden sollten die Hamburger ihre »Ideen, Bilder, Meinungen, Erinnerungen, Lieder oder was immer Sie wollen« aufhängen. Aufgerufen zu der Aktion hatte der Ausländerbeauftragte der Freien und Hansestadt Hamburg zusammen mit Hamburger Prominenten, Bundespräsident von Weizsäcker wünschte der Aktion »guten Erfolg«. Am »Roten Faden der Mitmenschlichkeit« hingen Kinderzeichnungen, Spruchkarten (»Nur wer die Herzen bewegt, bewegt die Welt!«), beschriebene Papierblätter. Vor einem blieb Wolf Biermann stehen und las: »Und schon wieder muß ich mich schämen – und ich bin müde, mich dauernd schämen zu müssen.«

Während die Hamburger ihre Ideen zum Thema Völkerverständigung und Gewaltlosigkeit an den Roten Faden der Mitmenschlichkeit hängten, wurden überall in der Republik neue Gewalttaten gegen Ausländer verübt. In Frankfurt, Wülfrath, Nürnberg, Singen, Wachtendonk, Freiburg, Duisburg und in Oberhausen-Rheinhausen (Baden) brannten wieder Asylantenheime und Häuser türkischer Familien. Der nordrheinwestfälische Innenminister Schnoor gab am 10. Juni 1993 bekannt, allein in seinem Amtsbereich sei es seit dem Brandanschlag von Solingen zu siebzig »fremdenfeindlichen Straftaten« gekommen, darunter zehn Brandstiftungen.

Da mußten sich ganz viele gute Menschen zwischen Kiel und Konstanz ganz furchtbar schämen. Und sie wurden davon ganz schrecklich müde.

Familienbande

S ozialarbeiter, Familienberater und Therapeuten kennen das Phänomen aus ihrer Praxis: Mißhandelte Frauen scheuen sich, ihre Männer anzuzeigen. Kommt es doch zu einem Verfahren, machen sie sich für ihre Peiniger stark. Kinder, die von ihren Eltern geprügelt wurden, bestehen als Erwachsene darauf, daß sie eine glückliche Kindheit hatten. Und schmutzige Wäsche, das weiß jeder, wird daheim gewaschen. »Es heißt nicht zufällig ›Familienbande‹«, hat schon Karl Kraus gespottet. Mögen die Mitglieder der Bande einander hassen und sich reihum die Pest wünschen, gegen Außenstehende halten sie zusammen. Die »Familienehre«, die da verteidigt wird, ist oft das einzige, was die Angehörigen gemeinsam haben. Und je dünner der Boden ist, auf dem sie stehen, um so heftiger wehren sie sich gegen tatsächliche oder vermeintliche Angriffe Dritter.

Wir haben es hierbei mit einem allgemeinen menschlichen Phänomen zu tun, das in Deutschland seit der Wiedervereinigung eine politische Dimension erreicht hat. »Wenn die Ost- und Westdeutschen nicht die Fremden hätten«, faßte die »Frankfurter Rundschau« das Ergebnis einer Historiker-Konferenz zum Thema »Die DDR als Geschichte« zusammen, »wenn die Ost- und Westdeutschen nicht die Fremden hätten, würden sie sich gegenseitig die Köpfe einschlagen.« So gesehen, könnten die Aktionen von Hoyerswerda, Rostock, Mölln und Solingen der Herstellung einer gesamtdeutschen Identität dienen, würden sie nicht zugleich dem deutschen Ansehen im Ausland schaden.

Unterhalb der Ebene direkter Aktionen kommt es zu seltsamen Koalitionen, ideologischen Notgemeinschaften, die Freund und Feind vereinen. Bei der Gründung der »Komitees für Gerechtigkeit« im Sommer 1992 in Ost-Berlin sah man ehemalige Parteigänger des alten Regimes und ehemalige Dissidenten friedlich am selben Tisch sitzen. Das Verdammungsurteil über die DDR-Vergangenheit, sagt der SPD-Politiker Wolfgang Thierse, würde bei den Menschen in den neuen Bundesländern »ein nostalgisches Abwehrverhalten« hervorrufen. Da kann doch etwas nicht stimmen. Die Bürger der DDR haben gleich in vier aufeinanderfolgenden Wahlen ein Verdammungsurteil über die DDR gesprochen, von der sie sich gar nicht schnell genug lossagen konnten, während die Einwohner der alten Bundesrepublik sich eigentlich mit der Existenz eines zweiten deutschen Staates abgefunden hatten. Sollte zur Mentalität der Familienbande noch eine ordentliche Portion Selbsthaß kommen, der sich Erleichterung verschafft, indem er andere für die eigenen Fehlleistungen verantwortlich macht?

Mag das »nostalgische Abwehrverhalten« nicht von allzuviel Bewußtsein und Bewußtheit zeugen, die Wahlverwandtschaften, die es erzeugt, sind allemal bemerkenswert. Der letzte Staats- und Parteichef der DDR, Egon Krenz, wandte sich Anfang März 1993 brieflich an den Ministerpräsidenten des Landes Brandenburg, Manfred Stolpe, von dem nicht mit letzter Gewißheit gesagt werden kann, ob er ein Mann der Stasi in der Kirche oder ein Mann der Kirche in der Stasi war, bevor er, gleich nach der Wende, ein überzeugter Sozialdemokrat wurde. Er habe, schrieb Krenz an Stolpe, »aus Gründen des politischen Anstandes«, um den Ministerpräsidenten nicht in Schwierigkeiten zu bringen, keinen Kontakt mit ihm gesucht. Doch würde er Stolpes Politik »mit Aufmerksamkeit« verfolgen. »Es gehört in dieser Zeit schon Zivilcourage dazu, nicht alle Werte, Lebensgewohnheiten und Traditionen der alten DDR als ›SED-verseucht‹ zu klassifizieren. Es imponiert mir, daß im Land Brandenburg versucht wird, den Menschen ihr Selbstwertgefühl zu erhalten und gute Erinnerungen an die Vergangenheit nicht einfach als DDR-Nostalgie abzuqualifizieren.« Krenz bittet Stolpe um »Ihr klares Wort in der SPD und über das Land Brandenburg hinaus, daß es in Deutschland keinen inneren Frieden geben kann, solange die Politik der DDR kriminalisiert wird, solange Bürger wegen ihres Engagements für die DDR deklassiert, gedemütigt, politisch ausgegrenzt und sozial ins Abseits gestellt werden«. Stolpe wisse genau, »daß im Herbst 1989 bürgerkriegsähnliche Auseinandersetzungen auch deshalb vermieden wurden, weil die Angehörigen des MfS, des Innenministeriums, der Grenztruppen und der nationalen Volksarmee Besonnenheit gezeigt und die SED- und Staatsführung Vernunft bewiesen haben.« Die Einheit Deutschlands sei erreicht worden, ohne daß ein Tropfen Blut geflossen wäre. »Angesichts dieser humanistischen Leistung«, schreibt Krenz, wobei er allenfalls eine humanitäre meinen kann, wären »alle gegenseitigen Schuldzuweisungen historisch gesehen kleinkariert«. Krenz spricht von einer »Mentalitätskrise, in der sich nicht wenige Ostdeutsche befinden«, wobei die »undifferenzierte Bewertung der DDR als ›SED Diktatur‹ und ›Unrechtsregime‹ auch dazu beiträgt, daß viele ehemalige DDR-Bürger Zweifel am Lebenssinn haben, an Depressionen leiden und politische Apathie üben«. Der ideologische Krieg gegen die untergegangene DDR würde »letztlich nur den Rechten« helfen. Statt einen solchen »Rachedurst noch im 3. Jahr der deutschen Einheit« zu zelebrieren, wäre »jetzt nichts dringender als eine Wende von der Verteufelung der DDR zur Harmonisierung der Beziehungen zwischen den Deutschen in Ost und West«.

Zum Ende seines Briefes macht Krenz klar, daß er noch ein paar Asse im Ärmel hat. Es wäre Stolpe »sicher nicht unbekannt, daß ich vor der Wende mit Ihren Kollegen Oskar Lafontaine, Gerhard Schröder und anderen sozialdemokratischen

Politikern enge, teilweise sogar freundschaftliche Kontakte hatte. Es gab Gegensätze, aber auch viele Gemeinsamkeiten. Niemand braucht sich heute wegen dieser Verbindungen zu schämen ...« Dem Wink mit dem Zaunpfahl folgt »die herzliche Bitte an meine ehemaligen Gesprächspartner aus der SPD, daß sie mit dem gleichen Engagement, wie sie einst für die Normalisierung der Beziehungen zwischen beiden deutschen Staaten eingetreten sind, sich jetzt auch für einen gerechten Umgang mit den ehemaligen DDR-Bürgern und für eine aufrichtige Aufarbeitung der Geschichte beider deutscher Staaten einsetzen«. Der Brief von Krenz an Stolpe endet mit den Worten: »Da ich keine andere Möglichkeit sehe, meine Gedanken vertraulich an Sie heranzutragen, habe ich Dr. Diestel gebeten, Ihnen diesen Brief zu übergeben.«

Krenz hätte sich als Boten keinen besseren aussuchen können. Dr. Peter Michael Diestel, CDU-Mitglied, gelernter Melker und promovierter Jurist, war der letzte Innenminister der DDR und in dieser Funktion auch verantwortlich für die Vernichtung eines erheblichen Teils der Stasi-Akten. Womit er maßgeblich zur Harmonisierung der Beziehungen zwischen den Deutschen in Ost und West beigetragen hatte. Wie antwortete nun der erste Sozialdemokrat Brandenburgs auf das vertrauliche Schreiben des letzten SED-Vorsitzenden? Stolpe hätte, höflich, aber entschieden, darauf hinweisen können, daß es ihm genauso wie Krenz um den inneren Frieden in Deutschland geht, daß aber der innere Friede nicht erreicht werden kann, solange nicht den Opfern des SED-Regimes Gerechtigkeit widerfahren ist, d. h. die Täter zur Verantwortung gezogen worden sind. Er hätte darauf hinweisen können, daß der Verzicht der SED- und Staatsführung auf ein Blutbad keine »humanistische Leistung« war, die ein Lob verdiente, sondern das Mindeste, was von einer Parteiclique erwartet werden konnte, die den Aufruhr durch ihre Politik herbeigeführt hatte. Er hätte darauf hinweisen können, daß die »engen, teilweise sogar freundschaftlichen Kontakte« des SED-Vorsitzenden zu führenden Sozialdemokraten der Bundesrepublik kein Grund sein können, über die Toten an der Mauer, die Behandlung der Bürgerrechtler und die operativen Maßnahmen der Stasi den Mantel des Vergessens auszubreiten. Das alles hätte Stolpe antworten können, ohne unhöflich zu werden oder den Dialog zu verweigern. Doch seine Antwort fiel anders aus. Er habe, teilte er Krenz mit, sein Schreiben »aufmerksam gelesen und es einigen politisch Verantwortlichen zugänglich gemacht. Es regt zum Nachdenken an und kann die nötige differenzierte Betrachtung und den gerechteren Umgang zur DDR-Geschichte befördern.« Stolpes kurze Antwort endet mit einem fröhlichen: Weiter so! »Sie sollten sich durch gelegentliche ungünstige Erfahrungen nicht entmutigen lassen, sondern weiterhin Ihre Stimme erheben. Die Zeit wird hoffentlich für die historische Wahrheit arbeiten!«

Erstaunlicher noch als Stolpes affirmative Antwort war die Tatsache, daß sich niemand in der SPD über diese Art der informellen Zusammenarbeit zweier DDR-Veteranen aufregte, von denen der eine in den Kulissen der Geschichte verschwunden war, der andere rechtzeitig das richtige Kostüm angezogen hatte. Vielleicht war die SPD zu sehr mit den Rentenbeiträgen Oskar Lafontaines, mit den Kabalen von und mit Björn Engholm beschäftigt, um sich einem solchen Problem widmen zu können. So blieb der Notenwechsel weitgehend unbemerkt. Peter Michael Diestel, der Krenz auch als Anwalt vertritt, konnte sicher sein, mit seinem vertraulichen Botendienst eine gute Tat getan zu haben. Er selbst hatte sich schon ein Jahr zuvor, im März 1992, im gleichen Sinne, nur noch viel entschiedener geäußert. In einem Interview mit der in Berlin erscheinenden »BZ« (»Stoppt die Jagd auf Stasi-Spitzel!«) sagte er u.a.: »Diese erbarmungslose Hexenjagd auf ehemalige Mitarbeiter der Stasi halte ich für völlig verkehrt ... Was ist denn ein IM gewesen, was haben sie berichtet? IMs sind Quellen gewesen.

Viele von ihnen haben in sicherheitsrelevanten Bereichen gearbeitet, haben Berichte über Wirtschaftskriminalität, Gewaltkriminalität oder terroristische Aktivitäten verfaßt. Daran ist nichts falsch. Diese Leute kann man doch jetzt nicht verunglimpfen, nur weil sie im Bereich des Ministeriums für Staatssicherheit angesiedelt waren.« Ohne sich weiter über die hilfspolizeiartigen Aufgaben der IMs auszulassen, die damit beschäftigt waren, terroristische Aktivitäten aufzuspüren und zu melden, stimmte Diestel dem Vorschlag des Interviewers zu, man müsse zwischen »guten« und »bösen« IMs unterscheiden. »Wir haben in der ehemaligen DDR in einer Diktatur gelebt. Da kann ich mir sehr gut vorstellen, daß manch einer, z. B. im kirchlichen Bereich, eine Verpflichtungserklärung mit der festen Absicht unterschrieben hat, aus diesem Kontakt heraus Verständnis füreinander und Kenntnis übereinander zu schaffen. Insofern war mancher IM natürlich auch ein Garant für den inneren Frieden ...«

In einem Interview mit dem »Neuen Deutschland« vom Oktober 1992 (»Ich möchte, daß sich keiner schämt«) verwahrt sich Diestel dagegen, »unsere Geschichte im nachhinein aus dem Westen zurechtrücken zu lassen, moralisierend zu bewerten und womöglich mit dem Instrument des Strafrechts herumzufuchteln«; das alles wäre »nicht ausgemacht« gewesen. Er nennt die Bürgerrechtler »jakobinische Hasser«, die »nur das Zerstören gelernt haben. Die waren damals gegen alles, das mag berechtigt gewesen sein, und sie sind heute gegen alles. Das macht ihre ganze Schwäche deutlich.« Und nebenbei deutet Diestel, wie auch Krenz, an, daß er über ein gewisses Wissen verfüge, das anderen unangenehm werden könnte: »Natürlich weiß ich, was in den Stasi-Akten steht. Nicht in allen, sondern Tausenden. Ich kenne auch die brisanten Fälle. Und ich weiß — das können Sie ruhig schreiben —, daß noch ausreichend IMs in der neuen Politik gut eingebaut sind. Aber das Enttarnen ist nicht meine Aufgabe.«

Schon im März 1992 war Diestel gegenüber der Illustrierten
»Quick« deutlich geworden. Er verfüge über Kenntnisse der
Stasi-Verstrickungen ost- und westdeutscher Politiker, wolle
diese Informationen jedoch nicht weitergeben. Er könne »die
Betrachtungsweise zu manchen Politikern sehr nachdenklich
gestalten« und sehe »mit viel Amüsement, wie sich viele Leute
in der Politik jetzt noch darstellen«.

Nachdem Diestels dezente Drohungen für Aufregung gesorgt hatten, sah sich sein Pressesprecher zu einer Art Klarstellung veranlaßt; Diestel würde nicht über belastendes Material
gegen Politiker verfügen, seine Äußerungen hätten sich nur auf
Kenntnisse aus Gesprächen bezogen. Material hin, Kenntnisse
her — Diestels Strategie trug Früchte. Er konnte sich jede Nar-
retei leisten, ohne aus seiner Partei, der CDU, ausgeschlossen
zu werden. Dazu gehöre auch die Gründung der »Komitees für
Gerechtigkeit« — gemeinsam mit Gregor Gysi und anderen
PDS-Größen, auch dies ein DDR-Familienbetrieb, der die Interessen des ostdeutschen Kollektivs gegen die westlichen In-
vasoren verteidigen sollte.

Wo Politik als Familienbande verstanden wird, da will der
Clan auch das Strafmonopol nicht aus der Hand geben. Friedrich Schorlemmer, Pfarrer aus Wittenberg, der zu den führenden Bürgerrechtlern der DDR gezählt wurde, läßt keine
Gelegenheit aus, Gnade für jene zu fordern, die dafür verantwortlich sind, daß aus ihm ein Bürgerrechtler wurde. Den Prozeß gegen Hans Modrow (wegen Wahlfälschung) nannte er einen »politischen Musterprozeß«, der mit dem Ziel geführt
wurde, »daß nichts bleibe, was war, daß alle, die im System waren, schließlich für politisch und menschlich untauglich erklärt
werden«. Schorlemmer forderte die Beendigung des Honek-
ker-Prozesses, um dem Angeklagten die »unflätigen Aussagen
der Nebenkläger« ebenso zu ersparen, »wie peinliche Erörte-
rungen über das fortgesetzte Wachstum seines Leberkrebses«
und um »das Ansehen unseres Staates und seiner Gesellschaft«

nicht zu beschädigen. Auf dem evangelischen Kirchentag 1993 in München wandte er sich gegen »Denunziationen bei der Aufarbeitung der DDR-Vergangenheit« und begeisterte über 2000 Zuhörer mit der garantiert sinnfreien Forderung nach einer »Mitempfindsamkeitskultur im Durchsetzungskult unserer Effizienzgesellschaft«.

Der Verdacht, es habe in der DDR zwischen den Unterdrückern und den Unterdrückten eine symbiotische Beziehung bestanden, läßt sich nicht von der Hand weisen. Allein Schorlemmers Formulierung: »unser Staat und seine Gesellschaft« zeigt, daß er sich von der Vorstellung, der Staat würde sich eine Gesellschaft halten, welche die seine wäre, noch nicht hat befreien können.» Unser Staat und seine Gesellschaft«(!) — das klingt wie »unser Haus und seine Einwohner«. Und wenn den Einwohnern das Haus über dem Kopf zusammenfällt, nachdem sie sich ständig über den Zustand des Gebäudes und die Schikanen des Hausbesitzers beklagt haben, da atmen sie nicht erleichtert auf, sondern klagen über den Mangel an Nestwärme.

»Es war doch eine bestimmte Geborgenheit in der DDR«, darauf bestand Erich Honecker noch im Jahre 1992. Etliche der »loyalen« Oppositionellen müssen es ähnlich empfunden haben. Eine Obrigkeit, von der sie überwacht wurden, war ihnen allemal lieber als eine, die sich nicht um sie kümmerte. Die Familiarität der Beziehungen zwischen Tätern und Opfern ist auch eine Form der Geborgenheit, ein Aufführungs- oder Publikationsverbot ein Zeichen der Anerkennung, ein negativer, aber um so heftigerer Liebesbeweis. Der Dramatiker Volker Braun war mit dem für die Zensur zuständigen Minister befreundet; Heiner Müller und Christa Wolf konnten mit einem Brief an Honecker erreichen, daß ein Strafverfahren gegen einen jungen Schriftsteller niedergeschlagen wurde. Er habe darin »nie ein moralisches Problem gesehen« erklärte Müller in einem Zeitungsinterview. »Warum sollte ich nicht versuchen,

Einfluß zu nehmen, wenn ich dazu die Möglichkeit hatte?« Der Oberzyniker des Kulturbetriebes hat die Erfüllung seiner Existenz darin gesehen, dem System als Nachhilfelehrer zu dienen. »Die Illusion, an der Macht teilzunehmen«, bekennt er, »hatte einen Kitzel.« Nur: wo ein Dichter den Parteichef überreden konnte, ein Strafverfahren niederzuschlagen, da war es nicht nur mit der Justiz nicht weit her, da konnte vermutlich ein anderer Dichter denselben Parteichef überreden, ein Strafverfahren einzuleiten, ohne darin »ein moralisches Problem« zu sehen. In einem Familienbetrieb gibt es keinen Betriebsrat, unterliegt die Verteidigung der Gunstbeweise wie der Sanktionen keinerlei Kontrollen. Und manche Dissidenten wurden nur welche, weil ihnen in der väterlichen Firma der Aufstieg verweigert wurde.

Rudolf Bahro zum Beispiel hätte zu gern die DDR auf den rechten Weg gebracht, wenn man ihn nur gelassen hätte. 13 Jahre nach seiner erzwungenen Ausreise aus der DDR schwärmt er von dem »Königsmantel«, der »auf die zu schmalen Schultern des Dachdeckers ... gefallen war«, womit er Honeckers Aufstieg zum Staats- und Parteichef meint. Bahro fragt: »ob es denn nicht etwa legitim war, die Mauer zu bauen und ihr also bis zur Ultima ratio des Schießbefehls Respekt zu verschaffen?«, und macht sogleich klar, daß es sich um eine rhetorische Frage handelt, denn: »Es geht um nichts anderes als die lange überfällige, aber nachträglich alles andere als überflüssige, geistige Anerkennung der DDR, nämlich ihrer ganz unzweifelhaften historischen Legitimität.« Sein eigener Rausschmiß war ein Rechtsbruch, aber die DDR deswegen als einen »Unrechtsstaat« zu bezeichnen, ginge nur, »wenn ich mich mit der Froschperspektive begnüge«. Das freilich möchte Bahro auf keinen Fall, ihn verlangt es nach mehr, nämlich nach der Anerkennung seines Anteils am großen Ganzen: »Zunächst einmal verteidige ich mit der einstigen Legitimität der DDR ... auch mich selbst. Sofern Honecker und ein paar andere für die

Schüsse an der Mauer vor Gericht sollen, gehöre ich zu den Mitangeklagten. Denn an jenem Augusttag 1961, an dem die Mauer kam, habe ich, in Greifswald, fern vom Schuß, innerlich ausgerufen: Endlich! Also trage ich wesentlich dieselbe Verantwortung ...«

Bahro hätte sich lieber mit Honecker als mit den westdeutschen vereinigt, die »zynischer und materialistischer« sind als die DDR-Deutschen und, »was den alltäglichen Kolonialismus des eigenen Lebensstils betrifft«, ahnungslos sind oder tun. Glaubt man Bahro, muß das Leben in der DDR eine Authentizität gehabt haben, welche die Westdeutschen nicht nachempfinden können, weil ihnen die entsprechenden Erfahrungen fehlen.

Die ostdeutschen Intellektuellen schauen wehmütig dem familiären Biotop hinterher, aus dem sie vertrieben wurden, die Relativisten unter ihnen sind überzeugt, daß sie vom Regen in die Traufe gekommen sind. Die Ostberliner Lyrikerin Kerstin Hensel, Jahrgang 1961, spricht im Juni 1993 vom »Übergang der einen in die andere Diktatur« und nennt als Beleg die »Diktatur der Formulare, vom Finanzamt und von der Versicherung, ... die Diktatur der Mode«. Das sind, schaut man genau hin, Zumutungen des alltäglichen Kolonialismus gegen die eine Vorladung zur Stasi geradezu eine Gelegenheit war, schöpferisch und eigenverantwortlich zu handeln. Zumal die Stasi, wie uns der Dramatiker Peter Hacks noch im Dezember 1992 versichert, »keinem was tat«. Nur wenn man sich »ungeheuer anstrengte, dann gelang es einem, mit der Stasi in Knatsch zu kommen, da mußte man aber wirklich provozieren ...«

Es gehört zum Wesen familiärer Deformationen, daß die Kinder die Autorität des Familienoberhaupts Dritten gegenüber leugnen, nur um sich ihr um so lustvoller zu unterwerfen. Würde man Schorlemmer, Müller, Bahro, Kerstin Hensel, Hacks wörtlich nehmen, dann wäre die DDR zwar ein unvollkommenes, aber in ihrer Struktur der menschlichen Natur adäquateres Gebilde als eine Konsumdemokratie à la BRD. Da könnte was dran sein, wenn man zugleich unterstellt, daß tribalistische Gemeinschaften mehr »menschliche Wärme« entwickeln als entfremdete Gesellschaften. Wenn Manfred Stolpe zum Beispiel von »meinen Brandenburgern« spricht, dann mag das den »taz«- und »FAZ«-Lesern wie eine Karikatur auf den aufgeklärten Absolutismus vorkommen; den »Brandenburgern« vermittelt es aber ein Gefühl von Zusammengehörigkeit, das im Westen allenfalls in Sportvereinen, aber nicht in der Politik anzutreffen ist.

So stellen sich auch viele westliche Intellektuelle eine »intakte Familie« vor. Auf der Suche nach einer heilen Welt mit einer positiven Vision war die DDR ein lockendes Ziel. Peter Bender, »einer der frühen publizistischen Wegbereiter der Entspannungspolitik« (Wochenpost), wittert bei der Beschäftigung mit der Geschichte der DDR »Geschäfte mit Vergangenheit« und relativiert die verbliebene Restmasse so: »Die Stasi war das Übelste an der DDR. Aber aus ihrer Hinterlassenschaft haben die Erben, vor allem im Westen, einen Tummelplatz der Wichtigtuer und Geschäftemacher werden lassen, der nur wenig besser ist ...«

Auch Günter Gaus trägt sein Teil zur Ehrenrettung der Stasi bei, er sagt laut »nein« zu der Staatsräson, »die den Schwindel braucht, alles Böse, Verächtliche, Erstickende, Bedrückende sei allein von der Stasi in die DDR gekommen«. Er fragt: »Die Stasi als Alleintäter, die SED als Anstifter und sonst nur Unglückliche, Gepeinigte und Beladene?« Und antwortet: »Es war die Struktur, der die Kontrollmechanismen fehlten und in die sich die allermeisten Männer und Frauen einfügten, die die DDR zu dem machte, was sie wurde ...« Nein, es gab nicht nur Unglückliche, Gepeinigte und Beladene, es gab auch ein paar Herrenreiter, die hoch zu Roß die brandenburgische Landschaft durchstreiften und sich Gedanken machten über die

Struktur, der die Kontrollmechanismen fehlten, während ein paar dumme Fußgänger zur selben Zeit die Struktur auf die Probe stellten und sich anschließend im Knast in aller Ruhe Gedanken über die Kontrollmechanismen machen durften. Der Rekurs auf »die Struktur«, für die offenbar niemand verantwortlich war, kommt der Forderung nach einer Generalamnestie gleich, und das nicht nur für die Täter, sondern auch für deren Sympathisanten, deren Schar eine erhebliche war.

Der Berliner Rechtsprofessor Uwe Wesel klagt in einem Gespräch mit der Berliner Justizsenatorin Jutta Limbach darüber, daß die Berliner Justizverwaltung die meisten DDR-Richter und Staatsanwälte nicht übernommen hat. »Warum haben wir denn heute nicht dieselbe Großzügigkeit gegenüber diesen ehemaligen Sozialisten und Kommunisten, die der alte Adenauer gegenüber den alten Nazis hatte? ... Warum haben wir hier in Berlin 84 Prozent ausgegrenzt? Die alten Nazis haben wir auch verkraftet...« Wesel, der zu den linken Juristen im Lande zählt und viele kluge Sachen über die Bundesrepublik gesagt hat, weiß genau, daß »wir« die alten Nazis in der Justiz eben nicht verkraftet haben. Die linke und die liberale Intelligenz hat sich ständig und zu Recht darüber beschwert, daß kein einziger NS-Jurist in der Bundesrepublik für seine Taten im Dritten Reich bestraft wurde, daß Freislers Kollegen an den Gerichten der Bundesrepublik weitermachen durften. Die Schwierigkeiten der BRD-Justiz im Umgang mit Rechtsradikalen, die Härte gegenüber linken Tätern und die Milde gegenüber rechten, mögen ein Ergebnis der von Wesel diagnostizierten »Großzügigkeit« sein, die er nun zum zweitenmal angewandt sehen möchte. Statt 84 Prozent auszugrenzen, sagt er, hätte man 80 Prozent der Juristen »übernehmen können«. Es habe sich, erwidert Jutta Limbach, nur um etwa 120 Fälle gehandelt. »Und ich finde es nicht so schlimm, daß sich hier 120 Richter und Staatsanwälte aus dem Ostteil dieser Stadt mit dem Beruf des Rechtsanwalts begnügen müssen.« Für eine solche Diskriminierung sieht Uwe Wesel keinen Grund: »Ich glaube ..., daß die DDR kein Unrechtsstaat in dem Sinne gewesen ist, daß alles, was dort passiert ist, Unrecht war, sondern daß die Richterinnen und Richter durchaus eine Arbeit geleistet haben, die mindestens dem gleichwertig ist, was Richter hier bei uns machen. Ich bin sicher, daß die Mehrheit kein Unrecht gesprochen hat, die meisten waren ganz normale Richter, die den Menschen helfen wollten ...«

Wer so etwas im Jahre 1993 über die ehemalige DDR-Justiz sagt, spricht entweder wider besseres Wissen, oder er hat für seine apologetischen Anstrengungen Gründe, die er nicht mitteilen will. Der harmloseste von allen möglichen könnte der sein, daß es nicht einfach ist, den Verlust einer Patenfamilie zu verkraften, von der man sich mehr versprochen hat als von den eigenen Angehörigen. Die Familienbande funktioniert im politischen genauso wie im privaten, zwischen einem Parteitag der PDS und Omas 80. Geburtstag gibt es nur einen quantitativen Unterschied — auf dem Parteitag wird noch mehr geheuchelt und geschwindelt, wobei einzelnen Rednern hier und einzelnen Gratulanten dort zugestanden werden muß, daß sie vom Wahrheitsgehalt ihrer Worte überzeugt sind.

Wenn der ehemalige Erste Sekretär der SED in Dresden, Hans Modrow, angesichts von Dokumenten, in denen vom »Liquidieren« die Rede ist und die seine Unterschrift tragen, sagt, damit sei nicht die »physische Vernichtung« gemeint gewesen, sondern »eine Auseinandersetzung, eine Diskussion, um sozusagen einen gegebenen Zustand aufzuheben«, dann will er damit sicher nur andeuten, wie riskant Diskussionen sein können, deren Ziel die Aufhebung eines gegebenen Zustandes ist. Auch nach diesem Statement wird Friedrich Schorlemmer gewiß nicht von seiner Meinung abrücken, Modrow habe sich um den »Demokratisierungsprozeß« in der DDR verdient gemacht, indem er den Befehl zur »Liquidation subversiver Elemente« nicht gegeben habe. »Das allein zählt!«

Womit der Verzicht auf die volle Ausübung der elterlichen Gewalt schon als humanitäre Leistung gilt, die das verschonte Kind zur ewigen Dankbarkeit verpflichtet. Und wenn Heiner Müller sagt, es gäbe »ein Menschenrecht auf Feigheit vor dem Feind«, womit er nicht die Stasi, sondern die westdeutsche »Journaille« meint, und damit begründet, warum er seine Gespräche mit der Stasi in seiner ansonsten sehr ausführlichen Autobiographie ausgelassen hat, dann wird ihm das von seiner Verehrer-Gemeinde ebenso abgenommen wie seine Rechtfertigung für die Kontakte mit der Stasi: »Ich habe nicht das Recht, rein zu bleiben in einer schmutzigen Welt.«

Manche freilich müssen lange warten, bis ihnen die Gelegenheit gegeben wird, sich in höherem Auftrag die Finger schmutzig zu machen. In einem Gespräch mit dem »Spiegel«, das im Februar 1989 erschien, sagte Stephan Hermlin, er wurde »zum erstenmal seit über 30 Jahren im Herbst gebeten, einen Artikel für ›Das Neue Deutschland‹ zu schreiben über die Pogrome vom November 1938.« Er sei auf das Angebot eingegangen, habe aber darauf hingewiesen, daß er redaktionelle Kürzungen oder Veränderungen nicht zulassen würde. Das »ND« hat die Bedingungen akzeptiert. »Man hat keine Kürzungen, keine Veränderungen gemacht. Der Artikel ist so erschienen, wie ich ihn geschrieben habe.«

1988 wurde einem jüdischen Schriftsteller in der DDR erlaubt, die ungeschminkte Wahrheit über den Antisemitismus der Nazis ungekürzt zu verbreiten. Dafür hatte sich das lange Warten gewiß gelohnt! Nach einem Leben als loyaler Infanterist wurde Hermlin endlich ein Besuch auf dem Feldherrnhügel erlaubt.

Doch die Freude währte nur kurz. Bald darauf war er wieder auf der Suche nach einer Familie, der er sich anschließen konnte. In einem Gespräch mit der Ostberliner »Wochenpost« sagte er im September 1992: »Ich habe den Marxismus und das Christentum immer als verwandte Weltanschauungen erlebt.

In letzter Zeit habe ich sogar mit dem Gedanken gespielt, in die Lutherische Kirche einzutreten ..., weil es die Kirche des Bauernkrieges ist, immerhin die Kirche der Reformation.«

Auch wenn zwischen Martin Luther und Manfred Stolpe einige historische Etappen liegen, die den revolutionären Charakter des Protestantismus ein wenig relativieren, scheint einem intelligenten Kopf wie Hermlin die Zugehörigkeit zu einer Kirche, sei es der Marxismus oder das Christentum, unverzichtbar. Daß er den Gedanken, in die Lutherische Kirche einzutreten, schließlich aufgab, hatte einen formalen Grund: »Ich gehöre schon einer Partei an — erst der KPD, dann der SED und heute der PDS ... Warum soll ich dann noch einer Kirche beitreten, in der ich mich fremd fühlen würde ...«

So richtig die Gleichsetzung von »Partei« und »Kirche« auch ist, ein diffuses Unwohlsein wird so zu einer politischen Kategorie, die vieles entschuldigen und alles erklären soll, die Suche nach der richtigen geistigen Heimat wie den Griff zum Molotowcocktail. Dabei werden bewährte Raster reaktiviert. Bundesjugendministerin Merkel sieht einen kausalen Zusammenhang zwischen der sozialen Lage der Jugendlichen in der Ex-DDR und deren Verhalten gegenüber Fremden. Dieser Zusammenhang braucht nicht weiter begründet zu werden, obwohl es auch in Holland, Frankreich und Italien arbeitslose Jugendliche, aber eben keine Pogrome gibt. Es bleibt den arbeitslosen Jugendlichen offenbar nichts anderes übrig, als rechtsradikal zu werden, das ist der natürliche Gang der Dinge, so wie den arbeitslosen Deutschen zu Beginn der dreißiger Jahre nichts anderes übriggeblieben war, als NSDAP zu wählen.

Ähnlich argumentiert auch Gregor Gysi, wenn er auf einer Kundgebung der PDS seiner Gemeinde erklärt, wie Rechtsextremismus entsteht: »Wer heute den Boden für Rechtsextremismus beseitigen will, der muß etwas tun gegen die Minderwertigkeitskomplexe der Menschen gerade hier in den neuen

Bundesländern. Wer sie demütigt, wer sie sozial ausgrenzt, wer ihnen ihre Biographie und ihre Geschichte nimmt, der bereitet den Boden dafür, daß sie Rechtsextremisten folgen, um überhaupt wieder einen Sinn in ihrem Leben zu sehen...«

Gut gesagt, Genosse Gregor. Wo haben wir das schon mal gehört? Richtig — das Diktat von Versailles, die Demütigung der Besiegten durch die Sieger nach dem Ersten Weltkrieg, hat die Deutschen in die Arme der Nazis getrieben. Wären sie nicht so gedemütigt worden, hätten sie sicher massenweise KPD gewählt. Von ähnlichem Charme und Übermut ist auch Gysis Bemühen geprägt, der Volkserziehung in der DDR ein gutes Zeugnis auszustellen: »Es ist heute Mode geworden, der DDR verordneten Antifaschismus vorzuwerfen. Aber ich frage mich: Wenn etwas verordnet wird, dann doch immer noch besser Antifaschismus als irgend etwas anderes!« Dieser Logik wird sich niemand verweigern. Da die DDR nicht in der Lage war, ihren Bürgern erziehungshalber Auslandsreisen und freie Wahl der Zeitungen zu verordnen, kam der Antifaschismus zum Einsatz. Immer noch besser als irgend etwas anderes! Zum Beispiel dreimal täglich Kamillentee oder morgens Aerobic und abends Meditation.

Am Ende ihrer Tage glich die DDR einer autoritär geführten Familie, deren Mitglieder, durch jahrzehntelange Bevormundung korrumpiert, in dem Augenblick den letzten Halt verlieren, da sich das Familienoberhaupt als unfähig erweist, den maroden Laden zusammenzuhalten. Was als die sozialistische Version der Trapp-Familie begann, endete schlimmer als »Vom Winde verweht«. Nur waren kein Rhett Butler und keine Scarlett O'Hara zur Stelle, um dem finalen Desaster etwas Glanz zu verleihen. Markus Wolf veröffentlichte ein regimekritisches Buch, mit dem er sich als Reformer im Dienste der Glasnost-Idee empfahl, und Christa Wolf trat aus der SED aus, der sie über dreißig Jahre angehört hatte. Kaum hatte sie die Partei im Frühjahr 1989 verlassen, entfaltete sie eine hektische Aktivität, wie ein verspäteter Reisender, der auf den schon fahrenden Zug aufspringt und sofort anfängt, Zugführer zu spielen. Sie hielt Reden, rief das PEN-Zentrum der DDR auf, sich für den verhafteten Václav Havel einzusetzen, protestierte brieflich bei der »Jungen Welt« gegen den »Ton der Demagogie«, dessen sich das FDJ-Organ bediente, forderte den Generalstaatsanwalt der DDR (am 18. Oktober 1989!) auf, »sich auf die Seite der mißhandelten Bürger zu stellen«, und legte dann ihre Gespräche, Briefe und Notizen unter dem Titel »Reden im Herbst« im Februar 1990 als Buch vor.

Zu dieser Zeit gab es die DDR noch, und es gab noch die Option, daß sie als Staat bleiben würde. Die Stützen des alten Regimes brachten sich als dessen Testamentsvollstrecker in aussichtsreiche Positionen. Als drei Jahre später bekannt wurde, daß Christa Wolf Ende der fünfziger Jahre kurz mit der Stasi zusammengearbeitet hatte, brach für ihre Fan-Gemeinde und das halbe deutsche Feuilleton eine Welt zusammen — als hätte eine Schar erwachsener Kinder erfahren, daß ihre Mutter nicht unberührt in die Ehe gegangen war. Christa Wolf zeigte sich von der Entdeckung am meisten überrascht und erschüttert. (»Mir standen die Haare zu Berge, ein fremder Mensch tritt mir da gegenüber, das bin nicht ich.«) Sie hatte diesen Abschnitt ihres Lebens völlig verdrängt.

Aber nicht das eher banale Techtelmechtel der jungen Dichterin mit der Stasi war erstaunlich, sondern der Umstand, daß sie es — allen Repressionen zum Trotz — so lange in der Partei — zeitweise als Kandidatin des ZK — und in der DDR ausgehalten hatte. Von Santa Monica in Kalifornien, wohin sie mit einem Getty-Stipendium gereist war, gab sie dem deutschen Fernsehen Auskunft über sich: »Mir macht dieser ganze Vorgang sehr zu schaffen, und zwar aus folgendem Grund: Hier in Los Angeles bin ich sehr stark konfrontiert mit der Hinterlassenschaft der deutschen Emigranten, meistens jüdischer, aber eben auch, wie Brecht, kommunistischer Emigranten aus der

Nazi-Zeit, die eine große kulturelle Hinterlassenschaft haben... Sehr viele Spuren haben die hinterlassen in dieser Stadt. Dies alles fehlt in Deutschland. Die Deutschen haben damals geglaubt, sie könnten darauf verzichten. Jetzt glaubt man in Deutschland, man könnte auf die Kultur verzichten, die es in der DDR gegeben hat. Damals hat sich Deutschland der linken, der jüdischen Kultur entledigt, dieser ungeheuren, großen, menschlichen Kultur, die da war. Wir wissen, wohin das geführt hat. Wessen sich Deutschland jetzt entledigen zu können glaubt und daß es unter anderem Heiner Müller und mich in ein solches Licht rückt, daß wir nur noch kriminalisiert werden. Das scheint mir nicht dazu beizutragen, den Widerstand gegen den Rechtsradikalismus, der meiner Ansicht nach die ganze Kultur beherrschen müßte, wirklich aufbauen zu können und eine Front zu haben von Leuten, die dagegen vorgehen ...«

Christa Wolfs Botschaft von der Pazifik-Küste klang wie der Schrei der deutschen Mutter aus einem Heimatroman, die ihren Kindern zuruft: Ihr werdet schon sehen, was ihr davon habt, daß ihr mich fertigmacht. Der böse Wolf wird euch holen; nein, die Neo-Nazis werden kommen und euch alle machen, nur weil ihr Heiner Müller und mich kriminalisiert, statt den Widerstand gegen den Rechtsradikalismus aufzubauen!

Galt der westdeutschen Antifa-Front die DDR an sich als ein Bollwerk gegen den deutschen Faschismus, so wurde nun klar, daß die Mannschaft der Festung auf Christa Wolf und Heiner Müller zusammengeschrumpft war. Alle übrigen waren getürmt wie Honecker, verhaftet wie Mielke, verstummt wie Hermann Kant. Doch so hatte es Christa Wolf auch nicht gemeint. In einem TV-Gespräch mit Günter Gaus (»Zur Person«) erklärte sie bald darauf, es müsse sich um »ein schreckliches Mißverständnis« handeln, sie habe sich nicht mit den Emigranten der dreißiger Jahre vergleichen wollen. Ob ihre

Sätze vielleicht aus dem Zusammenhang gerissen worden seien?

Was bleibt? 16 Millionen ehemalige DDR-Bürger wissen nicht, wen sie für ihr Schicksal verantwortlich machen sollen. Sich selbst jedenfalls nicht. Es gibt mal wieder nur Opfer im Land und keine Täter. So richtig mitgemacht hat eigentlich keiner, und wenn, dann nur unter Druck — oder um Schlimmeres zu verhüten. Der frühere DDR-Verteidigungsminister Heinz Keßler und sein Stellvertreter Fritz Streletz sagen, sie hätten von den Toten an der Mauer nichts gewußt, Meldungen über Opfer an der Grenze seien nicht an den Nationalen Verteidigungsrat gegangen. Stalin habe 1952 den Ausbau der Grenzanlagen zwischen der DDR und der BRD befohlen, und dann sei das »Grenzregime« praktisch bis 1990 so geblieben. Zugleich legt Streletz, dessen IM-Akte gefunden wurde, Wert auf die Feststellung, er habe »nicht für, sondern nur mit der Staatssicherheit« gearbeitet. Egon Krenz, der letzte Generalsekretär der SED, sagt als Entlastungszeuge für Keßler und Streletz aus, der Mauerbau sei der DDR vom Warschauer Pakt befohlen worden, im übrigen sei nicht das »Grenzregime« für die Zwischenfälle an der Grenze verantwortlich, sondern »die fehlende Reisefreiheit für DDR-Bürger«. Hans Modrow, der ehemalige Erste Sekretär der SED-Bezirksleitung Dresden und letzter Ministerpräsident der sozialistischen DDR, sagt, er habe die Ergebnisse von Wahlen der Zeitung entnommen und von Fälschungen erst nach 1989 erfahren.

Noch witziger wird es, wenn die Täter von gestern sich als die Sozialarbeiter von morgen anbieten: Eine Gruppe ehemaliger Stasi-Generäle macht sich Sorgen, »ein Aufleben der Stasi-Hysterie« würde nicht dazu beitragen, »den inneren Frieden im vereinten Deutschland zu fördern, sondern neue Fronten zu eröffnen, Unruhe unter die Bevölkerung zu bringen«. Um den inneren Frieden im Lande zu erhalten und »an der Aufarbeitung der Staatssicherheit konstruktiv teilzunehmen«, haben die Generäle der Regierung ein Angebot gemacht: Zusicherung von Amnestie und Rentenregelung gegen Offenbarung ihres Wissens, denn: »Man kann doch nicht 85 000 Mitarbeiter plus 110 000 Inoffizielle Mitarbeiter plus Familienangehörige plus Verwandte ausgrenzen. Das sind doch mehr als zwei Millionen Menschen.«

Kann man wohl wirklich nicht! So wird die Familienbande, der ein paar in der DKP organisierte Briefträger und Krankenschwestern ein unerträgliches Sicherheitsrisiko waren, sich der großen Stasi-Familie annehmen müssen, so wie sie sich nach 1945 der großen Gestapo-Familie angenommen hat. Die katholischen Bischöfe in Ostdeutschland plädieren dafür, den Begriff des »Inoffiziellen Mitarbeiters« neu zu definieren. Wer als IM registriert wurde, sei nicht notwendigerweise für die Stasi tätig gewesen. Die Brandenburger CDU hat einen Beschluß gefaßt, wonach es »eine pauschale Verurteilung von Personen ohne die Betrachtung der Begleitumstände ihres Wirkens nicht geben (darf)«. Peter Michael Diestel möchte ehemalige SED-Mitglieder in der Brandenburger CDU willkommen heißen, »weil sie konservativer sind als viele, die in der DDR-CDU waren«.

Die Westberliner Akademie der Künste unter ihrem Präsidenten Walter Jens hat einen »Ehrenrat« ins Leben gerufen, der die Mitglieder der Ost-Akademie, die en bloc in die West-Akademie eintreten möchten, darauf überprüfen soll, ob sie den DDR-Machthabern »über das damals Abverlangte hinaus« entgegengekommen seien.

Der »Vorwärts«, das Magazin der SPD, hat schon im März 1992, nur zwei Monate nach Inkrafttreten des Stasi-Unterlagengesetzes, die Frage gestellt, ob die Einrichtung der Gauck-Behörde nicht »ein später Sieg der Stasi« wäre. In jedem Falle ginge es »bei der Kampagne gegen Manfred Stolpe auch um die Diffamierung sozialdemokratischer Entspannungspolitik und ihrer Ziele«. Das »Neue Deutschland«, das Organ der PDS, nennt die Gauck-Behörde »eine Quelle des Unglücks« und klagt, daß sich »die Vernunft des Peter Michael Diestel« nicht durchgesetzt hat: »Man hätte ihre Akten verbrennen sollen, um diese Gesellschaft davor zu schützen, schon wieder Opfer darzubringen — diesmal auf dem Altar des Einheits-Elends.« Der CSU-Vorsitzende von München und bayerische Umweltminister, Peter Gauweiler, fordert »Gnade vor Recht« für die politische Klasse der DDR, denn: »Wir müssen den Trümmerhaufen des Marxismus-Leninismus beseitigen, ohne uns erneut zu verletzen.«

Der Graphiker Klaus Staeck richtet an die »Berufsdissidenten« und »jene, die sich jetzt immer peinlicher als Opfer stilisieren« die Mahnung: »Wer nun im deutsch-deutschen Überleben allein den Unversöhnlichen unter den Opfern eine Entscheidungskompetenz über belastet und unbelastet zukommen lassen will, verlängert den Kalten Krieg ins nächste Jahrtausend.« Und wo es um das nationale Überleben geht, da mag auch Franz Schönhuber nicht abseits stehen. Er will denjenigen »die Hand reichen, die Mitläufer der SED waren«.

So leisten gesellschaftlich relevante Organisationen und verantwortungsbewußte Bürger ihr Bestes, die Familienbande wiederherzustellen. Der Volkskörper spricht mit vielen Zungen, aber mit einer Stimme. Die Koalition für eine neue »Schlußstrich«-Bewegung könnte kaum breiter sein.

Es wird noch eine Weile Diskussionen darüber geben, ob man das SED-Regime in der DDR mit dem der NSDAP im Dritten Reich vergleichen kann, ob in der DDR ein autoritärer Staatssozialismus herrschte oder eine Art Nationalsozialismus mit menschlichem Antlitz. Es werden ein paar Gedenkstätten für die Opfer der SED-Diktatur gebaut und einige Ausstellungen über »Frauen in der DDR«, »Juden in der DDR«, »Design in der DDR« gezeigt werden. Es werden Entschädigungen an ehemalige DDR-Häftlinge nach dem »Unrechtsbereinigungsgesetz« bezahlt werden, und es werden noch ein paar »Mauerschützenprozesse« durchgeführt, die mit Freisprüchen enden werden, weil man den Todesschützen die Tötungsabsicht nicht wird nachweisen können. Wenn alles gutgeht, werden ein paar Richter und Staatsanwälte, die in der DDR Strafprozesse organisiert haben, wegen Rechtsbeugung verurteilt, doch zugleich werden, nach und nach, die in der DDR begangenen Taten und Untaten verjähren. Eine Reihe von Delikten, für die eine dreijährige Verjährungsfrist gilt, kann schon vom 3. Oktober 1993 an nicht mehr verfolgt werden: Trotz mehrerer Anläufe haben sich die Länder im Bundesrat auf eine Verlängerung der Verjährungsfrist nicht einigen können. Der Fall Globke wird in Potsdam mit einem gewendeten Sozialdemokraten als Hauptdarsteller noch einmal inszeniert werden. Die Familienbande wird dem »inneren Frieden« zuliebe die Opfer noch einmal opfern und mit den Tätern historische Kompromisse eingehen. Es werden noch einige Pogrome gegen Ausländer veranstaltet, Doktorarbeiten über die Organisationsstruktur des Ministeriums für Staatssicherheit unter besonderer Berücksichtigung der Bedeutung der KSZE-Schlußakte geschrieben und die letzten Teilnehmer des Aufstandes von 1953 mit Bundesverdienstkreuzen geehrt werden.

Und dann werden sich die Deutschen-Ost und die Deutschen-West zufrieden in ihren Polstersesseln zurücklehnen und entspannt auf die nächste Bewährungsprobe warten, um der ganzen Welt zu zeigen, wie toll sie aus der Geschichte gelernt haben.